KB195603

지원사업에서 알아야 할 모든 지식

문화예술 지원사업 기획서 작성부터 진행과 정산 그리고 세무신고까지... 하나부터 열까지 사례와 방법을 담은 책

지원사업에 관련된 주관사, 선정기관(단체/개인), 감사, 후원사, 담당자, 강사, 참여자들이 알아야 할 모든 것

이철재 지음

책人감

들어가기

1부 : 지원사업 알아가기

2부 : 지원사업 기획과 실행

3부 : 지원사업 정산하기

4부 : 세무 이야기

5부 : 사업자에게 필요한 TIP

"1인 기업 혹은 작은 가게를 운영하더라도
사고는 분석적으로, 운영은 체계적으로"

2018년 1월, 동네책방 책인감을 오픈하고 2024년 11월까지 총 85개 지원사업에 신청했다. 그중 50개에 선정됐고, 1개는 사업 반환했다. 나는 꽤 많은 지원사업에 신청했고, 그 중 많은 지원사업에 선정됐고, 많은 지원사업에서 탈락했다.

내가 신청했던 지원사업은 대체로 서점 대상이거나 문화공간 혹은 문화활동가를 대상으로 한 문화예술 지원사업이었다. 대부분 지원사업에서 수익을 기대하기 어려웠다. 지원사업을 통해 수익을 낼 수 있으면 좋지만, 그렇지 않아도 지원사업에서 문화예술분야에 관심있는 이들에게 다양한 지원사업을 사례를 소개하고, 지원사업 운영 경험을 공유하고자 한다. 내가 7년간 지원사업에서 진행한 프로그램 사례, 문제점, 고려 사항, 각 담당자나 관계 기관의 관점, 그리고 지원사업에서 실질적 도움이 될 수 있는 팁을 공유하고자 한다.

내가 경험한 문화예술 지원사업 노하우가 다른 이들에게 작은 도움이 되길 희망해 본다.

들어가기

프롤로그

우선 지원사업이란 무엇일까? 지원사업에는 도로나 항만을 건설하는 사업도 있고, 주민을 위한 문화 프로그램 사업까지 다양한 규모와 종류의 지원사업이 있다. 그중에는 동네서점이나, 마을활동단체, 개인들이 신청하는 문화와 복지관련 지원사업은 우리들이 일상에서 만날 수 있는 기회가 있다. 나는 지난 7년의 시간 동안 책인감이라는 동네책방이자 카페, 1인 출판사를 운영하며 다양한 지원사업을 진행해 왔다. 책방을 운영하기 전에는 책 생태계와는 전혀 상관없던 일을 했기에 사업을 시작하기 전에는 동네책방을 어떻게 운영하고, 어떤 지원사업이 할 수 있는지 아무것도 몰랐다. 그저 여러 책방을 취미로 탐방하고 이야기 나누었던 경험을 바탕으로 책방을 운영하기 시작했고, 지원사업은 내가 할 수 있는 모든 것을 검토해 가며 가능한 많은 사업에 신청했다.

'책의해 조직위원회' 〈심야책방〉과 '한국작가회의' 〈작가와 함께하는 작은서점 지원사업〉 등 서점을 대상으로 한 지원사업에 신청한 것을 비롯한 IT 창업 지원 프로그램도 지원했고, 문화 프로그램에 공간을 제공하는 사업, 영상물을 제작하는 사업, 여행지 문화와 관련된 사업, 출판사를 대상으로 콘텐츠 창작지원 사업 등 분야를 따지지 않고 가능한 많이 신청했다.

7년 동안 100여 개 지원사업을 검토하고, 신청한 것은 85개에 이르렀다. 그중 50개 사업에 선정됐으니, 2024년 11월까지 꽤 많은 지원사업을 진행할 수 있었다. 나는 1인 사업자다. 직원, 아르바이트, 자원봉사자의 도움 없이 온전히 혼자서 사업에 관한 모든 것을 해결하고 있다. 혼자서 운영하는 1인 사업자이지만 가능하면 모든 일을 체계적으로 하려고 한다. 회사 시절에 경험한 것들을 활용해서 일을 분석하고 절차에 따라 매뉴얼을 만들고, 체크리스트를 통해 가능한 체계적으로 일을 하려고 노력하고 있다.

그런 경험을 바탕으로 책방 운영에 필요한 실무 매뉴얼을 담아 〈책방 운영을 중심으로 1인 가게 운영의 모든 것(2019년)〉과 〈동네책방 운영의 모든 것(2022년)〉을 출간했고, 이번엔 지원사업과 관련된 사항을 정리하여 책을 만들었다.

주위를 둘러보면, 만나는 다른 동네서점 운영자나 마을 활동가들이 지원사업을 할 때 서류 작업이나 정산을 비롯한 행정 업무를 특히 어려워한다. 사실 이런 것을 피할 수는 없다. 내가 일을 잘하고, 좋은 프로그램을 기획했다고 아무리 주장해도 이를 뒷받침하는 적정한 기획서를 작성하지 않으면 누군가 알아주기는 힘들다. 특히 사업을 심사하는 곳에서 구체적인 계획뿐 아니라 실행을 제대로 할 수 있는지, 정산이나 결과 보고를 정확하게 할 수 있다는 확신이 들도록 기획서를 작성해야 한다. 세금이 투입되는 지원사업에서 '돈'을 허투루 써서는 안 된다. 지원사업에는 수많은 종류와 규모가 있다. 책인감을 운영하며 경험한 많은 지원사업도 전체 지원사업에서는 극히 일부분에 불과하다. 그러나 어떤 일이든 기본적인 맥락은 같다. 공고된 지원사업을 잘 읽어보고 내용을 분석해서 그에 적합한 기획을 수립하고, 선정된 후에는 계획대로 프로그램을 시행하고, 정산과 증빙을 통해 결과물을 내놓는 것이다. 이 책은 내가 신청하고, 선정됐던 지원사업을 분석하고 정리한 유용한 내용을 제공할 뿐 아니라 처음 접하는 일에도 어떻게 일을 정리하고 실행할지를 제공하는 작은 길라잡이가 되길 바라는 마음에서 만든 책이다. 꼭 지원사업이 아니어도 일을 하는데 많은 사람들에게 작은 도움이 되길 바라는 마음을 가져본다.

7년간 서점 및 공간을 운영하며 경험한 지원사업

18년간 대기업에서 영업 관리와 유통 관리 업무를 하던 내가 자영업에 첫발을 내디딘 것은 2018년 1월이었다. 첫 직장이었던 세아제강은 강관을 비롯한 철강 제품을 주로 생산하는 제조업체로 영업팀에서 9개월 근무했고, 두 번째 직장이었던 금호타이어는 타이어 제조업체로 한국타이어와 더불어 시장을 양분하고 있던 금호아시아나 그룹 계열사인 대기업 집단에 속해 있었다. 금호타이어에서 17년 여를 다녔으니 꽤 오랜 시간을 대기업 조직에서 근무했다고 할 수 있다. 두 회사는 전통적 제조업체로 비교적 많은 사람들이 근무하는 오래된 기업이었고, 나는 그곳에서 영업과 유통 관리를 주로 했다.

금호타이어에 근무하면서 본사 유통관련 업무를 하면서 회사 주요 고객이자 자영업자인 대리점을 대상으로 관리하는 업무를 맡기도 했고, 프랜차이즈 본사처럼 대리점을 특화하여 고가의 장비를 지원하고, 교육을 통해 육성하는 팀에서 일하기도 했다. 특히 대리점을 교육하고, 프로그램을 통해 기획과 집행, 정산하는 회사 업무를 배울 수 있었고, 때로는 회계감사나 영업감사를 받으면서 예산을 수립하고, 집행할 때 어떻게 절차를 준수하고, 예산 집행했는지 검증받는 과정을 경험할 수가 있었다.

회사는 업무를 체계적으로 하기 위해 팀별 업무분장과 업무 매뉴얼을 만들어 관리했다. 그 때의 경험은 1인 자영업자로서 작은책방을 운영하는 데에

▶ 지원 사업 중 책안감 지원 현황

년도	주최/주관	사업명	대상	기간	책안감		지원현황		
				모집(공모)기간	신청	선정	지원요건	내용	지원금액
2023년	한국작가회의	**2023 작가와 함께하는 작은 서점 지원 사업**	동네서점	2/06(월)~3/03(금) 발표 3/13(월) 16시	●	X		문학거점서점+작은서적+문학작가를 매칭하고 문학 프로그램 운영/지원을 통해 문학 소비/수요자 확대, 작은서점 활성화 문학거점서점(6+11개), 작은서점(18+21개), 월별 대관료 및 문학프로그램 운영비), 상주문학작가(월별 급여 220만원), 파견문학작가(30만원/회 x 월2회), 거점서점 80만원, 작은서점 50만원	거점서점 80만원/작은서점 월 50만원 지원(7개월)
	한국예술인복지재단	**2023 예술인파견지원-예술로 기획사업 (26팀)**	기업 (1인기업 포함)	기획 신청 2/6(월)~3/6(월) 발표 1차 서류 3월 2~3주, 2차 pt 3월 5주	●	X	<팀 구성요건> - 최근 3년('20-'22년) 내 예술로 사업에서 함께 활동했던 팀 구성원으로 2인 이상으로 구성 팀별 기업·기관 1곳, 리디예술인 1인, 참여예술인 3인 이상~5인 이하 구성	리더 예술인 1명 840만원, 참여 예술인 3~5명 720만원	기업참여자는 금액 지원 없음
	출판문화산업진흥원/한국서점조합연합회(주최/주관)	**2023 지역서점 문화활동 지원사업 _ 오늘의 서점**	지역서점	2/6(월)~2/24(월) 17시 발표 3/6(월)	●	X	문화행사 총 5회 이상 저자 초청 강연회, 독서토론회, 독서모임, 책 읽어주기, 시낭송, 북콘서트, 원데이클래스 등 ※ 2023년 심야책방과 중복 지원 불가 ※ 출판유통통합전산망(서점on) 가입 및 재고	총 56개 서점 560만원(서점주 60만원) - 문화활동 지원비 500만원, 서점주 활동비 60만원	문화활동지원비 500만원, 서점주 활동비 60만원
	노원문화재단	**2023 생활문화 활동 지원사업 _ 활동제안**	노원구를 기반으로 활동하는 생활문화인/동아리/단체 등이 3개 이상으로 구성된 단체	2/06(월)~02/20(월) 발표 3/2(목)	●	●	노원구를 기반으로 활동하는 생활문화인 및 동아리 등 3개 이상으로 구성된 단체	노원 문화지도에 단체 등록 필요 3개월, 팀당 최대 500만원 프로그램 기획은 자율 주제는 '지역 내 생활문화의 사회적 가치를 확산할 수 있는 목적의 활동'	팀당 최대 500만원
	출판문화산업진흥원	**2023 우수출판콘텐츠 제작지원**	출판사/저자	2/17(금)~3/3(금) 발표 5월 말 진흥원 홈페이지	X		제출서류 1) 온라인 신청서 2) 출판사 신고증	총 140편 (5개분야 인문교양, 사회과학, 과학, 문학, 아동)	제작지원금 600만원 저작상금 300만원
	지역문화진흥원/노원문화재단 선정	**모두의 생활문화 _ 생활문화확산 협력단체(5개 이상)**	노원 내 활동 단체 등	2/06(월)~3/03(금) 발표 1차 3/10(금) 2차 3/17(금)	●	●	기초단위 지자체 문화재단에서 신청 (협력단체 5개 이상과 협업) - 노원문화재단 선정되면 <협력단체>로 '책안감' 협업 예정	600만원 내외 예산의 프로그램 진행	200만원
	한국출판문화산업진흥원 / 한국서점조합연합회	**2023년 지역서점 문화활동 지원 '큐레이션 서가지원' 사업**	지역서점	3/06(월) ~ 3/17(금) 17시까지 이메일접수 발표 3/24(금)	●	X	예산 150만원 - 자료 제작비 - 강사료 - 재료 준비비 - 홍보비 - 장비 대여료	10개 서점 각 150만원 지원 ▷ 서가 큐레이션 컨설팅 (총 4회 중 현장 방문 최소 3회) ▷ 큐레이션 서가 - 프로모션 운영비 150만원 지원내용 - 큐레이터의 현장 컨설팅을 통해 선정 서점이 큐레이션 서가를 5월 한 달간(5/1~5/31) 운영할 수 있도록 지원 - 지원금은 도서 구입비를 제외한 현수막, 배너, 기념품 제작, 이벤트 등 프로모션을 위한 비용으로 사용 가능	150만원
	한국서점조합연합회	**심야책방 상반기**	동네서점	3/6~3/23(목) 17시까지 발표 3/30(목) 17시	●	●		책방 내 문화 프로그램 지원 회당 40만원 4회 160만원 지원 (상반기 50곳) - 재료구입비, 홍보비, 기타운영비(다과비), 물품 임차료, 강사비	160만원
	4050 책의해	**작가와 함께하는 행BOOK학교 3기 - 프로그램 운영 서점 모집**	전국 중소서점 및 작은 서점 5인 이상 참여인원으로 수업 공간 운영이 가능한 서점	3/14~4/3(월) 18시 발표 4/11(화)	●	X		수강생 모집기간 : 2023년 4월 25일 ~ 5월 15일 수업 진행 기간 : 2023년 5월 15일 ~ 2023년 7월(8주, 주 1회, 2시간 내외) 수강인원 10인 내외 강사는 서점 신청 후 추진단에서 섭외 후 파견 서점에는 수업 운영자 사례비 20만원 X 8회	160
	세계 책의날 운영사무국	**2023 세계 책의날 북마켓 참가사 모집**	서점 또는 출판사 50개사	3월16일~26일 발표 3월 하순	●	X	2023 세계 책의날 4/22(토) ~ 23(일), 고양시 일산 호수공원 노래하는 분수대 1.북마켓 운영 : 도서판매, 문화행사, 참가사 홍	1.시설물 : 부스 1동 (3m x 3m), 테이블 2개, 의자4개, 전기시설 등 2.지원금 : 30만원 (1개부스, 2일 기준)	
	한국출판문화산업진흥원	**2023 생활문화시설 인문프로그램 지원 사업**	생활문화시설 등록	인문전문가 4/12~4/26일 생활문화시설 4/24~5/3일 제출 발표 5/19(금) 예정	●	●	인문전공자 & 생활문화시설(서점 포함) 900백만원(750만원×120개 프로그램) - 신청시 시설당 2개 프로그램 신청	프로그램 1개당 750만원(인문강사 사례비 600만원 + 대관/대여료 100만 + 기타 50만원) - 인문전문가 사례비 600만원 = 8만원*월15시간*5개월 - 공간사용료 + 장비 임차료 = 최대 100만원 - 도서구입비 = 최대 30만원 - 홍보물/교재 제작, 다과비 = 최대 20만원	750

<표 : 지원사업 신청 현황 리스트>

도 분석적인 방식과 체계적인 절차를 통해 사업을 운영하는 기반이 되었다.

그런 경험 덕분이었을까? 작은 동네책방을 운영하면서도 비교적 많은 지원사업에 선정되고, 실행하고, 정산하는 과정을 남들보다 체계적으로 관리하다 보니, 여러 지원사업을 잘 관리할 수 있었다.

전국에서 지원사업에 가장 많이 선정된 1인 동네책방이라는 얘기도 들었고, 다들 힘들어하는 정산을 잘하는 책방지기라는 소리를 듣기도 한다. 특히 '어떻게 한 번에 여러 지원사업을 혼자서 관리하냐?'는 말도 많이 들었다. 지원사업 경험이 쌓이면서 규모에 상관없이 진행 과정을 가능한 매뉴얼과 체크리스트를 만들어 관리하고, 특히 예산은 엑셀을 활용한 데이터 테이블로 관리하는 나만의 방식을 통해, 비교적 체계적으로 관리할 수 있었다.

이제 개인사업자를 시작한 지 7년이 지났다. 첫해는 두 건의 지원사업에 신청해서, 한 건에 선정된 것을 시작으로 7년 동안 100여 개의 지원사업을 검토하고, 85개 지원사업에 신청해서 50개 지원사업에 선정됐다. 첫해를 제외하면 일 년에 평균 8~9개의 지원사업을 진행했는데, 선정된 사업 중에는 일회성 사업도 있었지만, '작은서점 지원사업'과 '예술인 파견지원 예술로 사업'처럼 6~7개월간 이어진 것도 있고, 내게 실질적인 지원(비용 지원)이 많은 것, 적은 것 혹은 아예 없는 것도 있었다. 매번 지원사업에서 내가 기획하고, 진행한 내용을 점검하고, 피드백해서 다음 해를 준비하고, 또 내가 떨어진 사업에서는 어떤 곳이 선정되고, 어떤 프로그램이 있었는지 점검하면서 개선할 방법을 찾기도 했다.

이처럼 나는 어떤 일을 하든지 분석하고, 정리하고, 가능하면 체계적으로 일하려 노력하고 있다.

내가 운영 중인 책인감은 서점, 카페 그리고 1인 출판사이다.

2024년은 서점이나 출판계를 포함한 문화예술 지원사업 예산이 대폭 삭감되거나 없어진 것이 많다. 코로나19를 지나면서 확대된 정부지출을 줄이는 것도 있지만, 문화예술 분야만 보면 예산 감축의 폭은 더 크게 다가온다. 그러나 장기적인 측면에서 보면, 전체적인 지원사업 규모는 늘어날 것으로 보인다. 특히 의료를 비롯한 복지와 문화예술 분야는 점점 더 공익성이 강조되고, 공공의 역할이 증대되고 있다. 도서 판매를 보면 개인이 책을 구입해서 읽는 것은 점점 줄어들고 있지만, 도서관은 늘어나고 있으며, 도서관의 시설이나 프로그램 다양성도 늘어나고 있다. 즉, 공공 부문 역할은 계속해서 확장될 수밖에 없고, 그 역할을 공공기관에서 일부는 민간 영역으로 확대되고 있다. 이는 문화 공공재를 다루는 서점뿐 아니라 지역사회에서 일정 부분 공공 역할을 나누고 있는 공방이나 지역 활동가, 마을 활동단체를 대상으로 한 지원사업이 다양해지는 이유이기도 하다.

그러나 단기적으로는 정책에 따라 분야별로 지원사업 예산에 부침이 있을 것이다. 2024년 올해와 더불어 내년도에도 문화예술 분야에서는 예산 삭감이 우려되지만, 장기적으로는 다양한 지원사업이 점점 더 늘어날 것으로 예상된다. 서점이나 마을 활동에 있어도 지원사업 대상을 좁히지 말고 폭을 넓게 바라보면서 다양한 지원사업에 도전해 보는 것도 좋으리라 생각된다.

이런 흐름을 이해하고, 개인사업자이자 문화예술 활동가로서 지원사업을 신청할 때, 무작정 신청할 것이 아니라 공고 내용을 잘 살펴서 내가 할 수 있는 지원사업인지 아닌지, 지원사업을 했을 때 내가 실제로 얻을 있는 혜택은 무엇인지 먼저 살펴야 한다.

내게 첫 지원사업은 2018년 5월에 '책의해 조직위원회'에서 처음 만들어 공모한 〈심야책방〉이란 사업이었다. 주관처에서도 처음 만든 사업이라 프로그램 설계가 미숙했고, 서점에 도움되기보다느 과도한 업무를 주기만 한 사업이었다. 사업 내용을 요약하면, 2018년 6월부터 12월까지 매월 서점에 방문한 손님이 지원받은 판촉물을 가져갈 때마다 미션 카드를 작성하고, 한 달 동안 모은 미션 카드를 정리해서 운영사에 택배 보내고, 결과보고서를 7개월 동안 일곱 번이나 작성해야 했다. 택배비도 일곱 번 부담하고, 방문 손님에게 미션 카드를 설명하고, 작성 요청하는 일도 업무량이 많았다. 그런데 그렇게까지 해서 지원받은 금액은 부가세 포함 20만 원이었다. 결국 부가세를 제외하고, 일곱 번의 택배 비용을 제외하면 손에 쥐는 건 15만 원 정도였는데 7개월간 많은 신경을 써서 한 것 치고는 매우 미흡한 보상이었다.

2018년 가을에는 한국작가회의에서 주관한 〈작가와 함께하는 작은서점 지원사업〉이 처음 공모를 시작했다. 첫해는 '거점문학서점+상주작가+작은서점 2개소+파견작가'로 지원하는 유형 A와 '작은서점+파견작가'로 지원하는 유형 B가 있었는데, 책인감은 서정연 시인과 유형 B로 신청했지만 떨어졌다. 이렇게 서점 운영 첫해에는 지원사업 2개 신청해 하나만 선정되었는데 그 하나의 지원사업은 서점에 도움 되었다기보다는 일거리만 너무 많이 하게 한 비효율적인 사업이었다.

서점 운영 첫해가 지나고 2019년부터는 본격적인 지원사업 신청을 시작했다. 2019년은 8개 신청해서 5개에 선정되었고, 2020년은 18개를 신청해서 9개에 선정, 2021년에는 19개를 신청해서 13개에 선정, 2022년 17개 신청에 11개 선정, 2023년 14개 신청에 7개 선정, 2024년에는 7개에 신청해서 4개에 선정됐다. 7년간 85개를 신청해서 50개에 선정되었으니 59%라는 높은 선정률로 지원사업을 할 수 있었다. 그러나 신청하지 않은 사업을 포함

연도	신청	선정	선정율
2018년	2	1	50%
2019년	8	5	63%
2020년	18	9	50%
2021년	19	13	68%
2022년	17	11	65%
2023년	14	7	50%
2024년 6월	7	4	57%
합계	**85**	**50**	**59%**

<표 : 책인감 연도별 지원사업 신청/선정 현황>

해서 살펴본 지원사업은 100여 개 이상이었다.

이렇게 많은 지원사업에 선정되었음에도 불구하고, 지난 7년을 돌아보면 수익 측면에서는 그리 성공적이었다고 할 수는 없다. 주로 책방에 관한 지원 사업에서는 수익을 기대하기가 어려웠다. 실제로 지원사업보다는 용역사업(사업 운영을 위탁받는)이 수익에는 실질적 도움이 될 수 있지만 나는 1인 사업자로 조직을 갖추고 있지는 않아서 용역사업에 선정되길 기대하기 어려웠고, 대체로 문화예술 분야의 지원사업에 신청할 수 있었다. 그러나 많은 지원사업 경험을 통해 서점이라는 사업을 운영하는 것 외에 문화공간으로서 운영할 수 있는 다양한 방법을 축적하는 경험을 가질수 있었다. 그 경험치는 앞으로 내가 할 수 있는 다양한 기회의 단초가 될 것이라 기대한다.

동네책방 운영에 있어서 현대인의 독서량이 줄고, 책 판매가 어려운 시대에 어떻게 지속 가능한 책방을 만들어가야 하는지를 고민하고 있다. 단순히 책방에서 책만 판매하는 방식으로는 수익을 만들기는 어려운 환경이다. 책 판매에 있어서 개인의 책 구매는 점점 줄어들고 있으나, 공공 영역에서는 도서관이 늘어나고, 장서 보유도 늘어나고 있다. 이런 시대적 흐름에 맞추기 위해 2022년부터 도서관 납품 시장에 적극적으로 참가하기 시작했다. 지역 내 서점협동조합 가입을 통해 자치구 내 공공도서관 납품 시장에 참여하기 시작했고, 곁들여 〈공공도서관 희망도서 지역서점 바로대출제〉 서점으로 참여하여 회원들의 희망도서 제공 후 도서관 납품으로 이어지기 시작했다. 희망도서 바로대출제로 서점과 연결하는 곳은 서울에서도 노원구, 관악구, 금천구 정도만 하고 있기 때문에(2024년 기준) 지역적인 차이가 있다. 2023년 6월부터 도서관 도서구입 입찰에 참여하기 시작했다. 나라장터(B2B), 학교장터(S2B), 국방조달에서는 도서관이나 학교, 군부대에 납품할 도서를 공개 입찰로 진행하는 데(혹은 수의계약으로 진행) 많은 서점이 참여하기 때문에 복권처럼 선정될 확률은 낮다. 도서 입찰에서는 지역에 따라서는 납품할 기회가 많은 곳도 있다. 도서정가제라는 가격 제한으로 인해 작은 동네책방도 규모에 상관없이 가격경쟁력은 동일하고 지역 제한에 따라 지역 서점은 몇 대 1에서 몇백, 몇천 대 1의 경쟁률이 나오기도 하니 입찰에서도 기회가 될 수 있다.

서점은 책만 판매하는 곳이기보다는 독서 모임, 북토크, 낭독회 등 책에서 파생된 2차 콘텐츠를 활용한 프로그램도 가능하다. 프로그램 운영에 있어서 책방 자체적인 운영도 가능하고, 다양한 지원사업을 통해 문학 혹은 문화 프로그램을 기획할 수 있다. 책방은 개인사업자가 운영하는 자영업이지만

'책'이라는 '문화 공공재'를 취급하는 곳이기 때문에 문화 사업에 있어 도서관이나 문학관처럼 공공시설을 대상으로 하는 지원사업에도 참여할 수 있는 경우가 많다. 꼭 서점 대상이 아니어도 공간이나, 단체를 대상으로 한 지원사업도 책방에서의 문화공간이나 지역 주민단체와 연결해서 신청할 수 있는 지원사업도 있다.

책인감은 동네책방과 카페를 겸하고 있는데, 카페는 책방을 보조하는 역할로 운영하고 있다. 경춘선숲길공원 가에 있고 공트럴파크라 불리는 숲길의 중심 구간에 자리 잡고 있어서 노출이 비교적 잘 되는 편이다. 그러나 2층이고, 건물 구조상 통유리가 아니어서 안쪽 공간이 잘 보이지는 않는다. 경춘선숲길공원은 전체 길이 약 6km 정도이고, 공트럴파크라 불리는 핵심 구간에는 카페들이 집중되어 있다. 내가 처음 오픈한 2018년 1월에는 카페가 7~8개 있었으나 2023년 말 기준으로 공원 가에만 30~40개, 골목 안쪽까지 포함하면 60~70개소 정도가 카페 영업을 하고 있다.

개업 초기에는 카페 손님도 꽤 있었고, 특히 제주위트에일 병맥주를 판매하면서 당시에는 희소성이 있어서 많은 사람들이 찾기도 했다. 그러나 점점 예쁜 카페들이 늘어나면서 책인감을 카페로 이용하는 손님은 줄어들고 있다. 지금은 책방을 좋아하는 손님들이 책방과 카페를 이용하고 있으며, 문화 프로그램 운영할 때는 참가자들을 위한 음료 제공으로 카페는 보조 역할을 하고 있다.

이렇듯 카페의 역할은 미미하지만 코로나 재난지원금 수령에서는 큰 기여를 하기도 했다. 수도권 영업 제한 업종에 포함되어 재난지원금 지급 대상이었고, 1인 가게라 같은 지원금이라도 상대적 기여가 높았다. 그러나 재난지원금에 선정되는 과정에서도 꽤 어려움이 있었다. 초기에는 매출 감소를 카드 매출 기준으로 증빙해야 했는데, 나는 지역 도서관 납품 실적에 따라(사실 많은 매출은 아니었지만, 지역 도서관에 작게나마 납품했던 실적과 기업 납품에 따라 매출이 널뛰기했다) 차이가 있는 것도 있었고, 당시에는 부가세를 신고하면서 면세 매출(서적 판매) 신고를 누락한 적이 있어서 매출 감소가 아닌 증가로 나왔기 때문이다. 담당자와 상담을 통해 부가세 신고 수정 후 다시 신청하라고 해서, 홈택스를 통해 부가세 신고를 수정한 후에 재신청하여 재난지원금을 수령하기도 했다.

매출 증빙도 처음에는 카드사 매출 신고액으로 증빙하기도 했었지만, 책방 & 카페라는 특성상 지원사업이나 도서 납품에서는 전자 (세금)계산서로 발생한 매출도 있고, 증빙할 때도 카드사 신고 외에 홈택스에서 제공하는 카드/현금/(세금)계산서 매출이나 캐시노트에서 제공하는 카드/현금/(세금)계산서 매출을 사용하기도 했다. 이는 조회하는 곳에 따라 카드 실적에서 말일쯤에 넘어오는 실적이 어느 달에 반영됐는가에 따라 조금씩 차이가 발생한 것 때문인데, 당시 매출 증빙에서는 비교 기준월에 따라 지급이 결정되었기 때문에 실적을 제공하는 자료에 따라 선정이 되느냐 안 되느냐가 달라지기도 했다. 나는 홈택스, 카드사 제공, 캐시노트 등에서 다양하게 조합해서 조회했고, 부가세 신고 오류를 수정하고, 내게 유리한 실적으로 증빙하여 대부분의

연도	주관처	사업명	지원현황	
			내용	지원금액
2020년	서울시	서울시 지원 재난지원금	1인 가구 재난지원금	30만원
	정부	정부지원 재난지원금	1인 가구 재난지원금	40만원
	서울시	자영업자 생존자금	소상공인 지원금(6개월 이상 운영)	140만원
	정부(고용노동부)	긴급 고용안전지원금	고용안정지원금 150만원(3개월에 지급)	150만원
	중소벤처기업부/소상공인 시장진흥공단	소상공인 새희망자금	영업제한업종(일반음식점)	150만원
2021년	중소벤처기업부/소상공인 시장진흥공단	소상공인 버팀목자금	영업제한업종(일반음식점)	200만원
	중소벤처기업부/소상공인 시장진흥공단	소상공인 버팀목자금플러스(4차)	영업제한업종(일반음식점)	300만원
	서울시	서울 소상공인 "서울경제 활력자금 지원"	집합제한 60만원	60만원
	한국전력공사	소상공인 전기료 감면	영업제한업종 5~7월 전기료 30% 감면	전기세 감면
	중소벤처기업부/소상공인 시장진흥공단	소상공인 희망회복자금(5차)	장기 영업제한업종(250만원~900만원)	250만원
	정부	코로나 상생 국민지원금	카드사 홈페이지, 앱, 콜센터,	25만원
2022년	정부	방역지원금 1차 / 손실보상금 / 방역물품지원금	방역지원금 100만원	100만원
	서울시	방역물품지원금	방역물품지원금	10만원
	정부	손실보상 선지급1차	선지급 : 500만원 (무이자 + 1%)	500만원
	서울시	서울 임차 소상공인 지킴 자금 지원	사업장 소재지 서울. 100만원 (임차료 등 고정비용 지원)	100만원
	정부	방역지원금 2차	방역지원금 300만원	300만원
	정부	손실보상 선지급2차	선지급 : 250만원 (무이자+1%)	250만원
	노원구	중소기업육성기금 융자 계획	연 1.5% (코로나19 위기극복을 위한 특별 저금리)	대출 지원
	정부	손실보상금 2021년 4분기	실제 피해액	실제 피해액
	서울시	서울 소상공인 경영위기 지원금	사업체당 100만원 (서울시 임차 소상공인 지킴자금 지급대상은 제외)	
	정부	소상공인 손실보전금	손실보전금 600만원 (사업체 수에 따라 100% + 50% + 30% + 20% 지급)	600만원
	정부	소상공인 손실보전금(추가)	손실보전금 기존(600만원) + 등급 변경 추가 100만원	100만원
2023년	노원구	노원구 소상공인, 경로당 등 난방비 특별지원	소상공인 난방비 특별지원	100원

〈표 : 코로19 재난지원금 현황〉

재난지원금을 수령할 수 있었다.

또한 긴급 고용안전지원금(150만 원, 2020년 7월)의 경우 1인 사업자도 대상이 되는지 모르고 있다가 다른 책방지기가 알려줘서 신청할 수 있었다.

재난지원금의 경우 초기에는 꼭 직접 신청해서 해당이 되어야 지원을 받을 수 있었다. 이런 정보를 잘 알기 위해서는 다른 자영업자들과 교류하는 것도 필요하고, 증빙하는 방법도 다양하게 알아두는 것이 필요하다.

내가 비교적 많은 지원사업을 할 수 있는 데는 우선 기획을 잘하는 편이기 때문이다. 오랜 회사 생활을 통해 보고서나 기획서 작성에 익숙했던 만큼 지원사업 기획서도 비교적 잘할 수 있기 때문이다. 다른 하나는 지원사업 정산을 잘하기 때문이다. 특히 많은 지원사업 운영자가 정산에 어려움을 겪는데 결과보고서, 지출 증빙으로 영수증, 회의록, 출석부, 견적서, 이체확인서, 경력증명 등 챙겨야 할 것들이 너무 많고, e나라도움이나 시스템을 사용해야 하는 지원사업의 경우 사용에 어려움을 느끼다 지쳐서 안 하는 경우가 많기 때문이다. 나는 그에 비해 정산 작업에 알맞은 엑셀 관리를 통해 출석이나, 예산 사용을 정리하고, 증빙도 매번 발생할 때마다 챙기고, 시스템 사용 시 나만의 매뉴얼을 만들어서 보다 손쉽게 사용하기 때문이다.

책방으로서뿐 아니라 공간 운영자로서, 문화 기획자로서 다양한 지원사업을 경험하면서 분석하고, 매뉴얼로 만들고, 직접 세무신고를 비롯한 정산 과정을 비롯한 노하우를 소개하려고 한다. 사실 나보다 더 많은 지원사업에 선정되고, 특히 규모가 큰 지원사업을 하는 이들이 있음에도 내가 이렇게 지원사업을 이야기하는 것은, 아는 사람과 알려주는 사람은 다르다는 것이다. 나보다 전문가는 많지만, 나처럼 자세하게 분석하고 체계적으로 알려주는 사람이 없기 때문이기도 하다.

한 가지 덧붙이자면 나는 많은 지원사업을 신청하고, 선정되기도 했지만 그만큼 많이 탈락하기도 했다. 여러 가지 이유로 선정되지 못했지만, 늘 마음

속엔 내가 탈락하면 다른 좋은 신청자에게 기회가 갔을 것으로 생각한다. 내가 다른 신청자보다 잘난 사람도 아니고, 내 가게가 엄청나게 뛰어난 곳도 아니기 때문이다. 비록 내가 기획서는 조금 더 잘 쓰는 편이지만, 지원사업에서는 다양한 신청자(사람, 기업, 기관)에게 기회를 주는 것이 맞다고 생각한다. 내가 선정되어 내가 기획한 좋은 프로그램이 지원사업을 통해서 좋은 기회가 되는 것도 좋지만, 다른 신청자의 프로그램도 기회가 있어야 하기 때문이다.

내가 지원사업을 기획할 때면 항상 염두하고 있는 것 중 하나가 프로그램이 지원사업으로만 기획할 수 있는 것이 아니라 자체적으로도 기획해서 운영할 수 있는 사업이 될 수 있기를 검토하는 것이다. 내가 기획한 모든 프로그램이 그렇지는 않지만, 일부 프로그램은 자체 프로그램으로도 이어가고 있다. 또 한편으로는 지원사업이란 도움을 통해서만 운영이 가능하면서도 내가 꼭 하고 싶은 프로그램도 기획하려는 것이다. 책이 좋아서 책방을 열었던 만큼, 내가 좋아하는 분야(인문, 철학)의 경우 자체 프로그램으로 운영하기는 어려운 것도 현실이라, 지원사업을 통해 꼭 그런 분야의 프로그램도 진행해 보고 싶기 때문이다.

개인사업자로서 오래도록 이 공간을 지키고 만들어가려고 하면, 꼭 해야 할 일과 더불어 내가 하고 싶은 일들도 있어야 오래 할 수 있다고 생각한다. 지원사업이 그런 나의 희망에 도움이 되었으면 하는 마음을 가져 본다.

지원사업에서 알아야 할 관계자들

☞ 지원사업에는 어떤 관계자가 있나?

☞ 주관/주최/후원 기관과 진행 단체(개인)의 견해 차이

☞ 지원사업에 참여하는 사람들 : 사업자, 단체, 강사, 참여자

지원사업에 관련 있는 기관, 사업자, 단체에는 어떤 곳들이 있을까?

우선 지원사업은 정부에서 주관하는 지원사업과 (지방) 자치단체에서 주관하는 지원사업이 있다. 여기서 정부는 국가의 중앙부처를 말하는데 주로 '문화체육관광부(이하 문체부)'가 중앙부처를 대표하고 있다. 문체부는 실제로 지원사업을 주관하지는 않는다. 문체부가 정부예산 전체를 관리하지만 이를 다시 다른 기관이나 단체에 배정하여 후원 또는 주관하게 하는 것이다. '한국출판문화산업진흥원', '지역문화진흥원', '문화예술위원회'. '예술인복지재단', '한국작가회의' 등의 기관 또는 단체에서 예산을 배정받아 이를 지원사업으로 운영하는 것이다.

'한국출판문화산업진흥원'은 사업에 따라 직접 운영하는 지원사업도 있고, 예산을 다른 단체에 이관하여 운영하기도 하고, 혹은 용역 계약을 통해

기획사에 운영을 의뢰하기도 한다. 어떤 지원사업은 일정 기간을 '한국출판문화산업진흥원'에서 직접 운영하다가 어느 정도 성숙해지면 다른 기관이나 단체에 이관해서 사업을 계속학도 한다.

자치단체는 서울특별시나 경기도처럼 광역 자치구가 있고, 노원구, 동대문구, 김포시, 성남시 등 기초 자치구가 있다. 광역 자치구나 기초 자치구에는 그 규모에 따라 문화재단이 있다(모든 자치구에 문화재단이 있지는 않다. 문화재단이 없는 경우에는 자치단체 문화과 등에서 관리한다), 서울문화재단, 노원문화재단 등 자치구 문화단체나, 서울평생교육진흥원, 마을공동체지원센터, 미디어 지원센터, 도서관 등에서도 지원사업을 주최하거나 주관한다. 자치단체가 직간접적으로 관리하는 기관에서 주관하여 지원사업을 공모하고, 선정된 기업/단체/개인 등이 프로그램을 기획하고, 진행하고, 정산하는 업무를 맡게 된다.

이처럼 지원사업에는 여러 기관이 관여하기도 하지만, 실제 지원사업을 운영하는 진행 기관에는 지원사업 규모나 프로그램 특성에 따라 기관이나, 단체, 개인이 사업 진행 주체가 되기도 하고, 사업을 진행하는 데 있어 초청 강사나 협력업체도 있고, 프로그램에 참여하는 개인도 관계자라 할 수 있다.

이처럼 다양한 기관과 단체, 기업, 개인 등이 지원사업에 연계되어 있고, 관계자마다 지원사업을 진행하는 데 있어 바라보는 관점이 다르고, 중점을 두고 관리하는 것이 다르다. 그래서 지원사업에 참여하는 각 관계자의 처지를 이해하고 사업을 진행하는 것이 지원사업에 선정되고 사업을 잘 수행하는 기반이 된다.

이제 지원사업에 관계하는 기관, 사업자(기업), 단체의 관점을 살펴보자.

[여기서 잠깐] 주최 주관 후원 협찬의 차이

지원사업을 하다 보면 주최, 주관, 후원, 협찬, 지원 등의 용어를 사용하는데, 각 용어의 차이가 헷갈릴 경우가 있다. 이런 용어는 명확한 의미로 사용하기보다는 지원사업마다 각 용어의 범위를 다르게 사용하고 있기 때문에 여기서는 지원받는 단체를 기준으로 정리했다.

각 용어에 대해서는 국어사전에서는 다음과 같이 정의한다.

☞ 주관 : 어떤 일을 책임지고 관리하는 것.

☞ 주최 : 행사나 모임을 주창하고 기획해서 여는 것.

☞ 협찬 : 협력하여 도움.

☞ 후원 : 뒤에서 도와줌.

용어를 조금 더 구체적으로 살펴보면, 대체로 '주최'는 '어떤 일 또는 행사에 대하여 계획하거나 최종 결정을 하며 이에 따르는 책임을 질 때' 쓰이고 있으며, '주관'은 '어떤 일 또는 행사에 대하여 집행(실무 처리)할 때' 쓰이고 있다. '후원'은 '상업적인 목적이나 금전을 매개로 하지 않는 도움을 줄 때' 쓰이고 있으며, '협찬'은 '금전적인 면에서 도움을 줄 때' 쓰인다고 할 수 있다.

주최와 주관의 경우 출판이나 서점 관련 지원사업에서는 주최를 상급 기관, 주관을 하급 기관으로 하는 표기하는 경우가 많지만, 꼭 이에 해당하지는 않는다.

예를 들어 '2023년 생활문화시설 인문 프로그램 지원 사업 공고'의 내용을 살펴 보면 '주최/주관:문화체육관광부/한국출판문화산업진흥원'라고 표시되어 있는데, 이는 문화체육관광부가 한국출판문화산업진흥원에 예산을 보내서 '생활문화시설 인문 프로그램' 지원사업을 주관하게 하는 것이다. 이때 지원사업에 선정된 도서관이나 서점은 '인문 프로그램'을 진행하는 홍보자료에 '주최:문화체육관광부, 주관:한국출판문화산업진흥원'을 표기하거나, '본 행사는 한국출판문화산업진흥원 '0000년 지역서점 문화활동 지원 사업' 예산을 지원받고 있습니다.'라고 표시해야 한다.

지원사업에 선정된 단체나 기관(즉, 동네서점, 도서관 등)에서는 지원사업 공고 및 운영 매뉴얼에서 '후원, 주최, 주관' 단체를 표기하는 기준이 있으면 그것에 맞게 로고나, 명칭을 사용해서 표기하면 되고, 별도의 기준이 없다면, '지원 사업 이름'을 표기하여 해당 '프로그램'이나 '행사'가 지원사업으로 진행함을 명확하게 표시하는 것이 필요하다.

표기해야 하는 것은 배너, 현수막 그리고 인스타, 블로그에서 웹 포스터를 이미지로 올릴 때 이미지나 텍스트로 삽입해서 만든다.

주최/후원	일반적인 지원사업 예산을 부여하고, 거시적인 관리를 하는 상급 기관에 해당(문체부 외)
주관기관	지원사업 전체를 계획, 관리하는 책임 기관
진행(수행) 기관/단체	지원사업에 선정되어 사업을 진행(수행)하는 기관이나 단체, 기업, 개인에 해당
대행(용역)업체	주관기관이 직접 사업을 관리하기 어려운 경우 대행업체를 지정해서 사업 수행을 관리
감사기관	주로 주관기관의 상급 기관이며, 사업 종료 후 예산 정산이나, 진행 과정과 결과 증빙을 검증

지원사업에 관계된 기관

1) 주최/후원 기관

지원사업에 있어 비교적 상급 기관인 문체부나 기관 중에서도 상위 역할을 하는 한국출판문화산업진흥원, 지역문화진흥원 등에서는 지원사업 전반을 바라보게 된다. 사업을 실질적으로 수행하는 주관기관과 달리 주최/후원 기관의 경우 지원사업 선정의 공정성, 예산 사용의 투명성, 사업의 취지와 전반적인 성과 등의 거시적 환경을 바라보는 측면이 강하다. 이는 기본적으로 숲을 바라보는 입장과 나무를 바라보는 입장의 차이기도 하다. 주최/후원기관은 지원사업을 진행하는 개별 기관이나 단체의 진행을 보는 것이 아닌 지원 사업 전체에 관해 공통적인 부분을 바라보게 된다.

즉, 지원사업의 취지나 목적에 맞는 단체나 프로그램이 선정되었는지, 선정하는 과정에서 공정성을 얼마나 확보하고, 성과를 나타낼 수 있는지, 예산집행을 기준에 맞게 올바르게 집행하고, 투명하게 증빙했는지를 보게 된다.

이를 지원사업 진행 단계에 따라 살펴보자

가. 기획 단계에서

- 예산 계획 적정성 : 사례비는 기준에 맞게 작성했는가(시간당 금액 기준 외), 강사 자격 기준에 맞게 초청하는가? 다과비, 재료비, 홍보비 등이 예산 기준 내 계획 수립했는가?
- 실행 가능성 : 프로그램 주제와 진행계획이 모객에 어려움이 있는지 살펴본다.
- 정산 적정성 : 증빙자료를 갖추는 데 어려움이 없는가? 정산은 사용 금액 합계가 정확해야 한다. 출석부, 정보활용동의서, 강의확인서, 이체확인서, 원천세납부확인서(국세/지방세) … 등 서류가 누락되지 않도록 한다.
- 세무신고 적정성 : 기관이나 사업자는 원천세 납부시 근로/사업/기타 소득을 지급한 인원과 금액을 정확하게 신고하고 납부했는가?

- 비용 사용 적정성 : 비용 계정의 개념은 기관에서는 익숙한 개념이지만 개인에게는 익숙하지 않다 보니, 예산 사용 시 비용 계정 별로 초과하지 않아야 하는 것을 잘 지키지 못하는 개인이나 단체가 있다. 이 경우 정산 증빙에서 어려움을 겪거나 마찰을 빚기도 한다. 예를 들면 운영비 계정의 다과비가 3만 원이고, 재료비 계정의 교재비가 3만 원이라면 이는 각각 3만 원을 초과하면 안 되는 것이다. 다과비를 4만 원 쓰고, 교재비를 2만 원 쓰는 식으로 해서는 안 된다. 이렇게 계정 간 예산을 조정할 때는 주관사의 예산 변경 승인 후에 조정해서 사용해야 한다.

- 사업계획 차별성 : 기획서 검토 시, 신청 기관이나 단체가 많아서 경쟁률이 올라갈수록 사업계획서의 차별성이 중요해진다. 비슷한 사업을 기획하는 것보다, 취지에 따라 조금 다른 기획을 하는 것이 중요하고, 특히 실행을 잘할 수 있을 것인가를 따져봐야 한다. 사업계획서에 많은 것을 실행하겠다고 하면 그에 따른 정산이나 성과가 명확한 사업일수록 선택될 가능성이 늘어나게 된다.

나. 정산 단계에서

- 정산 증빙 적정성 : 정산 시 증빙하는 방식에 문제가 없는지 살펴봐야 한다. 진행하는 기관이나 사업자가 손쉽게 증빙할 수 있으면서 정확하게 증빙하는 방법을 고민해야 한다.

- 사진 증빙 : 사진 첨부 시 기본적으로 프로그램 진행 전경 사진을 통해

프로그램 진행과 참석자 현황이 나오는 것이 좋다. 아울러 사업에 따라 시간과 날짜가 나타난 사진으로 증빙해야 하는 경우도 있다. 프로그램이 시작한 직후와 종료 직전 사진 촬영을 통해 진행 시간과 참석자 현황을 증빙하는 것이다. 이는 증빙해야 하는 주관업체에서도 매우 부담되는 일이기도 하지만 사진 촬영을 제때 하지 못하면 증빙 과정에서 논란이 되기도 한다.

그래서 증빙을 철저히 하는 것도 중요하지만, 진행에 있어 유연성을 갖는 것도 필요하다. 사실 일부 지원사업 사례에서는 사진을 조작하는 경우도 있었다. 한 번에 여러 사진을 찍고 증빙하려고 옷을 갈아입으며 한 번에 여러 진행 사진으로 증빙한 사례도 있기 때문이다. 그러니 너무 과도하게 사진 하나하나를 모두 요구하는 것보다는 실수로 놓친 한두 사진은 별도의 사유서로 대체하는 것이 좋다. 그 정도 유연성이 사업의 신뢰성을 해치진 않는다고 생각한다. 혹은 요즘 가게에는 대부분 CCTV가 있으니 저장된 영상 사진을 발췌해서 증빙 사진으로 사용하는 것도 가능하다.

- 정산에서 : 주관사가 정산에 있어 원칙만을 강조하다 보면, 증빙하는 업무 자체가 주관사에도, 검증기관에서도 힘든 일이 되기도 한다. 예를 들면 다과비의 경우 편의점, 할인점, 온라인 판매점에서 매번 나누어 구입하는 것은 건마다 영수증을 첨부해야 할뿐만 아니라 참가자 리스트, 기획서 등을 모두 첨부할 것을 요구하는 경우도 있다. 심하면 몇백 원짜리 영수증에도 그런 증빙을 건마다 해야 하는 경우도 있다. 이런 경우 정산을 확인하는 후원사나 진행하는 주관사에도 너무 힘든 일이 된다. 그런데 이런 경우 차라리 한 업체를

통해 대행업체에서 한 번에 총액을 결제하고, 여러 번 나누어서 가져간 것을 한 번에 명세를 증빙하면 더 손쉽게 정산할 수 있다.

이는 정산을 마음대로 수정하는 것이 아니다. 더욱 손쉽게 양쪽 모두에게(진행하는 주관사나 후원사 모두 증빙이 깔끔하다) 수월한 증빙 방식이다. 주관사가 저렴하게 다과를 준비하기 위해 쿠팡이나 마트에서 나누어 산다면 증빙할 때는 굉장히 복잡할 수 있다. 게다가 무의식적으로 할인받기 위해 회원번호를 알려줬다가 영수증에 포인트 적립되어 그것 때문에 문제가 되기도 해서 스트레스를 받기도 했다. 그러니 카페나 베이커리에서 다과비를 일괄로 결제 후 행사마다 음료와 다과를 제공받고 이를 사진과 명세서로 증빙하는 것이 업무가 훨씬 효율적으로 된다. (단, 이를 의심의 눈길로 바라보면 다과 구입한 품목 하나하나까지 의심의 눈길로 바라보게 되니 유연성과 적정성의 균형을 맞춰야 한다)

2) 주관 기관

지원사업에 신청해서 선정되는 기관이나 단체에 있어 기관과 개인사업자(자영업)를 구분해야 한다. 우선 많은 지원사업 선정 기관의 경우 도서관이나 문학관처럼 국가 기관이 선정되는 경우. 절대로 수익을 내면 안 된다는 기준이 있다. 그래서 지원사업을 후원하는 기관에서는 수익 금지 조항으로 인해 프로그램을 진행하는 단체(주로 도서관 같은 기관의 경우)에는 임대료 책정 불가, 기획료 지급 불가, 참가자들의 참가비도 받지 못하게 하는 것이다.

공공도서관이나 문학관의 경우에는 이런 적용이 맞다고 할 수 있다. 그러나 공공의 역할을 하므로 선정된 단체나 공방, 서점은 상황이 다르다. 공공도서관의 경우 운영 인력이나 공간은 이미 기관으로서 지원을 받고 있기 때문에 지원사업에서 기획료/인건비를 지급하거나 공간대관료를 지급하는 것은 이미 지원된 것에 중복으로 지원하는 것이 되기 때문에 별도의 수익이 되는 것이다. 그러나 공방이나 서점같이 자영업자이면서 공공성이 있는 프로그램을 진행한다고 해도, 공간 대표 및 운영자의 인건비나 공간 임차료는 개인이 부담하고 있는 것이기 때문에 기획료/진행 인건비 및 대관료를 지급하는 것은 수익이 아닌 비용이기 때문이다. 물론 금액에 따른 적정성을 검토하는 것은 필요하나 최소한의 비용을 지불하는 것은 당연히 필요한 것이다.

또 하나 고려해야 할 것은 참가자들의 참가비나 참가보증금에 관한 것이다. 참가자들이 신청할 때 무료라고 하면, 일단 신청하고 보는 경우도 있고, 행사 당일에 손쉽게 노쇼를 하는 경우가 많다. 행사 전에 미리 취소하면, 다른 신청자를 받을 수도 있지만 당일 노쇼는 대체가 되지 않을뿐더러 인기 있는 강좌나 행사일 경우에는 그로 인해 신청하지 못한 사람들이 피해를 볼 수도 있기 때문이다.

기관이나 행사에 따라 다르지만, 무료 행사의 경우 약 30% 정도는 노쇼가 발생한다. 어떤 경우는 50% 이상 발생하기도 하는데, 이처럼 노쇼의 문제는 참석자가 적어서 아쉽다는 것 정도로 끝나지 않는다. 도서관이나 문학관처럼 비교적 큰 기관에서 하는 경우 30명을 모집했다가 10명이 오지 않아도 행사를 진행할 수 있다. 그러나 작은 공방이나 서점은 5~8명 정도의 인원인 경우 당일 노쇼로 인해 몇 명밖에 없다면 행사 진행에 어려움뿐 아니라 강사도 힘들고, 행사 진행자도 힘들기 때문이다. 6명 신청했다가 당일 참석자가 1~2명 정도뿐이라면 강사와 진행자는 힘든 것을 떠나 행사 진행에 회의감이 들기도 한다. 그에 비해 참가비(보증금)을 받으면 10% 내외의 당일 노쇼가 발생할 뿐이고, 연속된 수업에서도 회당 노쇼는 크게 변하지 않는다.

사실 1만 원 수준의 회당 참가비를 받는 것을 잘못된 것이라 할 수 없다. 공공기관이라면 모를까 민간 영역이 포함된 지원사업은 즉, 자영업자가 대상일 경우에 최소한의 비용을 참가비로 하고, 참가비만큼 혜택 주는 것을 기준으로 삼는다고 해서 잘못된 것은 아니다.

3) 진행기관/단체

진행기관은 지원사업 공모에 신청해서 선정된 기관이나 단체를 말한다. 그런데 선정단체에는 정부나 지자체에서 지원하는 기관도 있지만, 책인감 같은 민간기관, 민간단체는 결국 개인사업자인 자영업자이다. 정부 혹은 지자체가 운영하거나 지원하는 기관의 경우, 공모 지원사업은 해당 기관의 인력과 시설을 활용하여 프로그램을 풍성하게 운영하는 목적으로 공모에 참여하게 된다. 이에 비해 개인사업자인 경우, 좋은 프로그램을 지역에 소개하고 싶은 공익 목적도 있겠지만, 프로그램 진행에 따른 비용을 일부는 보상받으면서 진행하려고 한다. 개인사업자로서 사업을 지속하기 위해서는 수익과 비용을 관리해야 하기 때문이다. 실제로 도로 개설에서도 공공 기관에서 만든 도로의 경우 통행료가 없거나 최소 비용으로 받는 데 비해 민자 도로는 일정 금액 이상을 통행료로 지불해야 한다. 회사나 정부 기관에서 행사를 진행할 때도 위탁 업체에 맡길 때면 업무 대행 수수료라 해서 10%~15% 수준을 지급하는 것이 일반적이다. 그런데 예술문화 프로그램 지원사업에서는 민간인 개인사업자에게 진행을 맡기면서 대행 업무에 대한 비용 청구를 막고 있다. 진행기관에서 제공하는 노력인 기획료나 활동비를 인정하지 않고, 공간을 제공하는 것도 비용으로 인정하지 않는 지원사업이 많다.

애초에 지원사업에 대한 프로그램 설계가 도서관이나 문학관 등의 정부나 지자체 지원 기관을 대상으로 하는 곳이 진행해 왔기 때문에 지원사업 예산 사용처에서 진행기관이나 단체에 지급하는 기획비, 활동비, 대관료가 포함되지 않은 경우가 많다. 과거와 달리 공모 지원사업 대상 기관이나 단체를 민간단체로 확대하는 추세인 만큼 이에 대한 보완이 시급한 실정이다. 그런데 2024년에 일부 지원사업에서는 통합되는 과정에서 민간 기관과 단체에 지급했던 대관료 등이 없어지는 경우도 늘어나고 있다. 문학시설 상주작가 지원사업의 경우, 기존 도서관, 문학관 상주작가 지원사업과 달리 〈작가와 함께하는 작은서점 지원사업〉에서 상주작가가 있는 거점문학서점과 파견서점에 지급했던 '프로그램 기획비 및 대관료'가 통폐합 과정에서 사라졌다. 자영업자인 서점은 지원 인력과 공간 제공을 자영업자의 사비와 노력으로 대가 없이 제공해야 하는 것이 된다. 이는 문화 공익사업이란 명목으로 행해지는 자영업자 착취와 뭐가 다를까? 한때 유행처럼 언급되던 열정페이는 '개인의 노력'을 무상에 가깝게 제공하는 것이라면, 이런 지원사업에서는 노력뿐 아니라 사업 공간까지 무상으로, 아니 비용을 들여서 제공해야 하는 것이다.

그럼에도 지원사업에 따라서는 진행기관 운영자의 강의나, 진행기관에서 다과나 교재 구입을 인정해 주는 경우도 있다. 이는 지원사업 진행에 따라 부가적인 수익 활동(강의나 판매로 인한)이 가능한 경우이니 이를 진행기관에서 활용하는 것도 필요하다.

또한 참가비 이익을 얻을 수도 있다. 지원사업에 따라 참가비 무료 행사로 진행하라는 강제 조항이 있기도 한다. 그러나 일부 지원사업에서는 이를 강제하지 않는 경우도 있다. 이는 진행업체에서 유연하게 대응할 필요가 있다. 앞서도 말한 것처럼 민자도로에서 통행료를 받는 것처럼 민간 기업이 진행하는 공모 프로그램에서도 무조건 참가비를 무료로 할 것은 아니라고 본다. 그렇다고 지원받은 프로그램에서 과도한 참가비를 받는 것도 문제다. 이는 노쇼를 방지하고, 별도의 다과나 재료비로 활용하는 조건으로 일정 부분 참가비 받는 것도 가능해야 한다.

도서관 등의 기관은 못 해도, 아니 기관도 노쇼 방지를 위해서는 보증금을 받거나, 별도의 페널티를 주는 것으로 참가자에게 의무를 지워야 한다. 도서관과 달리 개인사업자가 프로그램을 운영할 경우에는 최소한의 참가비를 통해 주관 기관이 제공하지 못한 진행업체의 수익과 비용을 보전하거나, 대안으로 제시할 수 있어야 한다.

이처럼 진행업체는 지원사업 선정에 따라 프로그램을 진행하는 데 있어, 지속 가능한 공간 운영에 필요한 프로그램 운영 방식과 비용-수익 관리 측면에서 지원사업 프로그램을 기획해야 한다.

4) 대행업체(용역업체)

지원사업에서 있어, 주관기업이 직접 운영하는 때도 있지만, 업무를 대행하는 용역업체를 통해 진행하는 예도 있다. 주관사가 사업을 운영할 경험과 인력이 충분히 있다면 직접 사업을 운영할 수도 있고, 사업 운영의 전문성을 위해서 대행사를 쓰는 때도 있다.

그동안 지원사업에 선정된 것 중 몇 개는 대행 용역업체가 있었다. 한국문화예술위원회 〈토요문화학교_일상의 작가〉, 서울도서관 〈서울형책방〉, 한국문화예술위원회 〈여행지 길 위의 인문학〉 등에서 용역업체와 업무를 진행했다.

〈토요문화학교_일상의작가〉에서는 책인감의 역할과 보상이 명확했고, 업무 진행이 원활했다. 대행업체가 프로그램 진행에 대해 전반적인 관리를 했다. 목객도 비교적 잘 됐는데 프로그램 소개 및 모객은 '토요문화학교' 사이트에서 하고, 책인감을 통해 신청하면 주관사 사이트 연계를 통해 신청하게 했고, 필요시 전화로 대행사와 조율했는데, 자체 모객에 비해서도 잘됐다.

프로그램 진행에 관해서는 주 강사가 기획한 프로그램이었기에 내가 신경 쓸 부분이 별로 없었고, 준비물도 강사가 대행사에 요청하여 택배로 받을 수 있었다. 공간을 제공하는 나로서는 수업에 맞춰 테이블과 의자, 프리젠테이션 장비, 그리고 다과를 준비하면 됐다. 그리고, 수업 진행 중간에 사진 기록을 남기고, 수업을 마치면 결과보고서를 작성했는데, 주 강사가 작성해서 보고하는 것이 따로 있고, 내가 작성하는 것이 따로 있었다. 나는 진행 과정에서 참석자 현황, 수업 진행 요약(관찰자로서 작성한), 사진 및 시간 기록을 작성해서 보고하는 정도였다.

사실 강사는 나도 프로그램에 참여하길 원한 것 같지만, 주로 성인을 대상으로 서점을 운영하는 내겐 가족 단위, 특히 어린이 중심으로 참여하는 가족들과 함께 수업에서 어울리긴 힘들었기에 조금 떨어져서 관찰자로서만 참여했다.

〈서울형책방〉에서 대행사 역할은 행정과 정산 및 디자인과 마케팅에 관한 업무를 주로 하는 것으로 파악된다. 대행업체의 역할은 프로그램 진행 일정이나 내용을 수합하고, 서울형책방 SNS 등에 게시하고, 프로그램 진행 책방을 취재해서 알리는 역할을 했다. 정산 시에는 책방 결과보고를 수합해서 주관기관에 보고하고, 확인이 되면 사후 정산을 했다. 서울형책방은 신청 시나 진행 시 프로그램 진행에 관한 특별한 가이드는 없다. 예산 사용에 관한 몇 가지 제한사항이 있지만 대체로 프로그램 운영에 대해서는 자율성이 높았다. 그러나 이는 운영하는 진행 서점의 처지에서는 장점이 되기도 하지만, 서울형책방을 묶어주는 정체성이 부족하기도 했다. 그런데 문제는 정산 과정에서 나타났다.

〈여행지 길 위의 인문학〉에서도 주관기관과 진행기관(단체) 사이에는 대행사가 있었다. '2023 여행지 길 위의 인문학'은 2022년에 개설된 사업이 주관사 이관과 대행사 신규 지정에 따라 사업 진행에서 다소 혼란이 있었다. 새로운 사업을 시작할 때면 시행착오가 발생하게 되는데, 이때는 부가세 문제가 크게 발생했었다. 진행기관 입장에서는 지원금 사용에 있어 대부분 인건비로 사용하는 경우 부가세 없이 지원금 총액을 사용해 왔다. 초청 인건비는 지급 시 원천세만 신경 쓰면 됐는데 용역사업, 즉 대행하는 용역업체가 진행하는 경우, 용역업체가 지급하는 전체 서비스 비용에는 부가세가 있다는 것이다. 물론 대행업체가 이를 잘 설명하고, 진행업체에는 부가세 제외 기준으로 지원액을 알려줬으면 문제가 없었을 것이다. 그러나 다른 일반적인 용역사업과 달리 문화예술 지원사업에서 지원금을 사용하는 단체나 기관에서는 부가세를 적용받지 않았던 경우가 대부분이다. 정확하게는 인건비는 부가세가 없고, 다과비나 재료비 등에는 부가세가 있지만 이를 각 진행기관이 정확히 알기는 어려웠다. 그러다 보니 이에 관한 다소 혼란이 있었지만, 다행히 대행사와 주관기관이 잘 조정하여 수정 사항을 반영할 수 있었다.

이런 문제는 대행사가 정확하게 점검하여 기준을 삼아야 했는데, 문화 지원사업, 특히 인건비 위주의 프로그램에서의 문제점 등을 잘 파악할 필요가 있다.

대행사를 통한 지원사업 운영은 각각에 장단점이 있다. 특히 세무나 행정에 있어 비전문가인 주관기관에서 직접 운영하는 것보다 대행사가 진행하면 주관기관도 진행기관이나 단체도 수월한 진행을 할 수 있다. 한편으로 대행사에 지급하는 수수료와 부가세처럼 대행에 따른 추가 비용도 발생하기 때문에, 지원사업에 혜택을 받는 기관이나 단체의 수가 줄어들 수 있다. 그럼에도 대행사가 있는 경우 주관기관과 진행기관의 행정과 정산 업무를 줄일 수 있는 방향으로 운영한다면 이는 필요하다고 생각한다. 지원사업의 성숙도에 따라 대행사를 운영하는 것도 좋을 것이다.

5) 감사 기관

지원사업에서 감사의 역할에 관해서 명확하게 규정하기는 어렵다. 주관기관, 후원기관에 따라 다르기도 하고, 사업에 따라서도 감사의 역할은 다르기 때문이다.

사전적 의미로 감사란 '단체 규율과 구성원의 행동, 업무에 문제가 있는지를 조사하고 감찰하는 직무'를 말한다. 지원사업에서 감사란 주관기관과 진행한 기관/단체/개인이 사업을 진행(수행)하는 데 있어서 규정된 업무 절차를 지키고, 특히 예산 사용에 있어서 그 기준과 절차를 지켰는지를 점검하는 것이다. 특히 공공기관의 경우 감사 기능은 필수이고, 사업을 수행한 후에 받는 감사에서 '지적사항'은 중요 업무로 관리하는 경우가 많고, 큰 스트레스가 되기도 한다.

지원사업에서 진행업체와 주관기관이 감사를 바라보는 처지가 다르기도 하지만, 많은 문제점을 갖고 있기도 한다. 나는 비교적 규모가 큰 대기업을 다녔고, 자금이 오고 가는 영업부의 특성상 자주 감사를 받은 경험이 있었다. 이름은 다르지만 내부감사, 회계감사, 세무감사 등 다양한 감사를 받으면서 감사 시 일관되게 적용하는 기준이 있다. 업무 진행에 있어 업무 영역을 확인하고, 결재권자의 승인을 절차대로 받았는지 그리고 자금을 지원하고, 지급하는 과정에서 기준에 맞게 지급했는지를 보는 것이다. 감사는 그런 과정과 기준이 문서나 증빙자료로서 정확하게 남아있고, 제시할 수 있어야 하는 것이다. 즉, 기준에 따라 지급하고, 지급하는 과정이 투명하게 증빙할 수 있으면 별문제가 없는 것이다.

그런데 내가 경험한 지원사업에서는 감사에 관한 몇몇 불합리하고, 잘못된 사례를 적용하는 경우가 있었다. 이제부터 그 사례를 살펴보자

하나는 감사자의 비전문성이다. 나는 지원사업에서 주관사가 아닌 진행업체로 참여하기 때문에 주관사가 받는 감사의 지적사항을 직접 받지는 않는다. 그러나 주관사로부터 전달받는 감사의 지적사항에 관한 우려(이전 지원사업에서 지적 받았던 사례)를 전달받을 때면 가끔은 감사가 업무 절차나 기

준을 전혀 모르고 지적한다는 생각이 든다. 기준에도 없는 지적을 하면서 개선하라고 하는데, 이는 맞지 않는 것이다. 기준이 없어서 우려되는 사항이 있다면 감사에서 기준을 보완하라는 것은 가능하다. 그러나 기준이 없는 것을 수정하라는 것은 맞지 않는 것임에도 이런 식의 지적사항을 주관사에 전달해서 진행할 때 보완하라는 것은 맞지 않는 것이다. 그런데 이런 불합리하고, 현실에 맞지 않는 지적사항에 대해 주관사가 어쩔 수 없이 수용하는데 더 큰 문제가 있다. 감사라고 해서 모든 기준과 절차를 알지는 못하기 때문에 지적사항이 있어도 이는 합리적 기준과 실행력을 토대로 기준과 업무 매뉴얼에 반영하는 것이 맞지만, 불합리한 지적사항 하나하나를 사업 기준에 반영하다 보면 부당한 기준이 반영된다.

내가 경험한 몇몇 사례를 보면, '마을공동체 지원센터'에서 진행했던 사업에서는 결과보고서에 다과비 영수증을 증빙할 때, 실물 영수증을 붙인 후, 이를 복사한 것을 하나 더 붙여달라는 사례가 있었다. 이유는 영수증 인쇄가 오래되면 증발하니 감사 때 문제가 되어 영수증을 하나 더 복사해서 붙여달라는 것이다. 또 회의에서 사용한 비용에 대해 비용마다(다과비 영수증에도) 강사 확인서, 강의 계획서, 참석자 리스트를 모두 첨부해달라는 것이었다. 왜냐하면 감사 시 해당 영수증이 사용된 근거를 찾을 때 앞에 증빙한 강사 확인서를 찾기 어려우니, 해당 영수증마다 붙여달라는 것이었다.

이 사업에서 결과보고서 작성에만 일주일 가까운 시간을 허비했다. 도대체 내가 왜 동일한 내용을 여러 장 복사해서 붙여야 했는지 갑갑했다. 강의계획서와 참석자 리스트는 한 장씩만 제출하면 되지 왜 여러 장을 제출하는가였다. 이는 감사를 받을 때 해당 영수증이 왜 사용되었는가를 따질 때마다 강의계획서, 출석부를 다른 곳에서 찾기 힘들다 보니, 해당 영수증마다 이를 붙여놓고자 했기 때문이다. 주관 단체 담당자들도 감사 지적에 지치다 보니 그냥 지적된 것을 대부분 반영하다 보면, 결과보고서 작성이 이처럼 복잡하게 된 것이다. 나는 두 번 정도 이 사업을 하고는 보고서 작성에 너무 지쳐서 다시는 이 사업을 신청하지 않았다. 프로그램의 유용성이나 효과성을 떠나서 서류 작업, 특히 감사에 대비하는 주관사의 서류 요청은 과도함을 넘어 강압성을 띠는 경우도 있다. "안되면 지원금 토해 낼 수 있어요", "감사 지적사항이라 어쩔 수 없어요"… 이미 사업에 선정되어 진행하고 있는데 진행 기관이나 단체가 이를 거부하기는 쉽지 않다. 사실 명확한 가이드가 있는 것을 요청한다면 이는 진행 기관도 하는 것이 맞다. 문제는 가이드에 명확하게 게시되어 있지 않은데, 이를 임의로 해석하는 것이다. 가이드를 임의로 해석해서 제시하면 개인마다, 상황에 따라 해석이 다를 수 있다. 특히 이를 해석하는 데 있어서 무조건 감사 지적을 우려해서 진행한다면 진행 기관과의 관점 차이로 인한 반발이 발생할 수밖에 없다.

그 밖의 지원사업 관계자들

6) 강사

사업을 진행하는 기관이나 단체로서 강사와의 역할 분담이나 프로그램 진행 방식을 생각해야 한다. 특히 사업을 진행하는 기관의 규모에 따라서 강사와의 관계를 생각해야 한다. 도서관이나 문학관 등의 기관이 진행할 때면 강사는 대중적인 인지도를 갖고 있거나, 주관기관의 규모에 따라 일정 규모 이상의 참여자를 모집할 수 있다. 그에 비해 작은 기관이나 공방 같은 곳에서는 어떤 강사를 초청하는가에 따라 프로그램 모객과 진행에 미치는 영향이 클 수 있다. 우선 작은 공간의 경우 모객은 항상 어렵다. 다수의 사람이 아닌 소수의 사람이 참여할 수 있는 강연-강좌의 경우 참여자 수를 예측하기 어려운 경우가 많다. 그래서 작은 공간일수록 강사도 함께 모객하는 것이 필요하다. 사실 도서관 같은 기관은 꽤 많은 주민이 오가고, 여러 직원이 있는 경우 업무가 나뉘어져 있어서 모객 업무가 비교적 안정되어 있다(물론 도서관도 프로그램 참여자 모객을 늘 어려워한다). 그에 비해 작은 공간을 운영하는 가게의 경우 1인 혹은 소수의 사람이 운영하는 경우, 모객은 공간 운영자에게 큰 부담이 된다. 즉 혼자 모객하는 것 자체가 부담이기도 하지만 강연 프로그램을 충분히 이해하지 못한 상태에서 어떤 사람들에게 알려야 할지 모르는 경우도 있다. 내가 갖고 있는 원칙 중 하나가 지원사업이 아닌 자체적으로 운영하는 프로그램이라면 참가비는 꼭 강사와 내가 N 분의 1로 나누고, 모객을 비롯해 프로그램의 운영을 함께하는 것이 조건이다. 지원사업에서도 모객을 함께 할 수 있는 강사와 프로그램을 기획한다. 내가 일방적으로 모객해야 한다면 잘 진행하지 않는다.

강사는 공공도서관처럼 규모가 있는 곳과 프로그램을 진행할 때면 강연과 프로그램 내용만 주로 고려하면 되지만, 작은 공간에서 할 때면 모객을 위해 자신도 SNS에 올리거나, 프로그램 진행도 소규모 공간에 맞춰서 적은 인원과도 진행에 무리가 없는 기획을 하고, 작은 공간 특성에 맞는 프로그램으로 진행해야 한다. 도서관의 경우 강연식의 진행을 하는 경우가 많다면, 작은 공간에서는 토론식이나 소수의 사람과 친근감 있는 방식 등 상호 소통하는 강좌 진행이 필요하다.

큰 기관에서는 인력에 여유가 있으니 자료 준비나 공간 세팅, 다과 준비를 여러 직원이 나눠서 하기에 부탁만 하면 되지만, 작은 공간은 오직 대표 혼자서 해야 하는데 강사도 부탁만 하기보다는 일찍 가서 함께 준비하는 것도 관계 형성에 도움이 된다. 결국 1인 공간에서 프로그램을 운영한다는 것은 서로 맞춰가고, 도와주는 것이 필요하며, 이는 곧 프로그램 운영에서도 친근감을 형성하는 기회가 되기도 한다.

강사가 프로그램을 기획하는 데 있어서 내가 당부하는 점이 몇 가지 있다. 강연이든 프로그램이든 강의 계획서를 1페이지 정도로 작성해서 제출해 달라고 요청한다. '1페이지 강의 제안서'는 주 대상을 누구로 할지, 차수나 시간 등 프로그램 진행에 필요한 시간(이는 사업 특성에 맞게 조정 가능한), 강의 가능한 요일과 시간, 주요 진행 내용을 알아보기 쉽게 정리해서 작성해달라고 한다. 내가 잘 아는 작가의 경우 간단하게 받기도 하지만, 처음 상대하는 작가의 경우 진행할 프로그램을 이해하는 데 꼭 필요한 부분을 알아야 한다.

또한 내가 강사(특히 작가들)에게 요구하는 것 중 하나가 프로그램 진행에 있어, 어느 정도 수준 이상의 능력과 관심을 두고 있는 이들을 대상으로 하는 프로그램과 처음 참여하는 사람도 무리 없이 참여할 수 있는 프로그램을 구분해서 기획해 달라고 한다. 대부분 지원사업은 누구나 참여할 수 있는 프로그램을 요구한다. 어린이, 청소년, 성인, 취약계층 등 주 타깃 대상의 연령이나 계층을 특정할 수는 있지만 그 안에서는 차별 없이 누구나 참여할 수 있어야 한다. 서툰 사람도 능숙한 사람도 모두 참석할 수 있으려면 지원사업에서는 대중을 대상으로 초보자도 참여할 수 있는 프로그램으로 기획하는 것이 필요하다.

심화 과정 혹은 좀 더 깊이 배우고 싶은 이들을 위해서는 기존 참가자들을 심화 과정으로 이어가는 방식으로 프로그램 기획하는 것이 지원사업의 취지와도 어울린다. 혹은 자체 프로그램으로 심화 과정을 이어가는 것이 바람직한 사례가 되기도 한다. 책인감 사례를 보면, 지원사업을 통해 최설 소설가와 '소설 읽기 원데이 클래스'를 해보고, 또 다른 지원사업에서 '소설 읽기 6회차' 과정을 통해 진행했던 사람들이 '소설길'이라는 자체 프로그램으로 이어간 사례가 있다. 이는 지원사업과 자체 프로그램을 이어서 하는 가장 바람직한 사례이지만 실제로 이처럼 이어지기는 쉽지 않다. 지원사업에서 무료 혹은 아주 저렴한 비용을 내고 참석했던 사람들이 자체 프로그램에서는 꽤 큰 비용을 내야 하기 때문이다. 게다가 소수 참가자일 경우 비용이 더 늘어나기도 한다. 한편, 공간 운영자로서 자체 프로그램에 참여자가 많지 않다면 지속 가능한 프로그램으로 운영하기 어렵다. 이는 수익 측면을 고려하면 당연한 일이다.

7) 참여자

작가나 강사가 도서관이나 문학관 등의 기관에서 프로그램을 진행할 때와 작은 공간 즉 동네책방이나 공방 등에서 프로그램을 진행할 때 차이점을 이해해야 한다.

도서관이나 문학관 프로그램과 달리 작은 동네서점이나 공방에서의 프로그램은 상대적으로 친근감 있게 진행된다. 강사와 참여자 간의 물리적 거리가 줄어들고, 참여자 수가 적으면 아무래도 강사와의 친밀도가 높아지기 때문에 좀 더 적극적인 참여가 자연스러워진다.

그래서 대규모로 진행하는 공공기관 강좌나 강연에서는 수동적인 참여만 가능하지만 작은 서점이나 공방 프로그램의 경우 적은 인원이 참여하다 보니 참여자도 강사나 함께 참여하는 사람들과 유대감이 늘어나고 깊게 교류할 가능성이 높아진다.

지원사업 선정 시 알아야 할 TIP

- 지원사업 관계자마다 관점이 서로 다르기 때문에 지원사업을 신청하는 기관이나 단체, 기업에서는 관계자의 입장에서 사업을 기획하고, 실행하고, 결과보고(정산)를 해야 한다.

- 지원사업 기획서도 결국 이를 검토하는 것은 주관기관 담당자와 심사관이 된다. 사업기획서는 주관기관이 검토할 때 중점으로 보는 사항을 알아야 한다. 사업의 취지에 맞는 프로그램으로 작성해야 하고, 특히 프로그램 계획이 구체적이면서도 원활하게 실행할 수 있는 계획임을 설명할 수 있어야 한다. 무엇보다 기관 담당자들에게 가장 중요한 것은 예산의 집행과 정산이다. 이는 다른 항목과 달리 명확하게 문제점이 나타날 수 있기 때문이다. 예산 항목에 맞게, 정확한 금액 내에서 증빙도 해야 하므로 예산과 정산에 관한 것은 정확하면서도 알아보기 쉽게 작성해야 선정 가능성이 올라간다.

- 결과보고서 작성 시, 성과를 표현하는 데 있어 비즈니스적 마인드가 필요하다. 문화예술을 다루는 지원사업도 결국 성과를 나타내야 한다. 이는 단지 해당 지원사업 결과로만 끝나는 것이 아니라 여러 해 지속되는 사업은 매년 성과가 늘어나는 것이 보여야 지속 가능성도 높아진다. 그런데 성과를 잘 냈다는 말로만 표현할 수는 없다. 성과를 나타낼 때 가능하면 숫자로 표현할 수 있는 것은 숫자로 표기하는 것이 직관적으로 알기도 쉽고, 객관적인 지표가 된다. 즉, 지원사업 프로그램은 몇 회 진행했고, 회당 몇 명이 참여해서 총 몇 명이 참여했다는 보고를 통해 보다 쉽게 성과를 알 수 있을뿐더러 참여자의 증감 등을 알 수 있기 때문이다. 결국 지속 가능한 지원사업을 위해서도 매년 성장하는 수치를 보여주는 것이 유리한데, 이는 진행업체에서 보여줘야 한다.

다만 문화예술 사업은 정량적 수치로만 평가한다면 문화예술의 창의성을 훼손할 수 있다. 그러니 정량적 수치로 보고하는 것은 평가의 객관성을 보여주기 위한 것이어야 한다. 정량적 수치로만 평가의 성과지표로 사용되는 것은 피해야 한다. 정성적 성과도 가능하면 장황하게 설명하는 것보다는 몇 가지로 요약 및 정리하는 것이 좋고, 거기에 정량적 성과(수치)도 보여주는 것이 필요하다.

- 결과보고서에서 정산의 중요성을 두말할 나위 없다. 예산은 1원이라도 틀리지 않아야 하고, 모든 지출은 증빙자료가 있어야 한다. 기획서에서 작성한 예산을 기준으로 실제 지출이 이루어져야 하고, 영수증이나 이체확인서, 강의확인서 등 지출 증빙 명세는 그때그때 챙겨 두어야 한다.

지출 증빙을 너무 어렵다고만 하지 말고, 월별, 일자별 관리를 통해 누락하지 않게 관리하는 것이 무엇보다 예산 계획 대비 실행을 관리하기 위해 엑셀 같은 스프레드시트로 관리하는 습관을 들여야 한다. 강사료를 비롯한 인건비, 재료비, 다과비를 항목별로 그리고 월별로 관리하며 누락하지 않도록 엑셀 시트에서 가로, 세로의 합계 금액을 맞춰서 관리해 보자.

늘 지원사업 공고를 보면 신청할까 말까를 고민하게 된다. 지원사업을 진행한 후에는 실제 사업 운영에 도움이 되기보다 그 과정에 지치기도 하고, 좋은 프로그램을 진행했다는 성취감보다, 왜 이걸 했느냐는 회의감이 들기도 한다.

공모서 내용을 살피고 사업에 신청하기 전에 내가 신청하는 목적과 얻을 수 있는 결과를 깊이 생각해 보고, 사업에 선정되어 프로그램을 진행하고 나면, 그 성과와 과정을 되돌아보며 앞으로 다시 신청할지 고민해야 한다. 내가 들인 노력에 비해 성취와 보상(꼭 금전적이지 않아도)을 비교하며 다음을 기약하고자 하거나 방법을 바꿀 수 있어야 한다.

1부 : 지원사업 알아가기

1 내가 지원사업을 하는 이유

나는 개인사업자(혹은 법인이나, 협동조합)이면서 왜 지원사업을 하려고 할까? 공공기관이 아닌 개인사업자로서 가게를 운영하고 있다면 지원사업을 하는 목적에 관해 깊이 생각해 봐야 한다.

도서관이나 문학관은 공공기관으로서 시설(건물, 공간)과 인원(직원)을 지원받고 있고, 예산을 갖고 있기에 이미 다양한 프로그램을 진행하고 있다. 그럼에도 기관에서 지원사업 프로그램에 참여하는 것은 추가된 예산으로 더 다양한 프로그램을 진행하기 위해 신청하게 된다. 기관으로서 다양한 프로그램을 진행하는 것은 기관의 성과가 되기 때문이다.

그에 비해 민간 (개인) 사업자가 지원사업에 신청하는 이유는 다르게 봐야 한다. 또한 사업자라 해도 모두 같은 마음으로 신청하는 것도 아니다. 개인사업자는 기본적으로 수익을 추구하기 위해 사업을 운영한다고 할 수 있지만 지원사업을 통해 공익적 활동을 하고 싶은 사업자도 있고, 특히 협동조합이나 지역 활동 단체는 지원사업을 통해 수익보다는 공익 활동에 중점을 두고 신청하는 예도 많다.

개인사업자가 지원사업을 신청한다고 해서 지원사업이 사업자의 수익

공공기관

민간 기관
(개인 사업자, 협동조합 등)

을 보장해 주지는 않는다. 특히 문화예술이나 복지에 관한 지원사업은 진행 기관이나 단체가 수익을 내는 것은 사업 구조상 불가능한 경우가 많다. 지원사업에서는 사업 대상이 공공기관인 경우가 많지만, 대상을 민간 영역까지 확대하면서 동네서점이나 공방, 협동조합이나 지역 활동가 모임 등이 포함되고 있다. 대상이 확대되었지만, 이는 용역사업이 아닌 공익적 목적의 문화예술 및 복지 지원사업에서는 선정업체가 사업 운영에 따른 수익 혹은 비용을 인정받기 어려운 경우가 많은 이유이기도 하다.

그럼에도 민간 영역인 (개인) 사업자가 지원사업을 진행하는 목적은 무엇일까? 공익적 목적 외에 자영업자로서 갖는 목적이 다음과 같을 수 있다.

☞ **사업 운영 비용을 일부 인정받을 수 있다.**
☞ **내가 강사로 활동해서 강사료를 받을 수 있다.**
☞ **내가 원하는 프로그램을 기획할 수 있다.**

첫째 수익을 내기는 어렵더라도 일정 부분 운영자 비용을 인정받는 경우가 있다. 예를 들면 기획료나 진행료 그리고 대관료를 인정하는 지원사업의 경우 개인사업자에게 실질적인 도움이 되기도 한다. 서점이나 공방에서 손님이 많지 않은 시간 등을 활용해 지원사업을 진행하고, 비용을 지원받을 수 있다면 실질적 도움이 되기도 한다. 공공영역에서 진행하는 지원사업이기 때문에 나의 모든 비용을 인정받기는 어려워도 최소한의 비용 정도를 기대해 볼 수 있다.

둘째 지원사업에서 강사 활동을 통해 강사료 이익을 얻을 수 있다. 서점 운영자라면 북토크 관련 프로그램이나 독서 프로그램, 글 쓰기 등 서점 운영에서 파생된 강의를 진행할 수도 있지 않을까? 그러나 강사로 활동하는 것은 꼭 지원사업을 진행해서 할 필요는 없다. 자가 강의를 금지하는 지원사업도 많으며 차라리 지원사업을 신청하지 않고, 다른 단체의 지원 프로그램에서 강사로 활동하는 것이 수익적으로는 더 나은 방식이기도 하다. 다만 '내가 원하는 프로그램을 진행할 수 있는가?'라는 것에서 선택할 수 있다.

셋째 내 가게에서 하고 싶은 프로그램을 기획할 수 있다는 것이다. 서점이라면 좋아하는 작가를 초청해 북토크나 글 쓰기 체험 강좌를 할 수도 있고, 공방이라면 평소에 하고 싶었지만 재료비가 부담됐던 만들기 프로그램 등을 해볼 수도 있을 것이다. 이처럼 지원사업은 강사 초청비나 프로그램 운영비에 지원해 주기 때문에 내가 하고 싶은 프로그램을 기획해서 해볼 기회가 되기도 한다.

지원사업을 기획하면서 해당 지원사업만을 위한 프로그램 운영은 지양해야 한다. 결국 지원사업은 강사료 등 금전적 지원에 의존할 수밖에 없다.

그러다 보면 자생적인 프로그램을 운영할 때 금전적 제약을 받을 수 있다. 지원사업에서 강사료는 참가 수에 상관없이 정액으로 지급할 수 있지만, 자체 프로그램으로 운영할 때면 충분한 참가비를 받기 어려운 경우가 많고, 모객이 잘되지 않으면 강사료를 정액으로 지급 시 오히려 손해가 생길 수도 있다. 그래서 자체적으로 진행하는 프로그램에서는 강사료를 정액보다는 강사와 운영자가 일정 비율로 나누는 것이 좋다. 그러나 이는 강사와 개인사업자가 협의해서 정할 문제이다.

나는 책인감을 운영하면서 지원사업 진행에 따른 수익 아니 비용 보전을 얼마나 받을 수 있는지를 꼭 확인한 후에 사업에 신청하고 있다. '그래도 프로그램할 수 있으면 좋지'라는 막연한 생각으로 비용을 인정하지 않거나, 아주 적은 비용만 지급하려는 사업에는 지원하고 싶지 않다. 정당한 비용을 지불하는 지원사업에 우선하고, 그렇지 않은 지원사업이라면 내가 투입할 수 있는 시간과 노력이 적정한 수준인지 판단하고, 혹 수익은 안 되더라도, 지원사업을 통해 의미 있는 활동이 되는 프로그램을 기획해서 신청하기도 한다. 나는 공공기관 업무를 대행하는 사람이 아니다. 꽤 많은 임대료를 내면서 사업장을 운영하고, 하루 8시간 이상 영업을 위한 시간을 보낼 뿐 아니라 출근 전, 퇴근 후에도 사업 유지를 위한 많은 일을 처리하고 있다. 나는 지원사업에서도 내가 들이는 노력에 어느 정도 보상을 받는 것이 당연하다고 생각한다. (하지만 실제로 지원사업을 통해 비용을 인정받는 경우에도 내가 들인 노력에 비해 대가로 받은 비용은 채 30%도 안 된다)

개인사업자라면 수익을 내기 위한 활동과 지속 가능한 사업장을 운영하기 위한 기준을 갖고 가게를 운영해야 한다.

서점을, 공방을 취미로 운영하는 것이 아니라면 그 가게가 1년을 넘어 2년, 5년, 10년을 이어갈 방법이 있어야 한다. 그 바탕에는 안정된 수익이 있어야 한다. 서점이라면 책을 판매해서 얻는 이익이 기본이겠지만, 점점 책을 읽지 않는 시대에 책 판매 외에도 다른 방법으로 이익을 얻을 수 있어야 한다. 문화 프로그램 기획을 통해 이익을 얻거나, 도서관 납품, 카페나 북스테이 겸업을 통해서도 이익을 얻을 수 있을 것이다. 공방이라면 다양한 공예품을 만들어 판매하거나, 체험 과정, 위탁 교육이나 강의를 통해서 수익을 만들 수 있어야 한다.

지원사업 프로그램을 운영하는 것은 사업장을 지속하려는 방법의 하나로 운영해야 한다. 그래서 프로그램에 투자하는 나의 노력에 대해 어느 정도 이익을 얻을 수 있어야 지속 가능함을 꼭 알아야 한다.

2 지원사업 정보를 한곳에 모아 놓은 곳은 없나요?

신규 사업자들을 만나 지원사업에 관한 이야기를 나눌 때 많이 듣는 질문 중 하나가 '지원사업 정보를 한곳에 모아 놓은 곳은 없나요?'라는 말이다.

이 질문에 대한 나의 대답은 '그런 곳은 없습니다. 지원사업마다 주최, 주관 기관이 달라서 해당 기관의 공지 사항을 수시로 살펴보는 수밖에 없습니다'라고 말하곤 한다.

사실 정확한 답변은 아니다. 지원사업마다 공지하는 기관이 다르다는 것은 사실이지만, 어떤 지원사업들은 한곳에서 볼 수 있기 때문이다. 한곳에서 볼 수 있는 지원사업은 그 대상이 비교적 광범위한 상황에 해당한다. 예를 들면 그 대상이 사업자를 기준으로 업종이나, 광역 지역을 기준으로 그 속에 속한 모든 사업자가 대상인 경우이다. 중소벤처기업부에서 관리하는 기업마당' 홈페이지에서는 정부 각 부처와 지자체 등에서 공고하는 지원사업을 종합해서 볼 수 있다.

내가 처음 책방을 오픈하고 알게 된 손님 중에는 기업마당을 통해 비교적 큰(1억 원 이상) 규모의 지원사업을 여러 번 받았다고 했다. 그가 받은 지원 사업은 창업, 기술 분야였다. 나에게 사업기획서 작성 샘플을 주는 등 꽤 많은 정보를 알려줬고, 나도 한번 창업지원 사업에 신청했지만 탈락했다.

시험 삼아 해본 것이기는 하지만, '기업마당'에서의 지원사업은 중소기업을 대상으로 한다 해도, 나처럼 1인 기업이 선정되기는 힘들고, 직원이 많아도 카페나, 공방, 서점 등의 분야에서 할 수 있는 사업을 찾기는 쉽지 않다. 내가 신청했던 것은 '2019년 초기창업패키지 사업'이었다. 혁신 분야 및 신산업 분야의 창업기업을 대상으로 초기창업 전 단계에 집중적으로 지원하여 우수 창업기업으로 육성한다는 것이었다. 신청한 분야는 신산업 분야이고, 창업 3년 이내 기업이, 신산업 분야 관련 창업 아이템을 보유한 170개 내외의 기업에 최대 1억 원까지 지원해 준다는 것이었다.

신청 분야는 인공지능, 클라우드, 사물인터넷, 5G, 3D 프린팅, 블록체인, 지능형 반도체 등의 첨단 기술로 나누는데, 그 중 O2O(온라인 기반 오프라인 서비스_Online to Offline) 분야는 O2O 서비스 중개 플랫폼, 클라우드 기반의 O2O 서비스 플랫폼, 지능형 O2O 서비스 데이터 분석 시스템, 한류 뷰티 O2O 서비스, 외래관광객용 관광 O2O 서비스, 반려동물 케어 O2O 서비스라는 세부전략 품목으로 나누어져 있었다.

나는 '동네책방 및 1인 기업, 소규모 기업 창업/운영 컨텐츠 지원 서비스'라는 이름으로 사업기획서를 작성해서 제출했다. 2019년에는 '작가와 함께하는 작은서점 지원사업'에 선정돼서 거점서점으로 상주작가를 채용한 상태였기에 1인 기업이 아닌, 직원 있는 사업자이기도 해서 최소한의 요건을 갖출 수 있었기 때문이다.

사실 선정 가능성은 거의 없었지만, 한번 해보려는 마음과 경험치 습득을 위해 신청했다. 신청서를 작성하면서 방대한 자료를 분석하고 사업계획

<사진 : 기업마당 홈페이지>

서를 작성했다. 21페이지 분량의 사업계획서에는 '문제인식 - 실현가능성 - 성장전략 - 팀 구성'이라는 내용에 맞게 세부적인 내용을 작성했고, 서점이자 출판사이면서, 컨설팅을 통해 다른 사업자의 창업과 운영을 돕는 방식의 사업으로 계획서를 작성했다.

내가 제출한 사업계획서는 조금 빈약했다. 그러나 그 사업공모에서 내가 할 수 있는 다양한 콘텐츠를 접목할 아이디어를 보태고, '손님'의 도움으로 사업계획서도 다듬어서 제출했기에 좋은 경험이 되었다. 지금 돌이켜보면, 내 사업에 조금 더 기술적 요소를 반영할 수 있고, 성장이 가능한 분야라면 다시 도전해 보고 싶은 마음도 있다. 하지만 서점과 출판이라는 분야에서는 조금 멀게 느껴지는 지원사업이기도 했다.

기업마당에서는 이처럼 기술, 금융, 인력, 수출, 내수, 창업, 경영 등의 분야에서 공모하는 지원사업을 주로 볼 수 있다. 그러나 서점이나 공방, 지역활동단체가 할 수 있는 지원사업을 찾아보기는 어렵다. 서점, 공방, 지역/마을 활동 단체/기관 등이 신청할 수 있는 지원사업은 그 주관/주최 기관 공모 안내를 찾아볼 수밖에 없는 것이 현실이다.

나는 책인감이란 서점이자 카페, 출판사이지만 문화공간 운영자이기도 하고, 예술인(정확하게는 문화예술 기획 활동을 하는)이자 마을 활동단체, 개인 자격으로도 지원사업에 신청하고 선정되기도 했다.

서점으로서 신청할 수 있는 지원사업은 한국출판문화산업진흥원의 '지역서점 문화활동 지원사업(2023년은 한국서점조합연합회에서 주관)', 한국작가회의 '작가와 함께하는 작은서점 지원사업', 한국서점조합연합회 '심야책방', 서울도서관 '서울형책방', 지역문화진흥원 '동네책방 문화사랑방(~2021년)', 한국출판인회의 '모바일 북 페스티벌(2020년)', 인사회/책방넷 '4050 책에서 길을 묻다 참여서점', 서울특별시평생교육흥원 '우리 동네 책방 배움터(2021-2022년)' 등이 있다.

공간으로 지원할 수 있는 것에는 노원구 마을공동체지원센터 '우리마을 지원사업(2020~2021)', 한국문화예술교육진흥원 '꿈다락 토요문화학교 일상의 작가 운영공간(~2020년)', 노원구청 '동네배움터', 노원문화재단 '생활문화 활성화(공간)', 한국출판문화산업진흥원 '생활문화시설 인문 프로그램 지원사업', 한국문화예술교육진흥원 '꿈다락 문화예술학교', 서울문화재단 '서울예술지원 공모 예술 기반지원_창작예술 공간지원' 등이 있다.

기타 단체 혹은 개인으로서 신청했던 노원문화재단 '생활문화 활동 지원사업_활동제안', 지역문화진흥원-노원문화재단 '모두의 생활문화_생활문화 확산 협력단체', 한국문화예술위원회 '여행지 길 위의 인문학 참여기관(2023)', 서울문화재단 '2021 코로나19 예술지원 〈ART MUST GO ON〉' 등이 있다.

출판 분야 지원사업으로 한국출판문화산업진흥원 '우수 출판콘텐츠 제작지원', '세종도서 교양/학술부문 선정 보급' 등도 있다.

기타 지원사업으로 한국예술인 복지재단 '예술인 파견지원-예술로 사업' 등이 있다.

이 외에도 단발성으로 공모한 지원사업도 있는데 책방으로서, 공간으로서, 사업자이자 동네에서 활동하는 단체로서 지원할 수 있는 사업이 있다. 특히 작은 공간을 운영하면서 지역에서 활동하는 사업자라면 자치구(구청) 내 문화 활동 사업이나, 문화재단, 도서관, 복지관 등에서 진행하는 다양한 사업에도 참여할 기회가 있다.

공방은 지역 주민이 참여하는 프로그램을 기획해서 내 공간에서 공방 강

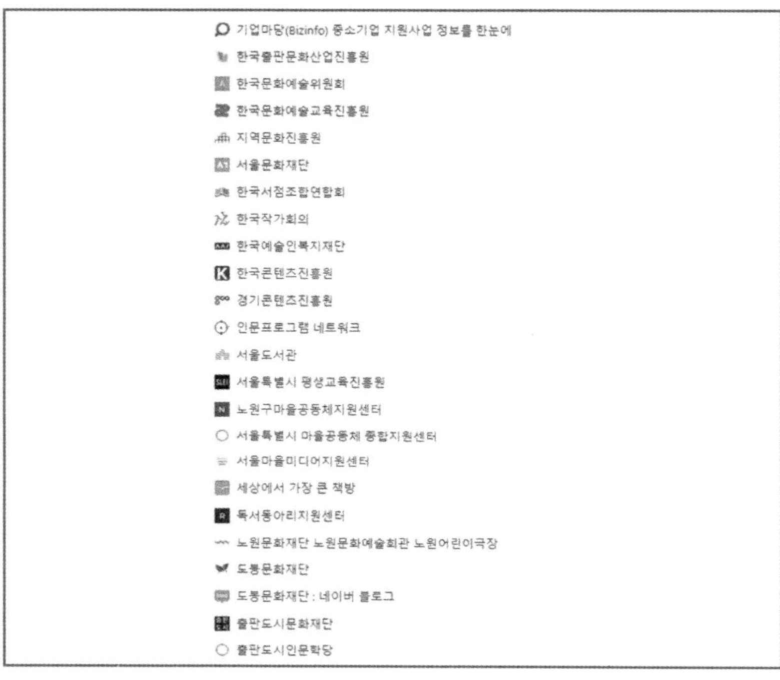

〈브라우저 즐겨찾기로 등록한 지원사업 기관들〉

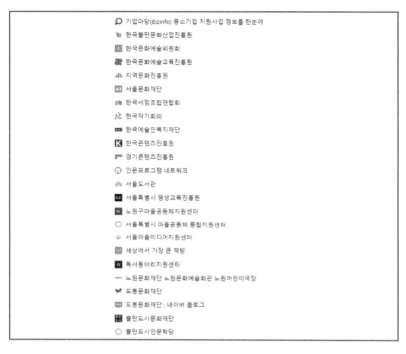

좌를 진행할 수도 있고, 복지관이나, 지역 공공센터와 협업으로 DIY 만들기를 한다거나 공예 체험을 기획하는 것도 가능하다.

사업체나 단체를 운영하는 데 있어, 내 공간, 내 제품, 내 서비스를 지속적으로 판매하고 제공할 수 있는 시장이 어디에 있는지를 알아야 한다. 개인 소비자만 구매하는 것이 있고, 공공에서의 구매나 문화 복지 예산에서 파생된 구매도 있다. 특히 문화와 복지에 관한 분야에서는 점점 개인 구매는 줄어들고, 공공 구매가 늘어나는 경우가 많다. 도서 분야나 문학을 비롯한 문화예술 분야가 특히 그렇다. 그래서 그 분야에서는 지원사업에 대한 관심도 어느 정도는 필수적인 부분이 되어가고 있다.

내가 할 수 있는 지원사업에 스스로 제한을 두지 말자.

지원사업은 (개인)사업자만 할 수 있는 것도 아니고, 도서관이나 복지관 같은 공공기관만 하는 것도 아니다. 과거에는 문화예술 지원사업 대상이 공공기관에만 해당하는 경우가 많았지만, 지금은 그 대상이 개인사업자나 단체 등 민간까지 확대된 경우가 많아지고 있다.

한국출판문화산업진흥원의 '생활문화시설 인문프로그램 지원사업'의 경우, 생활문화시설을 대상으로 했는데, 생활문화시설에는 도서관, 박물관, 문학관을 비롯하여 지역서점도 등록할 수 있었다. 또한 '지역서점 문화활동 지원사업'의 경우 2022년까지 한국출판문화산업진흥원에서 주관할 때는 생활문화시설에 등록된 서점의 경우 가산점을 주기도 했다.

이처럼 공모 사업 개요를 살펴보면 자격요건 혹은 가산점 항목을 체크하고 이를 충족하기 위한 방법을 찾아봐야 한다. 사업자등록증에 필요한 업태/업종이 있다면 이를 신고만으로 가능한지 혹은 일정한 요건을 구비해서 허가를 받아야 하는지를 알아야 한다.

예를 들면 생활문화시설은 문화체육관광부에서 제정하고 개정한 내용에 따르는 것인데, [생활시설의 범위에 관한 고시]는 2014년에 제정하고, 2018년에 개정하면서 지역서점도 대상에 들어갈 수 있게 되었다. 생활문화시설에는 ① 생활문화센터 ② 지역 영상미디어센터 ③ 지역서점이 들어가는데 1년 이상 매월 1회 이상의 독서동아리 운영, 저자 초청 특강, 전시 및 공연 등 문화 행사를 하는 서점은 기초지방자치단체장이 인정한 서점'에 해당한다.

책인감은 2022년 2월에 지정되어 2022년, 2023년 생활문화시설 인문프로그램 지원사업에 선정되는 요건을 충족할 수 있었고, 2022년 지역서점 문화활동 지원사업에서도 가산점을 받아서 선정될 수 있었다. 생활문화시설 인증기한은 2년이다. 2024년 2월에 갱신했는데 지금은 '생활문화시설_지역서점' 인증이 필요한 지원사업은 없지만 지자체 인증 서점임을 강조하고 있다. 일부 지자체에서는 납품을 위한 지역서점 인증을 실시하고 있는데, 서울 및 내 가게가 속한 노원구에는 조례가 지정되어 있지 않아서 이를 대체하는 것도 한 방편이라고 생각한다. (※생활문화시설 지역서점 인증은 문화프로그램 진행에 관한 인증이나, 사단법인에서 인증하는 지역서점은 꽤 많은 비용을 지불하는 것도 문제지만 공공성이 없는 것도 문제점이다)

이처럼 필요한 조건에 충족될 수 있도록 신고나 허가를 받아야 하는 것도 해야 하고, 지원사업도 꼭 서점이나 출판에만 한정하지 않고 다양한 분야에서 살펴보면서 신청하고 있다.

내가 꼭 그렇게까지 지원사업을 해야 하는 가는 개인 선택에 관한 문제이다. 나는 동네서점, 카페, 출판사를 운영하는데 주 분야는 서점이지만 서점이라고 해서 꼭 책만 파는 것이 아니라 책에서 파생된 다양한 강연이나 모임, 활동을 지향하고 있다. 즉 복합 문화공간으로서 운영하고자 한다. 그래서 지원사업에서도 서점 대상뿐 아니라 문화공간으로서, 문화 활동가로서 가능한 지원사업도 시도하고 있다.

앞서 설명한 공간, 단체 지원사업뿐 아니라 마을 미디어센터에서 공모한 사업에서는 마을 콘텐츠로써 책 관련 영상 제작을 기획했지만 떨어지기도 했고, 독서동아리 지원사업에서는 동아리로서 지원하기도 하고, 독서동아리에 공간을 제공하는 사업에 지원하기도 했다. 물론 신청했다고 다 되는 것은 아니고 탈락하는 것도 하나의 과정이다. 그런 과정을 통해 다음에 내가 선정될 역량을 갖추려고 노력할 수도 있고, 내게 어울리지 않는 사업임을 명확하게 알 수도 있기 때문이다.

사실 내가 운영하는 책인감이 지향하는 방향과 지원사업이 잘 어울리지 않는 경우도 많았다. 그럼에도 한번 시도해 봐야 내 사업에 정말로 어울리는지 아닌지를 알 수 있고, 혹은 하면서도 충분히 좋은 방향으로도 나아갈 수 있기 때문에 더 다양한 지원사업에 도전하고 있다.

동종업계 경험 있는 사람들에게 물어보자

어떤 사업을 하든지, 동종업계 사람들과 교류하는 것이 필요하다. 서점

뿐 아니라 공방을 운영하는 사람들이 혼자서 모든 것을 알기는 어렵다. 지원사업 분 아니라 사업을 운영하면서 필요한 정보를 얻는 경로가 있어야 한다. 요즘 시대에는 동종업계 사람들과 대면 만남을 갖는 것이 어려울 수도 있다. '아프니까 사장이다'라는 네이버 자영업자 카페에는 160만 명 이상 가입자(2024년 11월 기준)가 있어서 수많은 정보를 찾을 수도 있다. 어쩌면 너무 많은 정보로 인해 접근이 어렵다고 느껴지기도 하지만 가능하면 같은 지역(너무 경쟁자로 인식된다면 조금은 멀리 있는 사업자들)에서 같은 일을 하는 사람들과 교류하는 것이 필요하다. 서점처럼 밀도가 낮은 업종의 경우 조금 넓은 지역까지 확대해서 다른 사업자와 교류하는 것이 더욱 필요하다. 특히 1인 혹은 2인으로 운영하는 사업자의 경우 혼자서 정보를 얻기는 더 힘들기 때문에 동종업계 사람들과 교류가 꼭 필요하다.

지원사업 정보를 한눈에 볼 수 있도록 정리하는 습관을 들이자

나는 2018년 1월 책인감을 오픈한 이후에 신청했던 모든 지원사업을 엑셀로 일목요연하게 정리하고 있다. 신청했던 지원사업의 공모 시기, 사업 기간, 선정 여부, 지원 요건, 지원 현황, 지원 금액 뿐 아니라 실제로 내게 지원되는(기획료나 대관료) 금액을 구분해서 정리하고 있다. 이는 단지 지원사업 현황을 정리할 뿐만 아니라 다음 해 공모 시기를 놓치지 않고 신청할 수 있도록 하고, 내가 꼭 신청해야 할 지원사업을 구분하고, 미리 준비할 수 있기 때문이다. 또한 각 지원사업에 선정된 대상점 리스트도 따로 관리하는데, 이를 통해 선정된 기업(단체)이 어떤 프로그램을 하고 있는지도 살펴볼 수 있

연도	주최/주관	사업명	대상	주요 내용
2023년	한국작가회의	**작가와 함께하는 작은 서점 지원 사업**	동네서점	문학거점서점 + 작은서점 + 문학작가 매칭 상주 문학작가 급여지원과 파견 문학작가 활동비 지원. 거점 문학서점과 작은서점에 대관료 및 프로그램 운영비 지원
	한국예술인 복지재단	**예술인파견지원-예술로 기획사업**	기업 (1인기업 포함)	리더 예술인 1명과 참여 예술인 3~5명이 월 30시간 x 6개월간 활동하며 기업과 예술협업 진행
	출판문화산업진흥원 /한국서점조합연합회	**지역서점 문화활동 지원사업 _ 오늘의 서점**	지역서점	총 58개 서점에 문화활동 지원비 500만원, 서점주 활동비 60만원 지원
	노원문화재단	**생활문화 활동 지원사업 _ 활동제안**	노원구를 기반으로 활동하는 생활문화인/동아리/단체 등이 3개 이상으로 구성된 단체	3개팀. 팀당 최대 500만원을 지원하며 프로그램 기획은 자율 주제는 '지역 내 생활문화의 사회적 가치를 확산할 수 있는 목적의 활동'
	출판문화산업진흥원	**우수출판콘텐츠 제작지원**	출판사/저자	총 140편 (5개 분야로 인문교양, 사회과학, 과학, 문학, 아동을 나누어 선정). 저작 지원금 및 출판사에 출판 지원금
	한국서점조합 연합회	**심야책방 상반기**	동네서점	책방 내 문화 프로그램 지원 회당 40만원 x 4회 지원 (상반기 50곳)

〈표_ 책인감 지원사업 현황 관리에서 발췌〉

다. 예를 들면 지역서점 문화활동에는 어떤 서점들이 선정되고, 선정된 프로그램 이름이나 해당 서점 SNS에서 하는 프로그램 홍보물을 보면, 참고할 수 있기 때문이다.

꼭 엑셀로 관리할 필요는 없다. 그러나 적어도 매년 시행하는 지원사업이 무엇이고, 언제, 어떤 자격 요건으로, 어떤 심사 기준으로 진행하는지를 분석할 수 있어야 내가 더 나은 사업계획서를 작성하고, 선정될 가능성을 높일 수 있다.

지원사업 서류 작성이 어렵고, 정산 보고가 힘들다고 불평만 하는 것보다, 분석을 통해 내게 맞는 지원사업을 찾고, 어떻게 하면 그 사업에 선정될 가능성을 높일 수 있고, 어떻게 프로그램을 효과적이면서도 효율적으로 진행할 수 있을지 생각하고, 또 노력해야 한다.

지원사업에 신청하고 대상을 선정하는 과정은 대학 입시를 준비하거나 회사 취업의 과정과도 유사하다. 특히 공공 지원사업의 경우 선정 과정의 공정성과 투명성을 확보하기 위한 노력과 지원사업 프로그램의 목적성에 맞는 프로그램을 추구해야 한다.

그런데 대학 입시나 회사 취업에도 각 학교와 회사가 갖고 있는 기준과 인재상이 다르고 모집 요강이 다르듯 지원사업에서도 주관 기관 및 지원사업에 따라 각기 다른 기준을 갖고 있다. 입시와 달리 지원사업을 도와주는 학교나 학원이 없으니, 이는 신청자가 파악해야 한다. 혼자서 모든 것을 알기는 어려우니 동종업계 사람들의 도움을 통해 알아가는 것도 필요하고, 내가 경험하거나 아는 것을 정리하는 습관도 필요하다. 어느 기관에서 언제, 어떤 사업이 있었는지 알아보고, 올해 혹은 내년을 위해 정리하는 습관을 들이도록 하자. 적어도 내가 그 사업을 신청하는 선택권을 가지려면 그 사업이 언제 공모하고, 누구를 대상으로 하고, 사업 취지와 개략적인 지원 내용은 파악하고 있어야 한다. 과거부터 이어지는 지원사업뿐 아니라 새로운 사업이 생길 때도 늘 공모 안내서를 정독해서 읽고, 사업에 관한 주요 사항을 파악하고, 내가 할 수 있고, 내게 어울리는 사업인지 판단할 수 있는 기준을 갖고 있어야 한다.

3 지원사업에는 어떤 것이 있나요?

☞ 어떤 지원사업을 할 수 있을까?

☞ 공간, 단체, 개인이 할 수 있는 지원사업

문화예술 분야만 보더라도 지원사업은 정말 다양하다. 현대 사회가 점점 복잡해지고 문화 예술 분야뿐 아니 공공의 활동영역은 점점 고도화되고 다양해진다. 책인감을 운영한 지난 7년을 돌아보면, 비교적 많고 다양한 지원사업에 신청했고, 선정도 되고 탈락도 됐지만 미처 시도하지 못한 사업도 많았다. 책인감은 동네서점이자, 카페, 1인 출판사로 운영하면서 주로 서점을 대상으로 하거나, 공간 혹은 기관(1인 기업)으로서 문화 프로그램 지원사업에 신청했다. 그러나 모든 지원사업이 공간만을 대상으로 하는 것은 아니다. 사업자등록증이나 고유번호증을 가진 기관을 대상으로 하기도 하지만, 단체로서 사업 운영자가 대표하여 신청할 수도 있고, 공간 운영자로서, 여러 사람이 모인 모임 대표로서 신청할 수 있는 사업도 있다. 공간으로서 신청할 수 있는 사업에는 도서관이나 문학관 같은 문학 기반 시설을 대상으로 하는 사업에서문화 프로그램을 일정 수준 이상으로 진행하는 '지역서점'은 '생활문화시설' 인증을 받아서 신청할 수 있는 사업도 있고, 예술가 활동을 지원하는 기업이나 공간으로서 가능한 사업도 있고, 문학작가가 상주하는 문학 공간으로서 서점을 대상으로 하기도 한다. 자치구에 있는 문화재단이나 마을공동체 지원센터에서 주관하는 지원사업에서는 '문화 공간' 운영자로서 신청할 수 있는 사업도 있다. 이처럼 문화 예술 분야에서 신청 가능한 지원사업 외에도 '청년창업지원' 프로그램이나, 사업 분야에 따라서는 초기창업패키지 창업기업 공모에도 지원할 수 있는 사업도 있다, 이 책에서는 문화 예술 분야 및 마을 공동체 단위로 이루어지는 지원사업을 주로 다루고 있으며 그동안 신청했던 지원사업을 자세히 살펴보고자 한다.

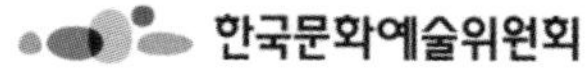

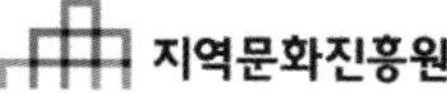

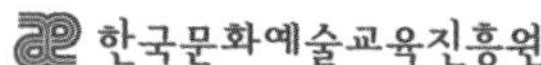

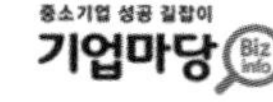

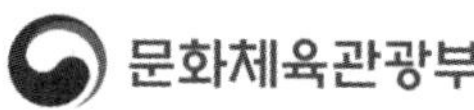

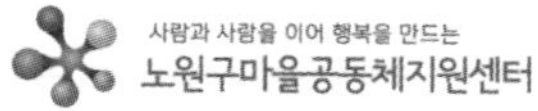

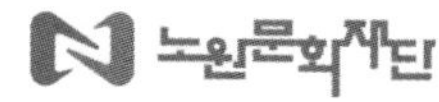

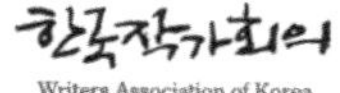

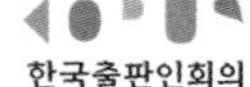

<문화예술 지원사업에서 주요 기관 로고>

◆ 서점 대상 지원사업

우선 책인감을 운영하면서 가장 관심 있게 보았던 서점 대상 지원사업을 살펴보자.

1) 작가와 함께하는 작은서점 지원사업

- 2018년 ~ 운영 중, 2024년 문학기반 시설 상주작가 지원사업으로 통합

☞ 한국작가회의에서 주관한 〈작은서점 지원사업〉은 2018년부터 2023년까지 진행했고, 2024년에는 도서관 상주작가, 문학관 상주작가 지원사업과 통합되어 〈문학기반 시설 상주작가 지원사업〉으로 공모했다.

☞ 책인감은 2019년과 2021년에 두 번 거점문학서점에 선정됐고, 2024년 〈문학기반 시설 상주작가 지원사업〉에 선정되었으나 주관사 측과 운영비 사용 관련 이견으로 사업을 반환했다.

☞ 〈작은서점 지원사업〉은 2023년까지는 거점문학서점과 상주문학작가화 함께 문화사업 계획서를 작성해서 신청하고 상주작가는 거점문학서점과 근로계약을 통해 7개월간 상주하며, 거점 서점의 문학 프로그램을 진행하고, 작은 서점 2~3곳에 파견작가와 함께 기획한 월 2회 문학 프로그램을 진행하

는 사업이었다.

☞ 거점문학서점에서는 실계좌와 가상계좌로 연결된 'e나라도움' 시스템을 통해 상주작가 월급, 4대 보험, 원천세 및 작은서점 대관료와 파견작가의 원천세 지급을 관리하고, '월 대관료 및 프로그램 기획료'로 거점문학서점에 70만 원, 작은서점에 60만 원(2023년 거점문학서점 80만 원, 작은서점 50만 원)을 받는 사업이었다.

☞ 상주작가의 경우 2018~2022년까지는 월 200만 원, 2023년 월 220만 원, 2024년 월 240만 원 월급을 받고, 파견작가는 2023년까지 회당 30만 원의 사례비를 받았다.

☞ 서점에 대관료와 프로그램 기획료가 책정된 사업으로, 거점문학서점의 경우 e나라도움 시스템으로 월급 및 비용을 처리하는 부담이 있으나, 지원사업 중에 개인사업자(자영업자)인 서점에 실질적 도움을 준 몇 안 되는 사업이었다.

☞ 2024년 통합 후에는 상주작가와 시설만 남고 파견작가는 작은서점과 파견작가는 제외됐다. 시설에서는 프로그램을 운영하며, 전체적인 운영은 도서관 상주작가 지원 기준을 적용하다 보니, 민간인 지역서점에 대한 배려가 없어지면서 거점문학서점에 지급하던 '프로그램 기획 및 대관료'가 없어졌다. 내년에는 자영업자인 서점에 대한 배려가 되살아나길 희망해 본다.

★ 책인감 사례

책인감을 2018년 1월에 오픈하고 9월에 만난 첫 번째 신청한 지원사업이었다. 〈2018년 작은서점 지원사업〉도 처음 시작한 사업이라 모든 서점에(나처럼 신규 서점도) 공평한 기회라고 생각했다. 모집기간은 9월 18일에서 10월 2일까지 시행기간은 2018년 11월부터 2019년 5월까지 7개월간 진행하는 사업이었다. 지원 유형은 두 가지였는데 'A형'은 '문학거점서점 1개소 + 상주작가 1명 + 작은서점 2개소 + 파견 문학작가 2명'이 한 팀이 되어 15개소 모집했고, 'B형'은 '작은서점 1개소 + 파견 문학작가 1명'을 한 팀으로 30개소 지원하는 사업이었다. 거점문학서점이라고 해서 규모가 큰 서점만 대상으로 하진 않았고, 상주문학작가가 있을 공간이 있고, 문학작가 활동을 지원할 수 있는 서점이면 가능했다.

책인감은 1인 가게라 규모도 작지만 서점을 운영한지 얼마 되지 않았고, 지원사업 경험이 없어서 신청할 생각을 못 했는데, 서정연 시인이 찾아와 함께 지원하자는 제안을 받고 B형으로 신청했다. 당시에는 내가 지원서 작성 경험이 없어서 시인이 작성한 기획서를 그대로 제출했는데 결론은 서류심사에서 탈락이었다. 그래도 이를 통해 소중한 경험을 했다. 시인이 작성한 기획서를 보면서 이후 내가 작성한 기획서에 도움이 됐다.

〈2019년 작은서점 지원사업〉은 2018년보다 빠른 2019년 6월에 공모했고, 시행기간은 2019년 8월부터 2020년 2월까지였다. 공모 내용이 전년과 달라져서 A형이었던 '거점문학서점 1개소 + 상주문학작가 1명 + 작은서점 2개소 + 파견문학작가 2명'만 신청할 수 있었다. 나는 그때도 지원사업 프로세스에 관해 잘 알지 못했고, 자신도 없었기에 내심 노원구나 도봉구에 있는 큰 서점이 거점문학서점을 하면서 책인감을 작은서점으로 지정해서 신청했으면 하는 마음을 가지고 있었다. 노원구에는 이런 문화 사업을 함께할 수 있는 '작은' 동네서점은 2곳만 있었고, 도봉구까지 포함해도 3~4곳밖에 되지 않았다.

그런데 나의 기대와 달리 함께하자는 서점은 없었고, 노원구에 있는 N 서점이 거점문학서점으로 신청하면서 가까이 있는 다른 동네서점과 함께 신청했다. 그래서 차라리 내가 '거점문학서점'으로 신청하리라는 마음으로 다른 책방 운영자에게 김연필 시인과 양선형 소설가를 소개받았다. 경험 많은 이는 김연필 시인이었지만 상주문학작가 요건인 등단 후 5년 경과에 충족되지 않았고, 양선형 작가를 상주문학작가로 함께 협의해서 신청했다.

작은서점 2곳과 파견작가 2명을 선정해야 했는데, 가까운 노원구, 도봉구 동네책방은 이미 다른 거점문학서점의 작은서점으로 신청했기에 섭외한 곳은 동대문구에 있는 아무책방과 양천구에 있는 새벽감성1집이었다. 두 책방 지기와 친분도 있었고, 협업에 동의했기에 '거점문학서점 책인감, 상주문학작가 양선형, 작은서점 아무책방, 새벽감성1집, 파견작가 김연필, 우다영'으로 구성해서 신청했다.

사업 신청서는 사업에 대한 이해도가 높은 김연필 작가의 주도로 작성했고, 나도 책인감을 비롯한 작은서점 개요와 소개 내용을 양식에 맞게 작성했다. 기획력이 좋았다고 할까? 1차 서류심사에 통과 후 2차 면접 심사를 보게 됐다. 면접 심사는 거점문학서점 대표인 나와 상주문학작가인 양선형 소설가와 함께 갔다. 2차 심사 대상이 23개소였고, 20개소 내외를 선정한다고 했으니 부푼 꿈을 꾸며 면접 결과를 기다렸는데, 우리 팀이 탈락했다는 아쉬운 결과가 나왔다. 면접 볼 때 나쁘지 않았는데 심사 결과를 이해할 수 없었다. 그런데 선정 결과 공지에 나온 심사평이 너무 간단해서 선정 기준이 잘 이해가 되지 않았다. 그래서 주관사인 한국작가회의에 문의했다(우리 팀이 부족한 점이 무엇이었나 물어보는데, 답변으로 받은 것은 심사는 공정했지만, 심사 명세를 알려줄 수 없다는 것이었다. 그런데 내가 느낀 것은 심사 과정에 어떤 객관적 혹은 명확한 기준이 부족했다고 생각되어 따지듯이 물었지만). 여러 번의 통화 후 돌아온 대답은 아쉽게 차점으로 탈락했다는 것이다.

그런데 한 달 후 한국작가회의 담당자에게서 연락이 왔다. 기존 선정점 19개소 중에 포기한 곳이 생겼는데, 책인감 팀이 하겠냐는 문의였다. 우리 팀은 당연히 한다고 했다.

이미 다른 팀들은 사업 준비 모임이나 설명회에 참여하고, 거점문학서점에서 다뤄야 할 e나라도움 등의 교육도 마친 상태였는데, 나는 뒤늦게 사업에 필요한 절차를 진행하고, 진행 상황을 따라잡는 시간을 가졌다.

작은서점 지원사업에서 거점문학서점 담당자가 해야 할 일이 많았다. 상주문학작가와는 근로계약을 맺고 직원으로 7개월간 채용하니 4대 보험료의 납부를 위해 직장 보험 가입 신청과 4대 보험 납부 업무를 했다(나는 1인 사업자라 지역 보험 가입자였는데, 직원 채용에 따라 직장 보험으로 전환된다). 매월 상주작가 월급과 파견작가 강사료, 작은서점 대관료를 지급하고, 파견작가 근로소득 원천세와 4대 보험료도 납부해야 하고, 작은서점 2곳과 대관료 지급에 따른 계산서 관리, 견적서 수령, 파견문학작가 원천세도 납부 및 신고해야 했다.

1인 사업자인 내가 직원을 채용해서 4대 보험 관리도 해야 하고, 특히 모든 지급과 증빙은 e나라도움이란 시스템을 사용해서 새로운 계좌를 개설하고, 그 계좌와 연결된 가상계좌를 통해서 은행거래와 계산서 조회, 영수증 비용, 월급과 초청작가료 지급하는 것을 배워야 했다.

e나라도움 시스템과 직원 채용에 따른 내용은 별도로 이 사업에서 서점에 가장 긍정적이었던 부분은 상주문학작가가 서점에서 근무(시간은 비교적 유연하게)하며 프로그램 진행을 대가로 거점문학서점에 대관료(70만 원/월)가 지급된 것이다. 작은서점에는 행사 진행에 따른 대관료(30만 원/회, 월 2회)를 지급했다. 7개월간 거점문학서점에는 490만 원, 작은서점에 각각 420만 원이 지급되었다. 아쉬운 점은 작은서점에 비해 거점문학서점이 훨씬 많은 일을 함에도 지급되는 금액은 차이가 별로 없었다. 상주작가의 4대 보험료 회사 분담금은 지원을 받았지만, 1인 사업자가 직원 채용에 따른 직장보험으로 바뀔 때 발생하는 추가비용(이미 직장보험으로 되어 있는 서점의 경우에는 대표자의 보험료 변동은 없지만 지역보험에서 직장보험으로 전환 시 대표자의 보험료가 늘어나는 경우가 많았다)이 있었기 때문이다.

그래도 이런저런 진행의 어려움은 있었지만, 프로그램 대관료로 받는 비용은 서점 운영에 큰 도움이 되었다. 이후에도 매년 거점문학서점으로 신청했다. 2020년은 서류에서 탈락하고, 2021년은 선정되어 '거점문학서점 책인감 + 상주문학작가 이소연 시인 + 작은서점 사유의사유(도봉구) + 조은이책(마포구) + 여러 파견작가들'과 함께 7개월간 활동했다.

작은서점 지원사업은 동네책방이 가장 하고 싶은 사업이다. 그러나 많은 서점이 거점문학서점의 역할에 부담을 갖고 작은서점만을 선호하기도 한다.

그런 점을 반영해서 대관료 지급 기준은 이후에 조정되었다. 2023년에는 거점문학서점 대관료 80만 원/월이고, 작은서점 대관료 월 2회 50만 원이었다. 상주문학작가는 계약직 직원으로 월급 220만 원이고, 파견문학작가는 행사 회당 30만 원, 1인당 최대 7회를 넘길 수 없는 기준이었다.

작은서점 지원사업은 작가들을 위한 지원사업으로 시작하면서 동네서점과 좋은 협업을 만든 사례이기도 하다. 서점에는 실질적 도움을 주고, 상주작가에게는 안정적인 일자리 제공과 파견작가에게는 동네서점에서 프로그램을 진행할 기회를 제공하고 있다. 특히 연차가 진행되면서 가능한 다양한 작가와 서점에 기회를 주기 위해 기존 서점보다는 신규 서점의 비중을 높이고 있는 사업이다. 앞으로도 이 사업이 지속되어 보다 많은 서점과 작가에게 기회를 제공했으면 했지만 2024년 다른 상주작가 지원사업과 통합되면서 '서점'에는 결코 호의적이지 않게 변했다.

2024년은 상주작가 사업의 통폐합에 따라 기존 작은서점 지원사업과 도서관 및 문학관 상주작가 사업이 통합되어 〈문학기반시설 상주작가 지원사업〉이란 이름으로 공모했다. 그런데 통폐합 과정에서 아쉬움과 불합리함이 있었다. 기존 3개 사업을 통합하면서 영리단체(주로 개인사업자인)인 작은서점의 특성에 맞지 않는 기관 기준으로 통합되면서 지원사항 변경됐다.

상주문학작가 월급은 늘어나고(월 220만 원 → 240만 원), 운영비도 늘었지만(300만 원 → 400만 원) 기존 '작은서점 지원사업'에서 서점에 지급하던 '대관료 및 프로그램 기획료'가 없어진 것이다. 그래서 나는 사업을 신청하기 전에 운영비 항목에 있는 대관료가 해당 서점에 지급 가능한 것을 확인하고 신청했다. 그런데 사업에 선정된 후에 다시 확인해 보니 이는 불가하다는 것이었다. 운영비는 상주작가와 함께 진행하는 프로그램 운영비로만 쓸 수 있고, 대관료는 해당 서점이 아닌 다른 곳을 빌려서 사용할 때만 가능하다는 것이다.

그런데 문제는 더 있었다. 2024년 상주작가 사업 선정에 있어 작은서점을 우대하겠다고 했지만, 실질적으로 1인 운영 작은 서점에 비용을 증가시켰다. 1인 사업자로 운영하는 작은서점 운영자는 4대 보험에 있어 지역 가입자이거나 다른 가족의 부양가족으로 건강보험에 가입된 경우가 많다. 그런데 사업 조건에 따라 작가와 근로계약을 맺고 직원으로 채용하려면 사업자와 직원을 포함 2인 이상으로 소속이 되어 직장보험으로 전환되고 사업대표의 월급 기준은 직 원 월급 이상이 되어야 한다. 즉 사업자가 실제 수익과 상관없이 월급 240만 원 기준으로 4대 보험료가 책정되어야 한다. 작가에 대한 4대 보험료 중 사업자 부담금은 지원사업 예산으로 지원되니 문제가 없지만, 서점 대표의 경우 지역보험 가입자에서 직장보험 가입자로 바뀌게 되면 보험료가 많이 오르게 된다(지역 가입자는 재산 상태에 따라 다르기에 꼭 오르는 것은 아니지만 대체로 많이 올라갈 가능성이 높다). 국민연금이야 돌려받는 금액이니 올라가도 괜찮지만, 건강보험료는 월급의 약 8%인 192천 원으로 기존 납부액보다 올라가는 경우가 많다. 사업소득이 적어서 다른 가족의 피부양인으로 있던 경우라면 192천 원이 고스란히 올라가게 된다. 게다가 지역 가입시에는 내지 않았던 고용보험료 49천 원과 산재보험료 21천 원까지 매월 70천 원을 더 내야 한다.

이미 서점에 직원이 있어서 직장 보험에 가입된 서점이라면 상주작가 채용에 따라 추가로 4대 보험료가 늘지는 않지만, 1인 가게라면 많게는 25만 원까지 더 내야 한다. 사업 기간인 8개월간 직장 보험료를 낸다면 몇십만 원에서 몇백만 원을 추가로 부담한다는 것인데, 대관료나 기획비 지원 없이 이렇게 비용을 더 부담한다면 가뜩이나 수익이 적은 작은서점에서는 영업 공간을 일부 내주어 영업도 덜 하고, 상주작가 지원 업무를 전담하는 노동력을 제공하면서도 비용을 더 지불해야 한다는 것이다. 이렇게 되면 지원사업이 아니라 작은 서점의 노동력과 공간과 비용을 착취하는 사업이 될 수 있다. 공공기관인 도서관과 문학관은 이미 국가에서 시설과 인력을 지원받고 있으니, 추가로 이에 대한 대관료와 기획-진행비를 지급하는 것은 중복지원이기 때문에 불가하지만, 작은서점은 기획-진행비도 없이 도대체 이 사업을 왜 해야 할까?

난, 운영비 중 대관료로 보험료 추가부담금을 충당하고, 일부는 공간 대관과 기획-진행비를 충당하려 했지만, 이것이 불가하다는 것을 알게 되어 사업에 선정됐지만 곧바로 사업을 반환했다.

그런데 나와 같은 문제점을 알고 있는 다른 작은서점들이 피치 못 하게 사업을 지속하는 경우도 있다. 4대 보험료 증가분을 알지만, 함께할 상주작가의 어려움을 알다 보니 차마 반환하지 못 하는 곳도 있고, 작은서점 중 비교적 규모가 큰 서점의 경우 4대 보험 증가는 없고, 운영비도 애초에 프로그램 전용으로 사용할 예정이었기에 무상으로 제공하는 공간과 인력에 대해서 아쉽지만 그래도 좋은 프로그램을 지역에 보급하려는 마음으로 진행하기 때문이다. 그러나 1인 작은서점은 어떨까? 특히 생계형 서점으로 수익을 내야 하는 서점은 도대체 무슨 잘못이 있어서 무상으로 공간과 노동력을 제공하고, 보험료까지 더 지불하면서 이 사업을 해야 할까? 작가가 있어서 서점 매출이 한 달에 몇백만 원씩 추가 매출을 얻을 수 있다면 모르겠지만, 일반적으로는 이런 식의 운영은 서점을 폐업의 길로 이끄는 지름길이 될 수밖에 없다.

지원사업이란 이름으로 가뜩이나 어려운 서점운영 속에서도 '책 생태계'의 일원으로 힘겹게 운영을 지속하는 동네서점의 노력을 '착취'하는 사업을 만들지는 말았으면 하는 마음이다.

2) 심야책방

- 2019 ~ 2023년

☞ 〈심야책방〉은 '2018년 책의해 추진조직위원회'에서 시범 사업으로 진행한 후에 2019년부터 2023년까지 한국서점조합연합회에서 주관하여 시행한 사업이다. 2024년에는 관련 예산 전액 삭감으로 없어졌다.

☞ 매년 상반기, 하반기로 나누어 전국 서점 50~70개소를 선정하고, 서점당 120~160만 원 지원했다. (총 4회, 회당 30만 원 → 40만 원 상향)

☞ 지원 금액이 많지는 않았으나, 강사 자격 요건이 까다롭지 않고, 결과보고 및 증빙도 비교적 간소하게 할 수 있어서 운영은 서점에 호의적이었다.

서점에 지급하는 대관료나 기획료는 없지만, 서점 대표가 강사로 참여할 수도 있고, 음료 판매(다과비 결제)를 통해 간접적인 이익을 얻을 수 있었다.

★ 책인감 사례

심야책방이란 이름의 지원사업은 2018년 '책의해 조직위원회'에서 주관으로 처음 시작했다. 2018년 심야책방 지원프로그램은 5월에 신청 점을 모집해서 6월부터 12월까지 시행하는 사업으로 단 20만 원을 지원하고, 판촉물을 지원하는 프로그램이었다. 그런데 서점이 해야 할 일이 너무 많았고, 지원금 정산하는 절차와 방법이 잘못 세팅되어 실제 서점에 도움이 되기보단 부담만 되는 사업이었다.

2018년 심야책방 지원사업의 경험은 지원사업에 대한 부정적 생각을 갖게 되어 2019년은 신청하지 않다가 2020년부터 신청하기 시작했다.

2019년부터 주관처가 이관되어 상시조직인 '한국서점조합연합회'에서 운영하기 시작했다. 2019년 심야책방은 상반기, 하반기 각 70개소가 4월간 매월 마지막 금요일 저녁에 문화 프로그램을 진행하고, 행사 진행비로 월 30만 원씩 총 120만 원을 받았다. 행사 진행비는 프로그램 운영비로만 쓸 수 있고, 책방 대관료로 사용은 불가하나, 책방지기가 강사로 참여할 수 있는(자가 강사시 전체 진행비의 1/3까지만 강사료를 받을 수 있다) 사업이었다

책방이 수익을 갖는 구조는 아니나, 강사로 참여할 수 있고, 다과비나 재

료비 사용시 정산은 간단해서 유연하게 사용할 수 있었다. 카페를 병행하는 서점은 해당 사업장에서 음료비를 결제할 수 있었다.

나는 2020년 상반기부터 신청하기 시작해서 2023년 하반기까지 매번선정되는 좋은 인연을 이어갔다. 심야책방 지원사업은 회당 프로그램 지원금이 30만 원으로 많지 않아서 작가 초청비와 진행비(다과, 재료 등)로 부족하다고 생각할 수 있지만 강사 자격요건이 까다롭지 않아 작가뿐 아니라 책방의 손님 중에도 생활문화 강사, 공예 작가, 예술인 등 다양한 사람을 강사로 초청해서 진행할 수 있었고, 결과보고서나 정산보고서 양식이 비교적 간단한 편이라 내게는 너무 편하고, 새롭고, 재밌는 프로그램을 시도할 수 있는 기회가 되었다. 상반기, 하반기에 각각 4번의 행사를 진행할 수 있으니, 2번 정도는 문학 관련(주로 시인과 협업) 프로그램을 진행하고 2번은 공연 혹은 나를 포함해 책방 손님 중 강연이 가능한 사람을 섭외해서 다양하고 책방에 도움이 되는 프로그램을 진행할 수 있었다. 때로는 독서 모임 회원과의 인연으로 어쿠스틱 밴드 공연과 플루트 앙상블 공연을 적은 초청료에도 풍성하게 진행할 수 있었고, 뒤풀이로 참여자들과 함께 즐기는 시간도 만들 수 있었다.

코로나가 수도권에서 기승을 부르던 2020년 하반기부터 2021년까지는 온라인 프로그램이 권장되면서 책인감에는 더 많은 기회가 주어졌다. 나는 라이브 방송을 하는 데 어려움을 느끼지 않았고, 초청 강사들과 인스타-유튜브 라이브 방송을 곧잘 했기에 무리 없이 진행했고, 다른 서점에서 못한 기회를 대신하기도 했다. 오히려 다양한 온라인 강연을 만들었는데, 시인들과 책 소개하기, 여러 동네책방 지기들과 함께하는 북토크를 진행하기 등 내가 할 수 있는 다양한 강좌(책방 운영, 클라우드 펀딩, 와인 강좌 등)를 진행했다.

2023년은 지원 기준이 바뀌어 회당 지원금은 30만 원에서 40만 원으로 상향된 대신 지원 대상은 70개소에서 50개소로 줄었다. 전체 예산은 크게 변동되지는 않았으나 선정 대상점 수가 감소하였는데 책인감은 운이 좋게도 2023년에도 상/하반기에도 모두 선정될 수 있었다. (사실 경쟁이 심화하였기에 사업계획서 작성에 더 많은 공을 들이기도 했다)

심야책방 프로그램을 기획할 때면 더 재미를 느끼고 새로운 프로그램을 만들어가며 지속해 왔었다. 그러나 2024년 심야책방 예산은 전액 삭감되었다. 사실 문화사업은 한번 없어지면 다시 회복하기에는 쉽지 않다. 단지 한 해 예산이 없어진 것으로 끝나는 것이 아니다. 문화사업은 연속적으로 이루어져야 그 경험이 쌓여서 빛을 발하는데 지금으로서는 정부 예산 정책에 아쉬움을 가질 수밖에 없다.

3) 서울형책방 및 움직이는 책방

- 2019년, 2022 ~ 2024년 진행 중

☞ 서울형책방은 서울도서관에서 주관하는 지원사업으로 코로나19 시기에는 다른 사업(카카오 프로젝트 100 x 서울도서관)으로 대체했으나, 2019년, 2022~2024년까지 계속 운영하는 서울 서점 대상 지원사업이다.

☞ 서울에 소재한 서점의 문화 프로그램 운영을 지원하는 사업으로 통일된 기준 없이, 서점별로 자율적 프로그램을 기획할 수 있었다. 다만 서울형책방이란 SNS를 통해 통일된 소개를 하고, '서울형책방'이란 스테인리스 재질의 작은 간판을 공통으로 지급했다.

☞ 움직이는 책방은 서울도서관 앞 광장에서 서점별 큐레이션 전시를 하는 사업으로 서울형책방에 연계하여 진행하고 있다.

★ 책인감 사례

서울도서관은 서울지역 책 생태계 사업의 중심기관으로서 서울형책방을 비롯한 헌책방축제와 서점인대회 등을 주관하고 있다.

서울형책방 지원사업은 2019년 처음 시작했다. 첫해엔 50개소를 선정해 서점당 70만 원을 지원했다. 사업비 중 진행비는 프로그램을 진행하는 서점에 지급하는 것으로 프로그램 진행에 따른 서점 인건비와 대관료로 사용할 수 있었다. 프로그램 진행비는 강사 초청료, 음료 및 다과비, 재료비 등으로 사용할 수 있었는데 무엇보다 정산이 간편해서 많은 서점이 환영하는 사업이었다. 서울도서관에서 직접 관리하지 않고, 용역사를 통해 운영하다 보니 용역사에 결과보고서와 정산보고서를 비교적 간단한 양식으로 제출하면 됐다.

서점에서 진행하는 문화 프로그램에 관해서도 제약이 거의 없었고, 강사 자격도 제한하지 않아서 서점이 하고 싶은 다양한 프로그램을 할 수 있다는 장점이 있었다.

그러나 아쉬웠던 것은 '서울형책방'이란 통일된 정체성에 어떻게 만드나 하는 것이었다. 자율적 프로그램 운영도 좋지만, '서울형책방'이 추구하는 정체성과 지향성이 명확하지 않았고, 서울형책방으로 묶인 전체 서점의 공통적인 추구하는 것도 없었기 때문에 사업의 편의성 한편에 아쉬움도 있었다.

2020년, 2021년은 서울형책방이라는 이름으로 지원사업을 공모하진 않았다. 코로나19로 인해 다른 이름의 지원사업으로 진행했다

2022년부터 '서울형책방 및 움직이는 책방'이란 이름으로 재개되어 공모를 진행하고 있다. 움직이는 책방은 서울광장에 설치되는 부스에 참여해야 하는 사업으로 혼자 책방을 운영하는 나로서는 책방을 비우고 갈 수 없기에 '서울형책방'만 신청했다. 150만 원의 지원금으로 2회 프로그램을 기획했다. 평소에 협업하고 있는 두 시인(김은지, 이소연)과 함께하는 '일상의 메모 더미 속에서 발굴한 시 쓰기'란 프로그램이었다. 총 2회로 진행하고, 진행은 2명의 시인이 하니, 사례비로 총 80만 원을 책정하고, 재료비 10만 원, 기획비 및 대관료로 60만 원을 반영해서 진행했다.

지원사업을 신청하는 데 있어서 프로그램을 어떻게 기획할지, 진행을 원활하게 하기 위해서는 어떻게 할지, 결과 보고 및 정산 보고 시 문제없이 하

려면 어떻게 할지를 고민해야 한다. 그리고 지원사업에 선정되기 위해서는 실행할 수 있는 기획안을 강조하고, 지원사업의 목적이나 취지에 맞는 기획과 차별성도 갖춰야 한다. 특히 내가 지원사업을 기획하는 데 있어 가장 고민하는 것은 프로그램 진행의 효율성이다. 1인 사업자로서 비교적 많은 지원사업을 하다 보니 지원사업 실행에서 효율성을 확보하는 데 큰 노력을 기울이고 있다. 이 사업에서는 평소에도 협업하던 두 시인과 기획하니 기획서 작성부터 모객과 진행까지 원활하게 할 수 있었다. 두 시인이 프로그램 안을 개략적으로 제시하면, 내가 사업계획서 양식에 맞추어 진행과 정산을 고려한 세부 계획서를 작성한다. 특히 이소연 시인은 공모 사업 취지에 맞는 아이디어를 잘 제시하고, 나는 그에 맞는 실행 계획서를 정교하게 작성하기 때문에 시너지 효과가 큰 편이다. 그리고 사업 기획서를 작성할 때면, 진행 효율성을 위해 많은 횟수의 프로그램보다는 차별성 있는 기획을 하되 회차를 너무 많이 하지 않으려고 노력한다.

프로그램 진행에 있어 어려운 것 중 하나가 모객이다. 특히 새로운 강사와 새로운 프로그램을 진행할 경우에 모객이 어려운 경우가 많다. 그에 비해 기존에 프로그램을 진행했던 강사(두 시인과 같이)의 경우 비교적 모객이 쉬운 편이다. 시인이 기존에 진행한 프로그램 참여자들이 신청하는 경우가 많기 때문이다. 그래서 안정적인 진행을 위해서는 기존 협업 강사들과 진행을 우선하지만, 일정 부분은 새로운 강사와 새로운 프로그램을 기획하려고 한다. 기존 강사와 신규 강사, 기존 프로그램과 새로운 프로그램이 적절하게 조화되어야 안정된 운영과 확장성을 가질 수 있기 때문이다. (나는 7 대 3 비율

을 좋아한다. 기존 프로그램 7, 신규 프로그램 3)

2023년 '서울형책방' 지원사업에서는 많은 논란이 있었다. 우선 '서울형책방' 지원금 150만 원은 전액 프로그램 진행비로만 사용해야 했다. 이전에 가능했던 기획비(활동비)와 대관료가 전혀 인정되지 않게 되었다. 부가세 문제도 논란을 일으켰다. 사실 이런 세무적 문제를 서점이나 작가인 강사들이 잘 알기는 어려운데, 지원금 150만 원이 일반사업자인 서점에는 부가세가 포함된 금액이라 하고, 간이사업자나 면세사업자(책만 판매하는 사업자는 면세사업자지만 카페를 겸하는 경우는 일반사업자나 간이사업자이다)는 3.3%인 사업소득세를 원천징수 후 제공한다는 것이다.

이는 보조금 사업과 용역사업의 차이점이기도 한데, 주관기관인 서울도서관에서 서점에 지원하고 정산하는 업무를 직접 하면 보조금 사업으로 진행되어, 정산 시 강사에게 지급하는 사례비는 부가세 없이 지급하는 데 비해, 용역사업으로 진행하는 경우에는 용역사가 서점에 지원한 지원금 전액에 대해 주관처인 서울도서관에 부가세가 포함된 세금계산서를 발행해야 하기 때문이다. 즉 용역사가 서점에 지원한 금액 전체에 대해 부가세를 발행해야 하므로 인건비인 사례비도 부가세가 포함되는 것이 된다. 그러나 서점은 대부분 지원사업을 진행하는 데 있어 사례비 지급 시 부가세가 없었기 때문에 이를 이해하는 것이 달랐다. 이런 차이점을 잘 설명하지 않았기에(공모 안내에는 단 한 줄로 부가세 포함으로만 표시되었다) 정산 과정에서 계속 문제가 발생한 것이다. 이는 공모 안내에서 차라리 부가세를 제외한 약 136만 원이라고 하는 것이 좋았을 것이다. 서점에서는 기획료나 대관료는 없이 전액 프로그램 진행비로 쓰는데 이때 지원금 전액을 강사료로 지급한 경우 약 14만 원의 손해가 발생하게 된 것이다.

면세사업자와 간이사업자의 경우 3.3%의 사업소득 원천세를 떼고 지급하는 경우에도 문제가 있었다. 이는 용역사에서 서점에 지급하는 150만 원에 대해 부가세 세금계산서 발행이 불가한 면세사업자와 간이사업자에게 지급하면서 편의상 인건비로 지급한 것으로 해서 3.3%의 사업소득을 떼서 지급하는 것인데, 그 방식에서는 문제가 없지만, 문제는 서점에서 초청 강사에게 지급하는 사례비를 증빙하는 데 있어 원천세 증빙을 요구한 것이다. 원천세는 부가세와 달리 매출 부가세에서 매입 부가세를 빼는 것이 아니다. 즉, 내가 지급받는 돈에서 원천세를 냈는데, 내 수익으로 신고된 돈을 사용할 때 원천세 신고 증빙을 하는 것은 맞지 않다. 내가 지급한 돈에 대해 원천세 증빙은 할 필요가 없는 것인데도 사례비는 원천세 지급 증빙을 해달라고 하니 세무적으로 맞지 않는 것이다.

또 하나 문제였던 것은 지원금 지급 시기였다. 서점에서 모든 비용을 먼저 사용 후 지원금을 지급하는 방식으로 진행했는데, 이는 잘못된 방식이다. 서울형책방 프로그램 진행 기간이 2023년 6~8월이었는데, 지원금 지급 시기는 9월에 정산보고서 완료 후로 되어 있었다. 서점에 따라 빠르면 6, 7월에 완료한 곳도 있고, 늦어도 8월 말이면 완료해서 정산 보고서를 제출했음에도 9월(굳이 9월 말이라고는 하지 않았지만) 막연하게 1~3개월 후에 지급하겠다는 것도 문제이고, 정산 보고에 지급확인서(이체확인서, 원천세 납부확인서)를 포함하려면 서점에서 먼저 지급했어야 했다. 일반적인 지원사업이라면 지원금을 선지급하거나 혹은 사후 정산이어도 정산보고서 완료 후 일주일 혹은 15일 이내 지급하는 것이 정상이다. 그런데 몇 개월 후에 지급한다는 것은 말도 안 되지만, 실제 지급은 더 지연되어 10월 그것도 서점마다 시기가 다르게 지급된 것이다.

사실, 지급 시기와 계산서 문제는 2022년에도 있었던 문제이다. 그러나 2022년에는 서점에 기획료 및 대관료가 지급되었기에 서점에서는 수익이 어느 정도 있으니 감수할 수 있었던 것이었다. 그러나 2023년 기준에서는 서점에서 제공하는 인건비나 대관료가 전혀 인정되지 않아서 150만 원 모두 프로그램 진행비로 사용하는데 부가세나 원천세 때문에 손해가 나고. 길게는 3개월 이상 지급이 지연되면서 이자 비용까지 온전히 서점에서 부담하는 폐해가 발생한 것이다. 이런 사업을 어찌 지원사업이라 할 수 있을까? 의도가 어쨌든 서점에 손해를 끼친 사업이 되고 말았다.

물론 서점에서 좋은 프로그램을 진행할 수 있었다는 뿌듯한 마음을 가질 수도 있지만, 다시는 이 사업을 하지 않겠다는 서점도 생기고 있다.

※ 2024년은 세금계산서 발행 시 부가세만큼 추가된 금액으로 지급받을 수 있어서 개선되기는 했으나 부가세가 없는 계산서 혹은 사업소득 제외한 인건비로 지급받는 방식에서 세밀한 세무적 검토가 요구되고 있다.

4) 문화가 있는 날 〈동네책방 문화사랑방〉

- 2019 ~ 2021년

☞ 지역문화진흥원 주관 사업으로 2019년 ~ 2021년 시행. 책인감은 2021년 협업서점에 선정됐다.

☞ 규모에 따른 유형을 구분하여 지원한 사업이다. 2021년 기준 발굴서점(최대 500만 원) 16개소, 협업서점(800~1,500만 원) 20개소, 거점서점(1,500~3,000만 원) 3개소를 선정했는데, 책인감은 협업서점에 선정되어 1,200만 원의 지원금을 받았다.

☞ 동네책방 문화사랑방 사업은 지역 주민의 문화 생산, 향유 및 교류의 장으로서 역할을 지원하는 사업을 기획할 수 있었고, 사례비, 재료비, 운영비 등의 예산을 책정할 수 있었다.

☞ 이 사업은 책방 운영자에게 사례비 지급이 가능했다. 발굴 유형에서는 지원 예산의 30% 이내, 협업-거점서점은 지원 예산의 20% 내에서 책방 운영자 사례비 책정이 가능했다.

★ 책인감 사례

책인감은 2021년 '공릉동 꿈마을 이야기 책 만들기와 마을 문화 산책'이라는 활동명으로 협업 유형에 선정됐다. 지역문화를 연계하려는 취지로 이 사업에서는 마을공동체 활동을 연계하여 사업계획을 수립했다. 책방이 있는 노원구 공릉동은 '꿈마을공동체'라는 지역공동체 활동이 활발한 마을이다. 지역 내에서 활동하는 40여 개 단체가 한 달에 한 번 모여서 '꿈마을공동체 회의'를 열고, 마을을 위한 다양한 활동을 공유하고 있다. 공릉청소년문화정보센터를 중심으로 마을의 도서관, 복지관, 자활센터, 서점, 동아리 등이 모여 연대 활동을 하고 마을 축제와 어린이 청소년 축제에 지원하는 활동을 펼치고 있었다. 약 10년간 지속된 마을 공동체 활동을 기록하고, 각 단체와 활동가들을 기록하는 책 제작의 필요성을 느껴서 문화사랑방 활동으로 '공릉동꿈마을 이야기 책' 만들기를 기획했다. 각 단체와 인물을 취재하고 마을 기록을 찾아 분류하는 작업은 우리 마을을 좀 더 알아가는 행복한 시간이 되기도 했다. 아울러 '마을 문화 산책'이라는 영상물도 함께 만들었다. 공릉동에는 경춘선숲길이 있고, 조선왕릉인 태릉-강릉 그리고 육사를 소개하고, 마을을 안내하는 해설사들이 활동하고 있었다. 이에 경춘선숲길을 중심으로 전통시장인 도깨비시장, 화랑철도공원 등 마을을 소개하는 영상물을 제작했다

이 사업을 진행하는 데는 애초에 기획할 때보다 많은 어려움이 있었다.지역문화진흥원에서는 담당자가 참여 서점 대표들을 모아서 단체 카톡방을 운영했는데, 39개 선정점 대표가 참여하는 카톡방에서는 너무 많은 정보 전달이 이루어지고, 휘발성이 강한 카톡에서 모든 참여자가 이해하지 못한 상태에서 계속된 정보 전달로 인해 어려움이 있었다. 담당자는 열심히 알려주고 있지만 너무 많은 사람이 모임 방에서 누가 이해하고 누가 이해 못 했는지도

모른 상태에서 전달을 계속하니 좀 혼란스럽고, 피로도가 많이 올라갔다.

문화사랑방 지원사업은 e나라도움 시스템을 사용했는데, 정산 과정에서 챙겨야 할 서류가 너무 많아서 어려움이 있기도 했다. 책을 만드는 과정에서 인터뷰 비용 지급이나, 강사료 및 회의 진행 시 다과비 등을 정산 항목마다 이력서, 참석자 명단, 영수증, 거래명세서 등 다양한 증빙 자료를 첨부해야 해서 복잡하고, 또한 시스템에 업로드를 위해 스캔해서 PDF 파일이나 그림파일로 만드는 작업량이 상당히 많았다. 최종 정산 보고 후에는 회계검증도 받아야 했는데, 이 또한 e나라도움에서 업체 등록 후 진행해야 해서 시스템을 이해하지 못하면 어려움이 있을 수밖에 없었다. 특히 시스템 사용 경험이 없는 동네책방 운영자의 경우 담당자에게 많은 도움을 받아야 하고, 이는 담당자나 책방 운영자 모두에게 과중한 업무 부담을 주게 되었다.

나는 비교적 시스템 사용을 어려워하지 않는 편이나, 내가 기획한 책 제작 및 영상물 제작에서 많은 사람들이 관계하고, 소액 영수증과 증빙자료가 많다 보니, 진행과 정산에서 내가 강조하는 효율성 측면에서 가장 비효율적으로 진행한 사업이기도 했다. 사실 마을 공동체의 일원으로 활동하면서 마을 이야기를 담은 책을 잘 써보고 싶다는 욕심에 진행했지만, 실제 책자를 만드는 과정에서도 아쉬움이 많이 남았던 사업이다. 책을 만들기 위해 기존에 있던 마을에 관한 자료를 모으고, 여러 단체에 소개하는 자료를 요청하고, 일부 단체 대표와 활동가들을 취재하여 내용을 정리해 나갔다. 책의 완성도를 높이기 위해서는 더 큰 노력을 해야 했지만, 예산에 맞추어 제작해 나갔다. 문화사랑방 지원사업을 통해 마을 기록을 중심으로 책을 만들고, 그 다음에는 마을과 함께 이야기 책을 만드는 것까지 나아가고 싶었지만 더이상 나아가지는 못했다.

조금 아쉬움이 남았지만 그래도 마을 단체와 활동가의 이야기를 담은 책을 만들어 마을 사람들과 나누어 가질 수 있었다는 데는 보람을 느꼈다

마을 문화 산책 영상은 코로나19로 인해 마을을 소개하는 투어 프로그램을 영상물 제작으로 변경한 것이다. 경춘선을 따라 숲길 산책과 마을 문화를 소개하는 투어를 진행하고 싶어 기획했으나, 코로나19로 인한 진행의 어려움으로 소개 영상물 제작으로 바꿨다. 마을여행단 해설사와 영상업체의 도움을 받아 마을 곳곳의 문화를 소개하는 영상물을 제작할 수 있었는데, 경춘선 숲길 소개와 전통시장인 도깨비시장, 화랑대 철도역사공원 등 마을의 문화를 소개하는 영상을 만들 수 있었다.

이 사업은 책방 운영자에게 진행비로 20%까지 가능했기에 책방 운영에 많은 도움이 될 거로 생각했는데, 실제로는 생각보다 도움이 되진 않았다. 우선 예산 계획은 총 1,340만 원으로 제출했는데 최종 확정 과정에서 1,200만 원으로 감액되었고, 대표자 진행비도 240만 원까지(20%) 가능했지만 확정 과정에서 180만 원으로 수정했고, 실제 정산 시 코로나19로 인한 회의 운영 감소 명목으로 120만 원밖에 청구할 수 없었다. 아울러 책 제작이나, 영상 제작에서 내가 투입한 시간과 노력이 상당했는 데도 제대로 비용을 청구할 수 없었기 때문에 내가 투자한 시간과 노력을 고려하면 책방 수익에 도움이 되진 않았다.

항상 고민하는 부분인데, 지원사업을 진행할 경우 수익을 바라는 것이 아니라, 내가 들인 인건비와 책방이라는 공간을 제공하는데 들어간 대관료는 최소한의 비용으로 받을 수 있어야 사업을 유지할 수 있기 때문이다.

동네책방 문화사랑방을 통해 지역, 마을과 함께하는 책방을 꿈꾸며 프로그램을 기획해 볼 수 있었지만, 실제 진행에 있어서는 진행 과정과 정산에 있어 너무 복잡해질 수 있다는 것을 느낄 수 있었다. 앞서 2020년에는 신청했지만 탈락했었고, 2021년에 선정되어 프로그램을 진행했는데, 한 번 더 기회가 있었다면 보다 재밌고, 마을과 협업할 수 있는 프로그램을 더 효율적으로 진행할 수 있을 것이란 기대를 했지만, 2022년은 지역문화진흥원 지원사업을 전면적으로 개편하면서 '동네책방 문화사랑방' 사업은 없어지고, 새로 생긴 사업 중에는 책인감이 참여할 만한 것은 없었다. 지역문화진흥원은 규모가 큰 기관들을 대상으로 하는 사업을 중심으로 개편되었고, 작은 규모의 책방이 참여할 만한 사업은 줄어들었기 때문이다.

지원사업 정책은 계속해서 변하게 마련이다. 정책 방향성에 따라 바뀌기도 하고, 몇 년 운영한 후에 효과성과 개선 사항을 평가하여 변화하기 때문이다. 꼭 책방이 아니라도, 공방, 협동조합, 사회적기업 등을 대상으로 다양한 지원사업이 진행되기 때문에 다양한 시각으로 바라볼 필요가 있다.

5) 지역서점 문화활동 지원사업 (오늘의 서점)

- 2012 ~ 2023년.

☞ 지역서점 문화활동지원사업은 2012년~2023년까지 지속한 사업으로 2022년까지는 출판문화산업진흥원에서 주관했으나, 2023년 한국서점조합연합회로 주관처가 바뀌어 '오늘의 서점'이란 사업명으로 진행되었고, 2024년에는 예산 삭감으로 없어졌다.

☞ 지역서점의 운영 활성화를 위해 문화행사에 지원한다. 저자 강연회, 독서 토론회, 독서 모임, 시 낭송, 북 콘서트, 문학 기행 등 다양한 문화 행사를 기획할 수 있다.

☞ 대상 지역서점은 2018년 35개소, 2019년 40개소, 2020년 48개소, 2021년 50개소, 2022년 75개소, 2023년 58개소로 매년 차이를 보여왔다.

☞ 2023년 기준 각 서점에 문화 활동 지원비 500만 원과 서점 주 활동비 60만 원을 지급했다.

☞ 나는 4번 신청했지만 2022년 한 번만 선정됐고, 2020, 2021, 2023년은 탈락했다.

★ 책인감 사례

지역서점 문화활동 지원사업은 2012년부터 10년 넘게 지속된 사업이다. 요즘에 많이 생긴 동네서점과 달리 사업 초기에는 오래된 서점(참고서를 파는 학교와 역 근처 서점)은 문화활동을 기획하기는 어려웠을 것이나 어린이책 전문 서점 혹은 그림책 서점이 주로 문화활동을 기획할 수 있었다. 그러나 요즘 많아진 동네서점은 다양한 문화 프로그램을 기획하고 있어 빛을 발하고 있는 사업이다. 이 사업은 문화활동 지원비와 다과비에 지원했고, 초기에는 서점 주 활동비나 대관료는 책정되지 않았었다. 그동안 프로그램을 진행해온 서점들이 계속해서 문제를 제기하여 2020년경부터 서점 주 활동비를 반영하기 시작했다. 기존 혹은 신규 선정점 유형에 따라 달라졌으나 40~60만 원 정도의 서점 주 활동비를 지원했고, 2023년에는 60만 원을 지원했다.

문화 프로그램은 비교적 다양하게 기획할 수 있는데, 강연회, 북토크, 시낭송 외에도 문학기행 등을 진행할 수 있었다. 책인감은 2020년부터 2023년까지 네 번 신청했는데 2022년 한 번만 선정됐다. 네 번 신청해서 한 번 선정된 거니 적은 것은 아니지만 이상하게도 다른 지원사업에서는 60~70% 이상 선정되는데 한국출판문화산업진흥원에서 주관하는 사업은 10~20% 정도 선정되니 나로서도 의문이다

분석해 보면, 2020년은 102개소가 신청해서 38개소가 선정됐으니 2.7 대 1, 2021년 159개소 신청, 50개소 선정으로 3.2 대 1, 2022년 195개소 신청, 75개소 선정으로 2.6 대 1, 159개소 신청에 50개소 선정되어 3.2 대 1의 경쟁률을 보였다. 약 3 대 1의 평균 경쟁률이었고, 전국의 많은 서점이 신청

했기에 선정되기는 쉽지 않은 사업이었다.

나는 항상 선정 결과를 분석해 보려고 한다. 우선은 내가 기획하는 프로그램이 사업 취지에 맞고, 실행력과 차별성이 얼마나 잘 표현되어 있는지를 분석해서 특색 있으면서도 실행력과 차별성 있는 계획서를 작성하기도 하지만, 전년도 이전에 선정된 곳들이 어떤 서점인지, 선정된 프로그램이 무엇인지, 선정된 서점에서 진행하고 있는 프로그램에는 어떤 것이 있는지를 확인하고, 내가 작성한 기획서가 경쟁력이 있는지를 판단한다. 그러면서도 사업을 진행에서 내가 얻을 수 있는 것을 냉정하게 판단하려 한다. 실질적인 지원금뿐 아니라 프로그램을 진행함으로써 얻는 만족감이나 프로그램 관계자들인 강사와 참여자와 관계도 고려하고, 내가 투자하는 시간과 노력, 공간 제공을 얼마나 해야 할지도 판단해야 한다. 금전적 혜택만 바라보고 할 수도 없고 (실제 금전적 혜택이 많은 사업은 거의 없다. 최소한의 비용 지원을 고려하는 것이 맞다), 책방이라는 공간에서 꼭 하고 싶은 프로그램, 손님이나 회원들과 함께하고 싶은 프로그램 등을 종합적으로 고려하면서도 사업에 선정되기에 적합한 프로그램을 할 수 있는지를 분석해서 지원한다.

2022년 선정된 책인감 프로그램은 김은지, 이소연 시인 〈이것이 한국 시다〉, 〈시인이 쓴 에세이 함께 읽기〉라는 두 가지 프로그램이었다. 사업 요청사항으로 총 5회 이상 진행해야 하는 데 각각 4회씩 총 8회로 계획해서 진행했다. 심사평가에서 선정될 것을 고려해야 하니 최소 기준인 5회로 기획하기보다는 총 8회 프로그램으로 기획했다. 책인감과 오랫동안 호흡을 맞춰오고 있는 김은지 시인, 이소연 시인과는 합이 잘 맞는다. 그래서 지원사업에 신청할 때면 내가 프로그램 기본 구성안을 만든 후 두 시인에게 사업 취지와 프로그램 방향을 이야기하면, 두 시인은 그에 적절한 프로그램 기획안을 내놓는다. 그러면 나는 실제 사업기획서에 들어갈 내용을 세부적으로 작성하고, 예산과 일정 등을 확정해서 제출하게 된다.

2022년에 선정된 프로그램인 〈이것이 한국 시다〉와 〈시인이 쓴 에세이 함께 읽기〉는 두 시인이 함께 진행을 맡으며 프로그램을 진행했다. 단짝인 두 시인이 함께 진행하니 진행 부담도 줄지만 최상의 호흡으로 많은 시를 소개하고(이것이 한국 시다), 시인들이 쓴 에세이도 읽어보는 프로그램(시인이 쓴 에세이 함께 읽기)을 할 수 있었고, 두 강사뿐 아니라 참여자와 기획자인 나도 만족스럽게 진행할 수 있었다.

※ 2024년 지역서점 지원예산 전액 삭감으로 심야책방과 함께 없어졌다.

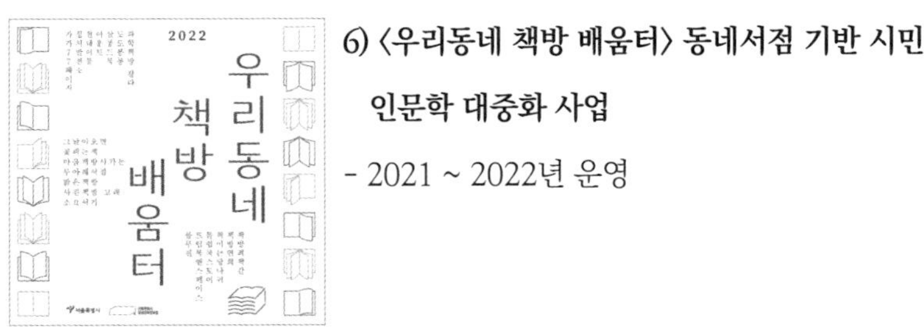

6) 〈우리동네 책방 배움터〉 동네서점 기반 시민 인문학 대중화 사업

- 2021 ~ 2022년 운영

☞ 서울특별시평생교육진흥원에서 주관하여 2021년~2022년까지 시행한 사업이다.

☞ 서울 시민 인문학 대중화 사업으로 서울 소재 동네서점 20개소를 선정하여, 서점당 600만 원의 지원금을 지급했다.

☞ 인문학을 주제로 한 참여형 프로그램 3개를 운영하고, 총 12회차 이상 진행하는 인문학 도서 낭독회, 토론, 글쓰기, 북토크 등을 진행.

☞ 2022년 지원금 600만 원 중에 대관료로 12% 이내(72만 원)로 책정할 수 있었고, 책방 운영자도 강사로 참여할 수 있어서 서점에 직간접적 지원이 가능했던 사업이다.

★ 책인감 사례

2021년 서울특별시평생교육진흥원에서 서울 동네책방을 대상으로 공모가 시작했을 때, 공모 내용을 살펴보고 책방에 도움이 될 만한 사업이라고 생각했다. 우선 서울 동네서점을 대상으로 한정하니 아무래도 경쟁률이 높지 않았다. 지원금 600만 원 중 책방에 기획료는 책정되지 않았으나 대관료를 최대 12%(시간당 1만 원)까지 책정할 수 있었으며, 프로그램 운영 12회, 매회 2시간 운영에 앞뒤로 준비 및 정리 1시간씩 포함하여 4시간 반영하여 총 48만 원을 책정했다. 그리 큰 금액은 아니었지만, 대관료를 인정한 것이 좋았다. 또 하나 좋았던 점은 서점 대표도 프로그램 강사를 할 수 있다는 것이다. 자격요건을 갖추어야 하지만, 비교적 강사 자격이 까다롭지 않아서, 나도 강사를 할 수 있었다. 나는 책방 운영과 제주 여행에 관한 책을 낸 적 있으니 강사 조건에 충족할 수 있었기 때문이다.

기획한 3개 프로그램은 1) 이소연 시인과 주디스 버틀러 〈젠더 트러블〉 읽기, 2) 김은지 시인과 〈김종삼 전집〉 읽기, 3) 내가 강의한 〈독립서점에서 독립서점에 관한 책 함께 읽기〉를 기획했다. 평소 협업하고 있던 이소연 시인, 김은지 시인과는 사업 취지에 맞게 인문학에 중점으로 두고 조금 어렵지만 강사들이 꼭 해보고 싶었던 심도 있는 주제를 선정했고, 나는 책방에 관한 주제를 선정했다. 다행히(?) 책인감이 20개소 중에 포함되어 기획했던 프로그램을 모두 진행할 수 있었다.

2021년은 코로나19가 기승을 부리던 시기라 대면 수업이 제한되어 주로 줌으로 수업을 진행했다. 이소연, 김은지 시인의 온라인 수업도 무리 없이 잘 진행했고. 나 또한 책방 운영에 관한 책을 함께 읽고, 전국 동네책방에 관한 이야기를 하는 데 있어 온라인 수업에 무리가 없었다.

이 사업에서는 결과적으로 몇 가지 좋았던 점이 있었다. 평소에는 책방에서 인문 프로그램을 운영할 때 모객을 위해 비교적 대중적인 내용의 강연이나 수업을 진행했는데, 이 사업에서는 페미니즘을 대표하는 '주디스 버틀러'의 생각을 담은 비교적 어려운 내용과 '김종삼' 전집처럼 문학을 좋아하는 사람에게도 깊이 있는 내용을 다루다 보니, 강사나 참여자에게도 도움이 됐다는 의견이 많았다. 나 또한 동네책방 운영에 관심 있는 참여자들과 4주간 깊이 있는 대화를 통해 책방 창업에 관심 있는 이들에게 도움을 줄 수 있었다. 또 하나는 서점에 실질적인(혹은 금전적인) 도움이 되었다는 것이다. 물론 책방 대표가 강사를 맡은 상황에 해당하지만, 강사료를 받을 수 있었고, 큰 금액은 아니지만 대관료를 공식적으로 지원받았다는 것이다. 책방배움터에서는 여러 사항을 고려해도 책방에 실질적 도움도 되고, 깊이 있는 인문 프로그램을 진행할 기회가 됐다.

2022년에도 책방배움터에 지원했다. 기획한 프로그램은 1) 김은지 시인과 〈백석 정본〉 함께 읽기, 2) 이소연 시인과 〈해러웨이 선언문〉 함께 읽고 생각 나누기, 3) 새로운 플랫폼(브런치, 크라우드 펀딩)을 통한 글쓰기와 독립출판 이해하기로 계획서를 작성해서 신청했는데 탈락했다. 서울 동네서점 20개소 선정을 했는데, 전년도에 이어 연속 선정 대상은 6개소로 제한했고, 새로운 서점에 더 많은 기회를 줬기 때문이다. (물론 나보다 더 잘 기획한 6개 서점도 있었다)

조금 아쉽긴 해도 다른 서점에 기회가 간 것이고, 난 전년도에 혜택을 받았기에 다른 서점이 잘 진행하고, 다음 기회에 도전하면 된다고 생각했다. 그러나 아쉽게도 2023년에 이 사업은 없어졌다. 정책의 영향인지는 모르지만, 이제 막 다듬어가면서 사업 성과와 참여한 서점과 참여자들 모두 만족하던 사업으로 알았는데 없어지게 되어 아쉬웠지만 이는 내가 어떻게 할 수 없는 부분이니 또 다른 기회를 찾아야 할 것이다.

7) [인디그라운드 x 전국동네책방네트워크] 동네 book 씨네

- 2021년

☞ 인디그라운드는 영화진흥위원회가 설립하고, (사)한국독립영화협회가 운영하는 단체이다. 2020년 개설한 인디그라운드는 독립영화를 소개하고 홍보하기 위해 2021년 전국동네책방네트워크(책방넷)와 함께 진행하는 '동네 book 씨네' 사업을 진행했다.

☞ 전국 동네책방 12곳을 2가지 유형으로 선정했는데, 1) '책방에서 만나는 인디그라운드 독립영화 라이브러리'는 제공된 독립영화를 상영하고, 연관된 책이나 책방지기 추천 책을 북토크로 진행하고, 독립영화 감독이나 배우를 인디그라운드를 통해 영화 배급사에 요청하는 유형이다 2) 책이 된 영화, 생각하는 영화'로 독립영화, 그리고 해당 영화와 연결된 책(각본집, 에세이, 소설 등)과의 만남을 진행하거나, 사회적 이슈를 다룬 독립영화 등을 책과 연계한 북토크를 진행하는 유형이었다.

☞ 지원금은 총 100만 원으로, '상영료 30만 원 + 기획비 30만 원 + 초청/진행비 40만 원' 식으로 예산을 사용해야 했다.

★ 책인감 사례

〈동네 book 씨네〉는 전국동네책방네트워크(책방넷)과 인디그라운드 단체가 협업하여 일회성으로 기획한 지원사업이었다. 인디그라운드는 독립영화 활성화에 지원하는 단체로 동네책방의 설립 취지와도 유사해서인지 기회가 되어 책방넷과 협업하게 된 것이다. 동네책방에서 독립영화 상영과 독립영화 감독과 북토크를 한다는 것 자체가 기대감하게 했다. 그래서 이 사업에 신청한 이유이기도 하다. (나는 책방넷 회원이기도 하다)

심사과정에서 책방넷 운영위는 개별 책방의 진행 역량을 평가하고 싶지는 않아서 결격사유가 없는 책방을 대상으로 추첨하여 선정하는 방식으로 진행했다. 신청한 서점의 이름을 적은 쪽지를 모아서 책방넷 대표와 사무국장이 공개된 SNS 라이브 방송을 하며 실시간 추첨을 했다. 경쟁률은 2.5 대 1 정도였는데, 다행히(?) 책인감도 선정됐다. (2021년 책인감은 최다 지원사업에 선정된 해이기도 하다)

프로그램 기획 시 이소연 시인과 함께 작성했다. 책방에서 만나는 인디그라운드 독립영화 라이브러리로 영화 '겨울의 수박', '안개 넘어 하얀 개'를 상영하고, 한태희 영화감독과 이소연 시인이 독립영화와 시에 관한 북토크를 기획했다. 총 100만 원의 지원금 중 영화 상영료 30만 원은 무료 영화 상영으로 대체하고, 기획료 30만 원은 책방 대관료 및 기획료로 책인감에 지급, 초청 강사료 40만 원은 한태희 감독과 이소연 시인에게 지급했는데, 이소연 시인이 한태희 감독을 섭외하고, 본인 초청료도 최소한으로 수용해 준 덕분에 예산 내에서 무리없이 진행할 수 있었다.

사실 이런 일회성 지원사업은 책방에 큰 도움이 되지는 않는다. 내년에도 이어질 사업은 아니기 때문이다. 그러나 나는 책인감이 문학뿐 아니라 예술을 포함한 다양한 문화와 강연이 있는 공간이길 희망한다. 그래서 '동네 book 씨네' 프로그램을 기획하고, 진행하면서 여러 독립영화도 검색해서 보고, 인디그라운드란 단체의 활동을 눈여겨 볼 수 있었고, 무엇보다 책방에서 독립영화 상영과 영화감독까지 초청한 북토크를 진행한 것이 좋았다. 앞으로도 기회가 된다면 다양한 분야 사람들을 초청해서 책인감이란 공간이 문화 프로그램으로 풍성해지길 기원해 본다.

8) 서울도서관 「2021 서울서점주간」 문화행사 운영 지역서점 모집

- 2021년 운영

☞ 2021년 서울서점주간을 맞이하여 일회성으로 주관한 사업이다.

☞ 서울의 동네서점 60곳에서 서점별 특색있는 문화 프로그램을 운영하고, 서울의 200여 서점을 소개하는 '서울시 책방지도, 일러스트 책갈피'를 방문객에게 배포하고, '서점의 날(11월11일)', '서울서점인대회'를 홍보했다.

☞ 서울 동네서점 60개소에 서점당 85만 원을 지원했다. 예산은 문화 프로그램 기획-운영에 60만 원, 홍보 및 이벤트 25만 원 지원 등으로 계획해야 했다.

★ 책인감 사례

- 코로나19로 인해 문화 프로그램은 라이브로 진행했다. 김은지, 이소연 시인과 함께 소개하는 시와 문학 이야기를 인스타 라이브 방송으로 진행하는 프로그램이었다. 2020년과 2021년은 코로나19로 인해 책인감에서 진행한 많은 프로그램을 SNS 라이브로 진행했다. '반짝반짝 시와 에세이 소개'와 '클래식 시집', '나에게 의미 있는 문학책'이란 주제로 두 시인이 추천하는 시와 에세이 책을 소개하면서, 책 이야기를 라이브로 들려주었다. 당시에는 코로나19로 인해 많은 서점에서 동시에 라이브 방송을 진행하다 보니, 모객에 어려움이 있었지만, 그래도 두 시인과 책인감 팔로워에게 홍보를 잘해서 라이브 방송내내 10~20명 정도가 동시 접속하는 등 비교적 반응이 좋았다.

다른 프로그램으로 '책을 소재로 한 캘리그래피 엽서'를 제작해서 일정 기간 책 구매 고객에서 선물로 제공하는 행사도 진행했다. 책인감에서 '일 체험 청년'을 경험했던 청년이 책인감을 위해 그려준 도서 관련 캘리그래피 이미지를 엽서로 만들어 홍보물로 나누어 준 것이다. 청년 작가에게 저작권료를 지불하고, 협의한 수량만큼 제작했는데, 책방을 좋아하는 청년의 작품이라 그런지 캘리 이미지도 좋았고, 반응도 좋았다. 예산 사용에서도 책방에 도움이 되었다. 전체 예산 85만 원 중 30만 원은 '대관 및 기획료'를 책인감에 책정할 수 있었다. '대관 및 기획료'는 라이브 방송을 기획하고, 모객과 프로그램 진행을 위해 라이브 방송 장비를 세팅(내가 갖고 있는)해서 공간도 제공하고, 엽서 제작을 위해서는 이미지를 스캔해서 엽서로 제작하는 과정에 대해 '대관 기획료' 비용으로 지급한 것이다.

9) 세상에서 가장 큰 책방(세가방)

- 2019 ~ 2021년 운영

☞ 세가방 지원사업은 민간기업에서 지원한 프로그램으로 〈대교/대교 문화재단〉에서 주관하여 2019~2021년까지 3년간 동네책방 30곳 정도와 협력하여 운영했고, 이후에도 일부 동네책방과 협력하여 온라인 활동 등을 했으나, 현재는 운영하지 않고 있다.

☞ '세상에서 가장 큰 책방'은 일상 속 책에 대한 즐거운 경험을 제공하는 브랜드로 대교/대교문화재단에서 진행하는 사업으로 '전국 동네책방과의 공유와 협력을 통해 독서 생태계 환경 조성, 독서 커뮤니티 플랫폼 지원, 다양한 독서 문화 확산 캠페인을 통해 세상에 많은 사람이 책을 즐길 수 있도록 다채로운 독서 경험을 제안'하는 것'을 목표로 했다.

☞2020년 기준으로 서울, 경기, 부산 소재 중소 동네책방을 대상으로 온-오프 라인 프로그램을 지원했다. 오프 라인에서는 북토크, 워크숍, 마켓, 클래스 등을 지원하여 선정된 책방에는 프로젝트 기획 및 운영(제작비)으로 150

만 원에서 최대 300만 원까지 지원했다. (22팀에 150만 원, 8팀에 300만 원 지원)

☞ 2021년은 두 가지 유형으로 운영했는데, 1) 온-오프 라인 프로그램 기획 운영, 2) 월간 세가방(동네책방X세가방 큐레이션 서재)을 운영했다. 지원금은 프로그램 기획 및 운영비(제작비)로 200만 원을 지원했다.

☞ 기업에서 주관하는 행사로 서점의 자율적인 기획이 가능했고, 지원금 외에도 시장가격 적정선에서 프로그램을 통한 수익 창출(판매)이 가능했으며, 11월 프로그램 종료 후에는 우수 팀을 선정해서 150만 원의 프로그램 진행비를 추가로 지원받을 수 있었다.

★ 책인감 사례.

책인감은 이 사업에 선정된 적은 없다. 2019년에는 이 사업을 잘 몰랐고, 2020년과 2021년에 신청했지만 탈락했다.

2021년 내가 기획한 프로그램은 '온-오프라인 프로그램'으로 〈당신의 글을 발굴해서 책을 만들어 드립니다〉와 '월간(동네책방 x 세가방 큐레이션 서재) 세가방 아티클'로 4가지 주제의 책을 선정해서 제출했는데 선정되지 않았다. 이 사업은 공릉동의 또 다른 동네책방 '지구불시착' 대표가 좋아하고 곧잘 선정된 사업이었다. 지구불시착 대표는 공공기관에서 주관하는 지원사업에서는 기획서 작성이나 정산 증빙하는 것이 어렵고, 복잡하다고 기피하는

데 비해 세가방 지원사업은 증빙이 간단해서 좋다고 한다. 기업은 기관과 달리 감사나 간섭에서 비교적 자유롭기 때문에 프로그램을 운영하는 데 있어 편하고, 증빙도 간편하게 한다는 점에서 기관 지원사업과 차별되는 사업이었는데 2022년 이후에는 시행하지 않았다. 나는 탈락한 프로그램의 기획을 아쉬워하며 더 나은 기획서 작성을 다짐했지만, 사업이 계속되지 않아서 더 이상의 기회는 얻지 못했다.

책인감이 대교와는 인연이 없어서인지 2번 신청 모두 탈락한 데 비해 지구불시착은 이 사업에 잘 선정이 되곤 했다. 생각해 보면, 나는 대기업 업무 경험과 분석에 밝아서인지 사업 기획에서 실행력이나 행정에 강점이 있는 사업에 선정이 잘 되는 것 같고, 지구불시착 대표는 정산, 행정에 어려움을 겪기도 하지만, 예술 혹은 문학적 감성이 강조되는 사업에 잘 선정되는 것 같다. 이처럼 지원사업도 주관/주최기관의 특성에 따라 나에게 적합한 지원사업이 있다.

10) 고용노동부_퇴근길 일쉼동체 워라밸 도서기획전

- 2022년 시범 운영 ※ 고용노동부 홍보 사업

☞ 고용노동부에서 후원하고, 운영사인 레인보우커뮤니케이션에서 주관

하여 2022년 시범 사업으로 운영했다.

☞ 주관 운영사인 레인보우커뮤니케이션에서 선정한 서울 5개 서점에서 직장인 등에게 관심을 높일 수 있는 워라밸 도서를 3주간 기획 전시하는 프로그램이었다. 공모 사업은 아니었기에 운영사에서 추천한 5개 서점(최인아책방, 하우스북스, 책방연희, 책인감, 무엇보다책방)이 대상이었는데, 마침 담당자의 추천으로 책인감도 포함될 수 있었다.

☞ 서점당 매대 대여료, 도서 구매 지원비를 포함 100만 원 지원.

★ 책인감 사례

이 사업은 사실 운 좋게 선정된 사업이다. 운영 담당사인 레인보우커뮤니케이션에서 5개 서점을 선정했는데, 담당자가 책인감을 알고 있어서 섭외가 온 것이다. 물론 책인감도 활발한 SNS 활동을 하고 있지만, 셀럽은 아니기 때문에 운이 좋았다고 할 수 있다. (2024년 11월 기준 책인감 인스타 팔로우는 약 3,500명인데, 내가 생각하는 셀럽은 팔로우 1만 명 이상이다)

기획사 담당자가 방문해서 사업을 설명하고, 나도 나름대로 고민해서 주어진 워라밸 20권 중의 10권을 선별해서 재고 매입 후 책 소개 자료를 만들어가며 책인감 중앙 테이블에 3주간 전시했다. 내가 소개 자료를 만들기도 했지만, 당시에 책방에서 일 체험하던 청년도 책 소개 자료를 예쁘게 만들어 주기도 했다.

이 지원사업은 갑자기 행운에 당첨된 것 같은 사업이었다. 3주간 책 전시는 어렵지 않았고, 내가 대상이 된 것에는 용역사업 담당자가 인스타를 통해 마침 나를 알고 있었기 때문에, 우선 후보군에 들어갔던 것이고, 나도 적극적으로 사업 제안에 응대했기 때문이다. 11월은 지원사업이 대부분 종료되어 책방 공간 운영에 여유가 있기도 했고, 책방 수입이 줄어드는 시기에 큰 도움이 된 것이기도 했다. 인스타와 블로그에는 행사 내용을 여러 번 올리기도 했고, 중앙 테이블 전시는 매대 대여란 항목에 맞게 충분한 전시를 제공했다. 이사업 이후에도 이어지지는 않았지만 이런 하나의 기회를 잘 포착하고, 마무리함으로써 다음에도 좋은 기회가 생길 것이로 생각한다.

11) 독파X동네책방 책방메이트

- 2024년 운영 중

☞ 출판사인 문학동네에서 주관하는 사업으로 매년 동네책방 15개소를 '책방메이트'로 선정하고, 선정된 책방(운영자)은 1) 가이드와 미션을 통해 독파챌린지 운영, 2) 챌린지 참여자들과 함께하는 줌 독서토론 진행, 3) 책방 소개 인터뷰를 운영 지원을 받는 사업이다.

☞ 책방메이트로 선정된 책방(운영자)은 챌린지 도서를 직접 선정하고, 진행비 30만 원, 문학동네 독파 멤버십 혜택(1.5만 원/년)을 받는다.

★ 책인감 사례

나는 출판사에서 주관하는 동네서점 대상 지원사업에는 잘 선정되지 않았다. 비교적 기획서를 잘 작성하고, 특히 진행하는 프로그램 내용이 명확하고, 실행력을 중시하는 사업에는 잘 선정되는 것 같은데, 출판사가 운영하는 이 지원사업은 기준에 부합하는 서점 중 추첨이나 지역별 안배를 통해 선정하는 경우에는 잘 선정되지 않은 것 같다. 나도 그런 추첨 방식의 사업에는 잘 신청하지 않는 편이다. 이유는 내 실력으로 차별성을 어필하기 어렵기 때문이다.

그렇지만 책방을 운영하면서 책방에 어울리는 지원사업으로 문학 분야 출판사와 연대하여 사업을 진행하는 것은 좋은 기회가 된다. 프로그램 진행뿐 아니라, 출판사와 관계에 도움이 되는 것도 좋은 일이다.

12) 체험학습형 독서 프로그램 행BOOK학교 2기
〈작가와 함께하는 행BOOK학교〉

- 2021 ~ 2024년 운영 중

☞ '(2022년 청년) 책의 해 추진단'에서 주관한 사업으로 청년, 작가, 출

판, 도서관, 서점, 독서 분야 기관/단체들이 참여하여 청년층 친화적인 독서 문화 프로그램을 운영하고, 독서 환경을 개선하고자 지원하는 사업이다.

☞ 행BOOK학교는 2022년 청년 책의 해를 맞이하여 책 문화 확산과 독서 환경 마련 등을 위해 소설 쓰기 4개 반(수도권 2개 반, 기타지역 2개 반), 시 쓰기 4개 반(수도권 2개 반, 기타지역 2개 반)을 선정해서 10주간 주 1회, 2시간 내외의 수업을 진행하는 사업이다. 진행 강사는 추진단에서 선정 후 파견하는 방식으로 운영하며, 수강인원 10명 내외로 운영한다.

☞ 서점에 대관료 및 프로그램 운영비로 회당 20만 원, 총 10회 200만 원을 지급한다(다과비 포함).

★ 책인감 사례

이 사업은 책방넷(전국동네책방네트워크)를 통해 알게 된 사업인데, 운영은 강사를 주관처에서 지정하여 파견하는 방식이라 어떤 작가가 책인감에 올지 몰라서 나의 책방과 어울리는 사업인지 판단이 잘 서지 않았다. 그래서 2022년에 신청하면서 시 분야는 이미 책인감에서 협업하는 시인들이 있었고, 시 관련 프로그램은 자주 운영하고 있어서, 상대적으로 기회가 없었던 소설 분야에 신청하기로 했다. 강사 섭외와 프로그램 기획은 추진단에 일임하니 계획서 작성의 부담은 없지만, 모객 활동은 온전히 책방이 할 거 같아서(추진단에서도 홍보하지만) 부담은 되었지만, 책방에 지원되는 대관료와 진행료(200만 원)는 책방에 실질적인 도움이 될거라 생각하고 신청했다.

지원서 양식은 사업계획서를 작성하는 것은 아니고 서점의 개요와 문화 프로그램 시행 이력 정도만 적는 것이라 매우 간단했다. 반면에 신청 서점의 차별성이나 실행력 등을 평가하는 방식이 아닌 추첨으로 진행했다. 소설 쓰기 반의 경우 수도권에 2개소, 기타 지역에서 2개소를 선정하니, 결국 수도권에서 소설 쓰기 반을 신청한 책방이 몇 군데인지가 중요했다.

선정 결과는 탈락이었다. 수도권에서 소설 쓰기 반에 신청한 서점은 14개소였고, 선정된 2개소는 '고요서사'와 '책방 펨'이었다. 7 대 1의 경쟁률이었으니 선정되기는 쉽지 않았다. 수도권 외 기타 지역은 신청 8개소였으니 4 대 1의 경쟁률이었고, 시 쓰기 반의 경우 수도권 9개소(4.5 대 1), 기타 지역 5개소(2.5 대 1)였다. 수도권은 인구도 많고, 서점도 많으니, 경쟁률이 높은 편이다. 이처럼 전국을 대상으로 하는 지원사업에서도 지역적 안배를 위해 지역별로 선정 대상 수를 정하는 때도 있다.

이 사업은 매년 프로그램 내용이 바뀌고 있다. 주체인 책의 해 추진단이 2021년에는 '60+' 즉, 60세 이상 '노년층'을 중점으로 두었고, 2022년은 '청년', 2023년은 '4050'인 장년층을 중점으로 두었기 때문이다. 지원사업 취지나 내용도 계속 바뀌어서, 책인감은 2022년 프로그램과 지원 내용이 적정해서 그해만 신청하고, 그 이후에는 신청하지 않았다. (2021년은 사업을 알지 못했지만, 내용을 보면 내가 신청하지 않았을 거 같다)

참고. 2021년 행BOOK학교 〈책을 만나다 인생을 쓰다〉

- 주최 : 2021년 60+책의해추진단〉

- 프로그램 : 생활 글쓰기 반 3개, 동화책 만들기 반 3개,
  생애사 쓰기 반 2개
- 직접 지원 : 프로그램 운영비 20만 원/회 + (대관료 15만 원/회 x 8회)
  = 140만 원
- 추진단 지원 : 강의 진행용 다과비 10만 원/회 ※ 동화책 만들기 반은
  교재 제작비 10만 원 지원

참고. 2022년 행BOOK학교 〈서점에서 우리의 첫 번째 책을 만나다〉
- 주최 : 2022년 청년 책의 해 추진단
- 프로그램 : 소설 쓰기 4개 반(수도권 2개 반, 기타 지역 2개 반),
  시 쓰기 4개 반(수도권 2개 반, 기타 지역 2개 반)
- 직접 지원 : 대관료 및 프로그램 운영비 20만 원/회 x 10회 = 200만 원
  (다과비는 프로그램 운영비에서 사용)
- 추진단 지원 : 강사 사례비 30만 원/회 x 10회 = 300만 원 (강사는
  추진단에서 선정. 1회는 서점 추천 강사 가능)

참고. 2023년 행BOOK학교 〈나의 이야기를 너에게 쓰다〉
- 주최 : 2023년 4050 책의 해 추진단
- 프로그램 : 동화/동시 쓰기 수업 10개 반, 삶의 경험으로 동화/동시
  쓰기, 동화 4주 + 동시 4주 수업 진행
- 직접 지원 : 수업 운영자 사례비 20만 원/회 x 8회 = 160만 원

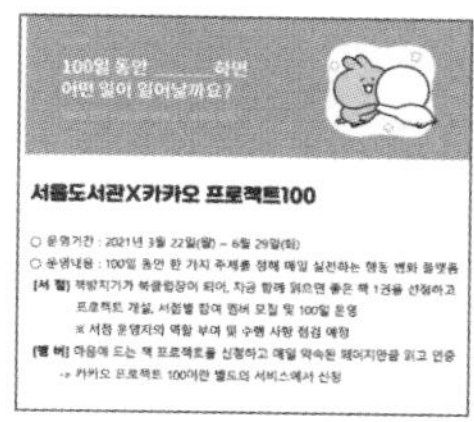

13) 서울도서관 x 카카오 프로젝트 100

- 2020 ~ 2021년 운영.

☞ 서울도서관과 카카오가 주관한 사업으로 2020년, 2021년 운영했다. ※ 코로나19로 서울형책방 지원사업을 대체하여 운영. 서울형책방은 2019년, 2022년 ~ 현재 운영 중

☞ 〈카카오프로젝트 100〉은 100일 동안 한 가지 주제를 정해 매일 실천하는 행동 변화 플랫폼 프로그램으로 카카오에서 이미 운영하고 있었다. 2020, 2021년 서울도서관과 연계하여 서울 지역 동네서점과 연계하여 서점 책방지기가 북클럽장이 되어, 책 관련 주제를 선정하여 프로젝트를 개설하고, 멤버 모집 후 100일간 운영하는 프로그램을 진행했다.

☞ 참가자는 참가비로 만 원을 내며, 프로젝트 달성률에 따라 돌려받는데, 돌려받지 못한 참가비는 카카오 기부금으로 활용됐다. 서점에 랜선 북클럽 운영비로 100만 원을 지원했는데, 운영비는 참가자에게 선물을 줄 수도 있고, 책방 운영비로 사용할 수 있었다.

★ 책인감 사례

'책인감 카카오 프로젝트 100'은 내가 읽은 책에서 찾은 문장 100'이란 프로그램으로 기획했다. 책을 읽다 발견한 문장, 제목, 부제목 등 내가 찾은 문장을 매일 기록(사진)하는 프로젝트로 지금 내가 읽고 있는 책, 읽은 책, 내가 좋아하는 작가의 책에서 찾은 문장 등 공유하고 싶은 문장을 매일매일 찾는 것이다. 참여자는 매일 찾은 문장을 인증(사진 업로드)하고 100일 프로젝트의 달성률에 따라 책인감에서 제공하는 선물을 받는 프로그램이다

사업을 시작하면서 독서 모임 회원들에게 프로그램을 소개하고 참여를유도했다. 당시는 코로나19로 인해 오프라인 독서 모임을 하지 못하고 있어서 회원 중에 참여하겠다는 사람이 많았다. 그 외에도 마을 커뮤니티나 책방에 오는 손님에게도 적극적으로 홍보했고, 카카오프로젝트를 통해서도 유입된 신청자를 포함하여 목표했던 50명을 모두 채울 수 있었다.

프로그램 기획 시 인증률 80% 이상 참여자에게 2만 원 상당의 책 선물 및 음료를 제공하기로 했다(최대 20명). 나도 프로젝트에 함께 참여하고(책방 주인이 찾은 오늘의 문장), 회원들에게 추천 책 자료를 보내는 등 적극적인 참여를 했다.

나는 사업기획서를 작성하면서 몇 가지 미리 확인하는 것이 있다. 하나는 책방에 실질적인 도움이 되는지를 확인하는 것이다.

다른 하나는 사업기획을 하면서 실행하는 데 어려움이 없는지 예측하고, 특히 사업 진행에 따른 증빙이나 정산에 어려움이 있는지 미리 살펴본다. 실행할 때 문제점이 있는지는 오랫동안 회사에 근무하며 기획서 작성, 행사 진행, 감사 받았던 경험을 토대로 프로젝트 진행 시나리오를 검토했다(주로 머릿속으로 생각한다). 그동안 진행했던 진행 사업 경험과 분석을 통해 사업 진

행에 따른 문제점이 있는지 예측한다. 특히 책방 운영자에게 과도한 관리업무를 요구하는 사업이나 정산에서 복잡한 증빙을 요구하는 사업은 하지 않으려고 노력한다.

카카오 프로젝트 100 지원사업은 사기업인 카카오가 자체 브랜드 파워를 키우기 위해 지원하는 사업으로 기업에서 비용을 부담하고 운영자인 동네책방을 비롯한 참여자를 후원하는 사업이다. 참가비가 1만 원이지만 프로젝트 100% 달성 시 모두 돌려받고, 달성율레 따라 돌려받지 못한 금액도 전액 기부로 활용된다. 책방에는 별도 운영비 100만 원을 지급한다. 이는 전액 책방 인건비로 사용할 수도 있지만, 참여자에게 전액 사용할 수도 있다. 나는 약 50만 원 정도를 참여자에게 제공했고(도서 지급, 음료 제공 등), 나머지 50만 원을 책방 기획료로 썼다.

아쉬운 것은 이 카카오 프로젝트가 기업(카카오)의 지원에 의존한 사업으로 동네책방과는 2023년 이후에는 더 이상 진행하지 않았다.

◆ 단체 혹은 공간 대상 지원사업

「2020년 공간지원」 모집공고

1) 우리마을 지원사업 (공간 지원)

- ~ 2024년 운영 중.

☞ 노원구 마을공동체 지원센터에서 주관하는 사업으로 주로 마을 활동이나 단체를 선정해서 마을 주민을 대상으로 한 활동에 지원한다.

☞ 지원 대상은 노원에 거주하거나 생활권이 노원인 직장인, 학생 등을 대상으로 3인 이상 모임이다. 2019년은 이전과 달리 사업자도 신청 가능해지면서 책인감은 사업자이자 주민 모임 3개 이상을 포함하고, 대표 제안자로서 4명의 다른 제안자와 활동 참여 인원 3명을 포함한 8명이 함께하는 사업으로 신청했다.

☞ 공간 지원사업은 300~500만 원까지 신청 가능했으며, 신청 사업비의 10% 이상을 자부담해야 했다. 500만 원 사업 신청 시 50만 원 이상 자부담으로 계획서를 작성하고 사업비 중 30% 이내에서 일반활동비(간사 역할)를 지원하는데, 공간 운영자의 활동비로 신청할 수 있었다.

☞ 2024년 기준 마을공동체 지원센터에서는 "주민주도 형 지원사업'으로 공모를 진행하고 있는데, 3인 이상 주민 모임(단체) 대상이며, 〈마을소모임 지원사업〉과 〈마을활성화 지원사업〉을 운영하고 있으며, 보조금의 5% 이상

을 자부담으로 해야 한다.

★ 책인감 사례

나는 이 사업에 대한 애증이 있다. 2019년 처음 제대로 된 지원사업으로서 진행하면서 좋았던 점과 안 좋았던 점이 양립했기 때문이다.

사업공모를 보면서 사업 내용이 다소 복잡하고, 필수사업으로 마을 사람을 대상으로 한 열린 강좌를 2회 기획해야 했고, 그 외 프로그램은 비교적 자율적으로 기획할 수 있었다. 지원 금액은 최대 500만 원이고, 사업을 신청한 주체자인 내가 '일반활동비(간사 역할)'로 최대 30%인 150만 원까지 신청할 수 있다고 하니 괜찮은 지원사업으로 보였다.

그런데 자부담 10%가 있었고, 일반활동비도 최대인 30%를 신청했지만, 협의 과정에서 너무 과하다고 해서 20%대로 낮추기로 했다.

이 사업은 책인감이 단독으로 신청하는 것이 아니라 5인 이상의 공동 제안자가 함께해야 했다. 실무는 내가 맡더라도 감사도 있어야 했고, 5인의 사인을 받아야 하는 번거로움이 있는 사업이었다. 그래도 책방에 금전적 도움도 있고, 필수사업으로 열린 강좌를 진행해야 하는 부담이 있지만, 세부 프로그램은 하고 싶은 다양한 사업을 기획할 수 있기에 좋았다.

2019년은 필수사업으로 마을 상인을 대상으로 '마을 활동'에 대한 강의와 '공릉야행'이란 마을 탐방 프로그램을 기획하고, 세부 사업으로 미술 강사와 함께하는 '여행 수채화 그리기', '독립출판' 강좌와 '마을 상권 살리기'란 상인 모임을 통해 마을 활성화 의견 개진을 기회로 삼았다.

이듬해인 2020년 필수사업으로 화랑대 역사박물관 일대를 투어하는 '마을 탐방' 프로그램을 기획했는데, 코로나19로 인해 영상을 시청하는 것으로 대체했다. 세부사업으로는 미술학원 원장님과 함께하는 '명화 아크릴화 그리기'와 시인과 북토크 3회, 싱어송라이터와 함께하는 '나만의 노래 만들기' 2회를 진행했다.

이 사업에서는 수채화, 아크릴화, 시인 북토크, 노래 만들기 등 다양한 프로그램을 기획할 수 있어서 좋았는데, 더불어 재료비로 미술 도구 등을 살 수 있었기에 더 풍성하게 프로그램을 진행할 수 있었다.

그런데 이 사업을 진행하면서 몇 가지 어려움이 생겼다. 나에게 지급하는 '일반활동비'가 협의 과정에서 줄어들었다. 기준은 최대 30%, 150만 원까지 지급할 수 있었으나 사업 선정 협의 과정에서 128만 원으로 줄여야 했다. 내가 부담해야 하는 자부담 56만 원을 반영하면 실제로는 72만 원을 나의 인건비로 반영한 것이다. 72만 원이 적지 않다고도 할 수 있지만, 공간을 제공하고, 프로그램 기획부터 모객, 진행, 결과 보고까지 하는 일을 생각하면 큰 비용이라 할 수 없었다. 그나마 다행인 것은 자부담을 재능 활동으로 적용하여 내가 보조강사 역할 한 것을 반영할 수 있어서 자부담의 실제 금액 부담은 다소 줄어들 수 있었다.

그러나 무엇보다 어려웠던 점은 결과보고서 작성에 있었다. 당시에는 지원사업 경험이 많지 않았지만, 그래도 회사 경험으로 인해 서류나 영수증을 비롯한 증빙자료 관리는 다른 사람에 비해 잘하는 편이었다. 그런데도 이 사업 결과보고서 작성에는 하루에 서너 시간씩 들여 4~5일이나 걸렸다. 물론 내가 다과비 영수증을 여러 가게에서 나눠 구입한 것도 있지만, 영수증을 결과보고서 양식에 붙이는 것뿐 아니라 한 장 더 복사해서 첨부해야 했다. 게다가 다과비 영수증 하나에 강의확인서, 참석자 리스트도 복사해서 붙여야 했다. 결과보고서를 작성 후 첨부한 영수증을 비롯한 총 130장 이상의 서류로 작성하다 보니 며칠을 고생해서야 겨우 결과보고서를 완료했다.

왜 이렇게 요구할까? 영수증 하나만 붙이면 될 것을, 아니 영수증 사진이나 스캔해서 파일로 해도 될 것을 종이에 하나하나 붙이고, 왜 같은 영수증을 복사해서 한 장 더 넣기까지 했을까? 이는 주관하는 마을공동체 지원센터 담당자가 나중에 감사받을 때 영수증은 오래되면 글씨가 날아간다는 이유 때문이었다. 그러니 감사에 대비해서 한 장 더 복사해야 하고, 왜 그 다과비를 썼는지 확인하기 위해 그 영수증에도 강의확인서(혹은 강의 커리큘럼)가 있어야 하고, 참가자 리스트가 있어야 한다는 것이다. 강의확인서와 커리큘럼, 참석자 리스트는 하나만 있으면 된다고 생각했지만 감사받을 때 찾기 힘들어서 영수증마다 첨부해야 한다는 것이다. 또한 제출한 영수증 하나하나에 포인트 적립 여부를 찾아서 혹 포인트 적립된 내용이 있으면 이를 환불하는 것도 했다. 사실 포인트 적립을 고의로 하진 않는다. 다과비를 아끼고 조금이라도 싸게 살 생각에 대형마트에서 구입하다 보면 할인가 적용을 받으려다 무의식적으로 회원 번호를 알려주고, 그로 인해 포인트가 적립되기도 했다. 사실 그 몇십 원의 포인트를 솎아내기 위해 담당자가 노력하는 것을 보면 안쓰럽기도 하지만, 그런 담당자의 노동력에 대한 인건비를 어떻게 가치를 매기는지 궁금하기도 하다.

여러 지원사업을 하면서 특히, 마을공동체 지원센터와 같이 기관의 말단에 있는 곳이 주관하는 사업은 상위기관의 영향 혹은 감사로 인해 사업 정산 보고서에 과도한 서류를 요구하는 경우가 있다. 감사 지적 사항 하나 하나에 대응하다 보니 요구사항에 맞추어 서류가 많아지는 것이다. 감사에 지적된 사항은 전체 프로세스를 고려해서 개선하거나 적용해야 함에도, 작은 지적 사항 하나하나를 과도하게 해석해서 적용하니, 이처럼 결과보고서 작성이 복잡하게 요구되는 것이다.

나는 이 사업을 두 번 선정되어 진행했다. 그런데 2021년부터는 신청하지 않았다. 긍정적인 측면으로 재미난 프로그램을 진행할 수 있었지만, 필수사업은 책방과 상관없는 방향으로 프로그램을 진행해야 하는 것도 힘들었고, 요구사항에 맞추는 것도 힘들었다. 특히 결과보고서 작성할 때면 내가 들이는 시간과 노력이 너무 과하니, 불만도 쌓이고 피로도가 올라갔기 때문이다.

물론 이는 나에게 해당하는 것이다. 다른 이들에게는 좋은 사업인 경우도 있을 것이다. 최근에도 마을공동체지원센터에서는 '주민주도형 지원사업'으로 공모가 진행되고 있다. 노원구에 거주하거나 생활권역이 노원구인 3인 이상 주민 모임(단체)을 대상으로 하는데, 〈마을소모임 지원사업〉과 〈마을활성화지원사업〉 두 가지로 진행되고, 공간 지원 사업은 없어졌다.

〈마을소모임 지원사업〉은 다양한 주제의마을공동체 활동을 지원하는데 18개 모임 대상으로 각 60만 원을 지원한다. 〈마을활성화 지원사업〉은 '노원을 돌보다', '노원을 담다', '노원을 걷다'를 주제로 기후위기 대응, 돌봄문화 확산, 문화예술활동 등을 대상으로 10개 모임에 100만 원씩 지원한다. 단, 자부담 5% 이상 편성해야 한다.

이처럼 모임 지원 위주의 소규모 지원사업으로 진행하는데, 책인감 같은 기업이나 단체보다는 주민 모임 지원에 적합한 사업이니, 나는 더 이상 신청하지 않고 있다.

2) 꿈다락 토요문화학교, 일상의 작가 운영 공간

- ~ 2020년 운영

☞ 한국문화예술교육진흥원에서 주관한 사업으로 '꿈다락 토요문화학교' 프로그램 중에서 '일상의 작가'란 이름으로 시행한 사업이다. 전국에 있는 문

학 기반 시설(도서관, 문학관을 비롯한 특화 공간으로 작은 책방과 북카페 포함)에서 8명의 교육 강사가 운영 공간과 사전에 협의 후 매칭하여 신청하는 사업이다.

☞ 공간은 수업 진행에 필요한 시설을 갖추고 프로젝터 등의 기자재를 갖추고 있어야 한다.

☞ 토요일 과정으로 총 24회 진행하며(2020년 기준), 강사에게는 회차당 20만 원의 강사료와 공간활동비로 회차당 15만 원이 지급되고, 보조강사 활동비와 다과비, 재료비 등이 지원되는 사업이다. 서점은 공간활동비 15만 원 x 24회차로 총 360만 원 지급되니 실질적으로 도움이 되는 사업이었다.

★ 책인감 사례

이 사업은 운 좋게 신청했던 사업이다. 2019년 당시에 나는 이 사업의 존재를 몰랐고, 주관처인 한국문화예술교육진흥원도 몰랐던 때였다. 어느 날 지역에서 활동하던 윤동희 동화 작가가 사업을 같이 신청하자는 제안을 했다. 신청서 작성 시 나는 공간에 대한 개요(공간과 보유 장비 소개)를 작성하는데 책인감이 동네서점 중 비교적 넓은 공간(25평)으로 테이블과 의자를 배치하면 12~20명까지 학습공간으로 제공할 수 있음을 강조했고, 아울러 대형 TV와 빔 프로젝터, 스크린 등 강의형 프로그램에 필요한 장비를 갖추고 있음으로 작성했다. 세부 프로그램 계획은 윤동희 작가가 작성했다.

윤동희 작가는 이 사업 경험이 있었고, 기획서 작성을 잘했기에 책인감이

8개 시설 중에 하나로 선정될 수 있었다. 수업은 토요일 오전 11시~오후 2시까지 약 3시간 동안 진행했는데, 8회짜리 프로그램을 3차수로 운영했다. 1, 2회차는 초등생을 포함한 가족 대상 글쓰기 체험 강좌였고, 3회차는 성인 대상 글쓰기 강좌였다. 모객은 책인감 SNS를 통해서도 알렸지만, 꿈다락토요문화학교 주관처에서 홍보를 잘 해줘서 어렵지 않게 목표 인원을 채울 수 있었다. 인원은 회차별 12~15명 정도 참여했다. 윤동희 작가는 초등학생 자녀와 부모가 함께 글쓰기를 비롯한 체험형 프로그램을 진행하는 데 능숙했다. 어른과 아이 모두 몰입해서 참여할 수 있게 진행했다.

나에게 이 사업은 행운과도 같았다. 지원사업을 잘 모르던 시기에 활동비 15만 원씩 24회나 지급되는 사업은 분명 공간 운영에 도움이 컸다. 또 다른 도움은 윤동희 강사의 프로그램 진행 방식을 많이 배울 수 있었다. 실제로 내가 프로그램에 참여하지는 않았고 프로그램 진행 전에 공간을 준비하고(15명이 참석할 수 있는 테이블과 좌석을 준비하고, PPT 준비), 다과를 준비해서 참여자들이 편하게 수업할 수 있도록 도움을 주었다. 그러나 프로그램 진행에는 참여하지 않았고, 프로그램 진행 전반을 관찰하면서 진행 방식을 배울 수 있었다.

다만 아쉬웠던 것은 당시에 프로그램을 진행하는 작가와는 소통을 잘하진 못했다. 일단 어린아이를 중심으로 한 프로그램이니 주로 성인 대상으로 책방을 운영하는 내게 프로그램 내용에 관한 관심이 떨어졌다. 그래서 공간에 대해서는 문제없이 잘 지원했지만, 작가와 프로그램 내용에 관해서는 잘 소통하지 못해서 작가도 나를 어색하게 대하고, 나도 그랬던 것 같다.

항상 지나온 다음에 알아차리듯이, 이렇게 서점에도 좋았던 사업은 다음 해인 2020년에는 탈락했고, 그 이후에는 프로그램이 바뀌어서 지원할 수 없었다. 지원사업에서 민간기관(단체, 개인사업자)을 대상으로 하는 사업이 금전적 도움을 주는 사업이 많지 않다. 이 사업이 학생(초등학교 저학년 위주)들에게 주말에 부모와 함께할 수 있는 프로그램으로 기획하면서, 작가와 공간 운영에 유연성을 부여해서 작은 책방인 책인감도 선정될 수 있었고, 6개월간 프로그램을 기획과 모객, 진행, 운영, 결과 보고까지 많은 것을 경험할 기회가 되었다.

3) 마을 미디어 활성화 사업

- ~ 2022년 운영

☞ 서울 마을미디어 지원센터에서 주관한 사업으로 서울에서 활동하는 단체를 대상으로 미디어 활동을 지원하는 사업으로 시행됐다.

☞ 2020년 지원 대상으로 활동단체 40곳과 지역거점단체 15곳을 선정해서 지원했다.

☞ 활동단체 40곳은 다시 자유형 20곳과 제작형 20곳으로 구분하여 마을 미디어 신규참여자 교육, 주민 참여형 마을 콘텐츠 제작 및 유통, 콘텐츠

제작/기술 교육 및 커뮤니티 참여활동을 지원했다. 신청 자격은 주민 모임(3인 이상) 또는 단체로 지원액은 자유형 4백만 원~8백만 원, 제작형 8백만 원~9백만 원이었다.

☞ 지역거점단체 15곳은 거점형 3곳과 지역연계형 12곳을 선정하고, '상시 운영되는 마을 미디어 콘텐츠'를 제작 및 유통하고, 마을 미디어 관련 활동의 고도화를 담고 있어야 한다. 신청 자격은 거점형은 마을 미디어 활동 5년 이상인 단체, 지역연계형은 마을 미디어 활동 5년 이상인 주민 모임(3인 이상) 및 단체이다. 지원액은 거점형 3곳에는 각각 3,000만 원~3,300만 원, 지역연계형 12곳은 1,400만 원~1,600만 원이다.

☞ 이 사업은 보조금의 10% 이상을 반드시 자부담으로 편성해야 하는 사업으로 서울시보조금관리시스템을 사용해서 예산을 집행해야 했다.

★ 책인감 사례

2021년 초. 마을 미디어 활성화 사업이 공고되었을 때 이 사업을 동네책방과 어떻게 연계하여 기획하느냐는 고민을 했다. 코로나19로 인해 책방에서 인스타 라이브 방송을 여러 차례 진행하고, 영상물을 만들어서 유튜브에 올렸던 경험이 생기면서 미디어 관련 지원사업도 가능하겠다고 생각했다.

영상 프로그램으로 '책인감 추천 책 소개 영상'을 정기적으로 제작하여 유튜브에 올리는 것을 기획했다. 동네책방으로서 좋은 책을 소개하고 싶은 마음과 책 한 권을 깊이 소개하는 20~30분 길이의 고품질 영상물을 제작하여 유튜브에 올리면 어떨까 하는 생각으로 프로그램을 기획해서 신청했다.

나는 노원구 공릉동 꿈마을공동체 일원으로서 마을회의에 참석하며, 마을과 협업하고 있었고, 서점 내 독서 모임과 여러 활동가와 협업 관계를 하고 있기에 '주민 모임'으로서 3인 이상의 단체를 구성하는 데는 어려움이 없었다. 마을활동가 3명과 함께 주민 모임을 구성하고, 프로그램을 기획하는 데는 독서 모임 회원과 책방 회원 중에 미디어를 잘 다루는 사람을 포함하고 영상 콘텐츠를 다루는 전문가 수업도 포함하여 프로그램을 기획했다.

사업 신청 후 1차 서류를 통과하여 면접까지 갔지만, 최종 선정되지는 않았다. 사실 내가 영상에 관한 지식이 부족하다 보니, 기획서 작성 시 차별성과 완성도에서 아쉬움이 있었다. 면접에 참여한 단체들의 프리젠테이션을 보면서 그들의 미디어 전문성이 더 많아 보였기에 어찌 보면 내가 탈락하고 그들이 선정된 것이 자연스러운 결과이기도 하다.

그래도 계획서 작성과 면접을 통해 많은 것을 배울 수 있었다. 다음 해에는 더 좋은 미디어 프로그램을 기획할 수 있겠다는 생각도 들었지만, 아무래도 내가 잘하는 분야로 느껴지진 않았다. 내가 유튜브나 라이브 방송을 좀더 다양하게 진행했다면 책을 콘텐츠로 충분히 재밌는 미디어 관련 기획을 할 수 있겠지만 나의 경험치 역량이 미디어 사업에서는 많지 않았기에 다음 해에는 지원하지 않았다.

그러나 동네서점에서 종이책만 판매하는 것이 아닌, 콘텐츠의 다양한 확장도 가능하니 영상 미디어에서 활약하는 동네서점도 가능하고, 공방이나 예술가 모임에서 충분히 다양한 영상 콘텐츠로 확장이 가능할 것이다.

4) 자치구 생활문화 활성화 〈2021 여기서 노닥노닥〉

- 2021년 운영

☞ 서울문화재단이 후원하는 〈2021 자치구 생활문화 활성화 지원사업〉의 일환으로 노원문화재단에서 주관하여 진행한 사업이다.

☞ 〈여기서 노닥노닥〉 지원사업은 '공간'이 위치한 장소의 이웃과 만나 그 만남이 지속되고, 확장될 수 있는 '생활문화 프로그램'을 기획하고 진행할 수 있도록 지원했다.

☞ 공간 운영자가 기획한 생활문화 프로그램 운영과 참여 공간 간 교류에 지원하는 방식으로 진행하며, 최대 300만 원의 간접 지원을 통해 프로그램 기획비, 장소 대관비, 강사비, 재료비 등으로 예산을 사용할 수 있다.

☞ 예산 사용은 문화재단에서 카드로 결제하거나 세금계산서 발행으로집행했다.

☞ 프로그램은 노원 주민을 대상으로 한 생활문화 프로그램울 총 5회 이상 진행하고, 문화재단 주관 간담회 참석도 해야 했다.

★ 책인감 사례

동네책방이 갖는 장점으로 지역 문화 활동의 중심지가 될 수 있다는 것이다. 문화 공공재로서 '책' 자체의 힘도 있지만, 서점이라는 공간이 지역 문화 활동의 중심지가 될 수 있다는 것이다. 서점에 마을 사람들이 모이고, 생각을 나누는 공간이기에 문화활동의 중심이 되기도 한다.

노원문화재단은 비교적 최근에 만들어진 자치구 문화재단이다(서울의 25개 자치구 모두에 문화재단이 있지는 않다). 노원구는 2019년 6월에 생겼는데, 초기부터 문화 프로그램 운영에 적극적이었다.

2021년 생활문화 활성화 지원사업으로 '여기서 노닥노닥'이라는 사업을 재단에서 주관하여 공모했다. 300만 원 지원에 프로그램 기획비와 대관료를 책정한 사업이라 책인감에서도 진행하면 좋겠다고 생각했다.

난 지원사업 공모 자료가 나오면 우선 사업 취지나 개요를 자세히 살펴보고 책인감에 적합한 사업인지를 판단한다. 단지 동네서점으로써 판단하는 것이 아니라 공간 운영자로서 혹은 서점에 어울리는 문학 프로그램이 적당한지 파악한다. 이 사업의 경우 '생활문화'라는데 초점을 맞추어 기획했다. 생활문화는 우리의 일상에서 가깝게 느껴져야 한다고 생각하는데, 특별한 강사나 참여자 위주가 아닌 평범한 주민들도 함께 참여할 수 있어야 한다고 생각했다. 참여자는 나이나 직업에 상관없이 여러 부류의 사람들이 참여하는 것이 좋을 것으로 생각하고 서점의 정체성도 반영되어야 하기에 문학을 우선하여 고려하려고 노력했다.

2021년, 이 사업에서 기획한 두 개 프로그램 중 하나는 '명화(그림책) 속 꽃 주제로 꽃꽂이 배우기(2회)'와 또 하나는 "내가 말 안 했나? 일단 쓰라고" 시 모임이었다(총 3회). 책인감 인근 상인 중 꽃가게를 운영하며 전문 자격을 가진 대표와 꽃꽂이 프로그램을 기획하되 이왕이면 책과 연계하기 위해 그림책 혹은 명화에 나오는 꽃을 주제로 했다. 꽃꽂이 프로그램의 반응은 정말 좋았다. 일상에서 기념일에 꽃을 선물하기도 하지만, 꽃 그림을 주제로 직접 꽃꽂이하면서 느끼는 힐링과 재미는 '생활문화'에 어울리는 강좌가 될 수 있었다.

다른 하나는 시모임으로 서점의 문학 정체성에 어울리기도 했지만, 제목처럼 "내가 말 안 했나? 일단 쓰라고" 시모임은 바쁜 현대인에게 부담 없이 시와 글을 써보며 문학을 즐기는 시간이 되었다. 시(에세이)를 쓰는 것이 거창하게 잘 써보려는 것이 아니라, 쉽게 즉석에서 써보는 시간을 통해 일상에서 문학을 만나는 시간으로 기획할 수 있었다.

서점이 갖는 문화적 이미지는 이런 지역단위 생활문화 프로그램에 어울리는 공간이 되기도 한다. 그래서 서점에서 기획한 문화 프로그램은 사업의 취지와 잘 어울리기도 하고, 주민들이 편안하게 참여할 수 있는 공간으로서 프로그램을 기획한다면 가장 적합한 공간이 될 것이다.

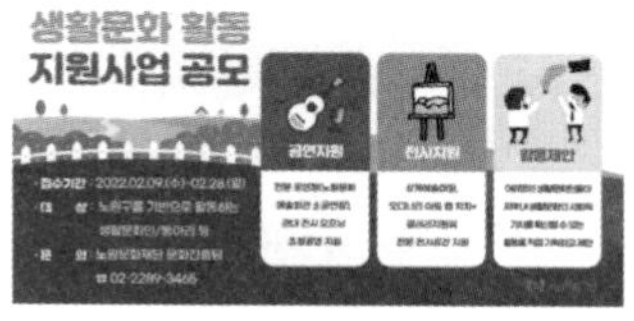

5) 노원문화재단 〈생활문화 활동 지원사업〉

- 2022 ~ 2024년 운영 중
- 2024년 〈생활문화 이야기 활동 지원사업〉으로 명칭 변경

☞ 노원문화재단에서 주관하는 생활문화 활동 지원사업은 매년 이름이

바뀌었지만, 세 가지 유형(공연/전시 지원, 활동 제안)으로 지원하고 있다.

☞ 노원구를 기반으로 활동하는 생활문화인, 동아리, 단체를 대상으로 하는데, 공연과 전시 지원의 경우 개인과 동아리를 대상으로 한다. 활동 제안 사업은 생활문화 단체가 대상인데, 생활 문화인과 동아리 등 3개 이상 단체를 구성하여 신청할 수 있다. 고유번호증이나 사업자등록증을 보유한 단체만 신청할 수 있으며, 노원문화재단 문화지도에 단체 등록을 먼저 해야 한다.

☞ 활동 제안 사업은 지역 내 생활문화의 사회적 가치를 확산하는 것을 목적으로 자유롭게 활동을 기획하여 신청할 수 있는데, 매년 2~3개 팀을 선정하여 팀당 300~500만 원을 지원하고 있다.

★ 책인감 사례

동네책방은 문화 공공재인 책 문화의 주요 공간이지만, 요즘 동네책방은 문화공간의 역할을 하는 경우도 많다. 〈생활문화 활동 지원사업〉은 노원구에서 활동하는 문화예술인들의 '전시와 공연'을 지원하고, '활동 제안' 프로그램을 통해 문화 프로그램 운영을 지원하고 있다.

어찌 보면 마을공동체 지원센터의 공간지원 사업과도 유사한데, 노원문화재단의 '활동 제안' 사업은 '문화'에 친화적인 사업이다. 특히 책인감은 동네책방으로서 활동 제안 사업 운영의 취지에 맞는 문화 프로그램 기획에 강점이 있어서 2022년, 2023년에 이어 2024년에도 선정되어 3년 연속 프로그램을 운영하고 있다.

2022년에는 2개 프로그램을 진행했다. 첫 번째 프로그램은 〈마을 문화 산책 & 함께 책 읽고 생각 나누기〉로 마을여행단과 협업하여, 경춘선숲길과 태릉, 강릉을 함께 걸으며 '책 읽은 생각' 나누는 시간을 가졌다. 총 3회에 걸쳐 진행했는데, 마을길과 문화유산 공간을 걸으며 책 이야기를 나누고, 시를 낭송하는 시간도 가졌다. 두 번째는 〈시인과 함께 마음에 남는 문장으로 시작하는 시와 에세이〉 프로그램이다. 총 4회에 걸쳐 글감을 찾아서 글을 쓰는 과정을 두 명의 시인(김은지/이소연 시인)과 함께 진행했다.

2023년에는 소설과 시 모임을 진행했다. 첫 번째 프로그램 〈나의 '작은 이야기'가 '소설小說'이 되는 시간〉으로 소설 쓰기 프로그램으로 기획했다가 실제 진행은 〈6주간의 세계 단편 일주〉라는 소설 읽기 프로그램으로 수정해서 운영했다. 최설 소설가와 6회로 진행한 소설 읽기 프로그램은 작가가 준비한 나라별 명작 단편 소설을 읽고, 소설과 작가에 관한 이야기를 나누는 시간이었다. 최설 작가와 실제 진행을 상의하면서 소설 쓰기로 모객하는 것보다는 읽기 모임이 모객하기에 수월한 것도 있지만, 처음부터 소설 쓰기 모임으로 시작하는 것보다 소설 읽기 모임으로 시작해서 쓰기 모임으로 이어가는 것이 무난하다고 생각했기 때문이다. 나중엔 지원사업 없이 책방에서 진행한 소설 쓰기 모임에 읽기 모임 참여자 7명 중 3명이 참여했으니 성공적인 방법이라 할 수 있었다.

두 번째 프로그램은 두 시인과 진행한 시모임 〈퇴고 연습〉이다. 책인감에서 두 시인과 진행한 여러 시 쓰기 모임에 참여한 사람들을 주 대상으로 그동안 쓴 시들의 완성도를 높이는 작업으로 기획한 프로그램이다. 퇴고 연습은 참여자들이 쓴 시나 쓰다 만 시들을 완성된 시로 만들어 가는 과정을 진행하고자 4회차로 기획했다. 참여자는 8명이었는데, 기존에 시 모임에 왔던 사람도 있고, 처음 참여한 사람도 있었다.

2024년에도 이 사업에 선정되어 기획한 프로그램은 이지혜 소설가와 〈쓰기 위한 읽기〉(소설 모임 3회), 이소연 시인이 진행하는 〈즉석 시詩 버거〉(시 창작 모임 3회, 이소연 시인과 초청 시인 1인으로 강사 구성)이다.

지역 문화재단과의 지원사업은 평소에도 지역 내에서 협력 관계에 있는 만큼 사업의 취지나 진행 방식, 선정 기준에 대해 비교적 잘 알고 있는 편이다. 활동 지원사업은 서점만 대상으로 하는 것이 아니라 공방, 협동조합, 마을 활동단체 등을 대상으로 하므로 동네책방으로서 신청 시 기획하는 프로그램에서는 어떻게 서점을 차별화하고 사업 취지에 맞출 수 있는지를 생각해야 한다. 2022년에는 문학 프로그램과 문학을 연계한 '문화 산책' 등으로 다양성을 강조했다고 하면, 2023년과 2024년은 시와 소설 관련 문학 프로그램으로만 기획했다. 만약 서점만을 대상으로 하는 사업이라면 다른 서점과 차별을 위해 문학 외에 다른 분야를 접목한 복합(요즘에는 융복합이라는 말을 많이 쓰지만) 문화 프로그램 기획이 차별성이 있다. 그러나 문화재단 '활동 지원사업'의 경우에는 다른 공간 운영 단체와 경쟁하다 보니 어설픈 복합 문화 프로그램보다는 서점의 전문성을 살린 '문학' 프로그램이 더 경쟁력이 있다고 생각했기 때문이다. 책인감이 3년 연속으로 되었기에 결과론적으로 성공적인 전략이었다고 생각될 수도 있지만, 어떤 사업을 기획하던지, 신청자인 그 기관, 단체, 개인의 전문성을 살린 기획이거나, 독특하게 융복합한 프로그램을 기획해야 할지를 고민해야 한다. 사업 취지와 그 사업에 참여하는 기관의 특성, 사업에 지원하는 대상 등을 고려해서 나의 전문성을 살릴지, 독특한 기획력을 살릴지 판단하는 것이 필요하다.

.

6) 한걸음에 닿는 동네배움터

- 2017 ~ 2024년 운영 중

☞ 동네배움터란 서울시, 서울시평생교육진흥원, 자치구가 함께 지역의 유휴공간을 지역 주민을 위한 학습공간으로 활용하여 주민이 원하는 생활 밀착형 평생학습 프로그램을 운영하고, 주민이 직접 참여하는 학습공동체 활동을 지원하는 등 서울 시민의 촘촘한 근거리 평생학습을 지원하는 사업이다. (2017년 교육부 행복학습센터 운영사업이 2017년 종료되면서, 동네배움터 사업으로 변경되어 현재까지 이어지고 있다).

☞ 서울특별시에서 주관하여 실시하고 있는 사업으로 서울특별시 평생학습과에서 담당하는데, 서울시와 자치구가 연계하여 보조금을 지원한다.

☞ 2021년 기준 서울 25개 자치구에서 동네배움터 170개소를 선정했다. 3년 차까지 계속 지원하는 사업으로 2021년은 신규 1년 차 58개소를 선정하는 것으로 진행했다.

☞ 동네공간 배움터 대상은 주민자치센터, 자치회관, 마을회관, 마을활력소, 학교 유휴공간, 작은도서관, 마을도서관, 서점(책방), 마을카페(북카페), 아파트 및 상가 유휴공간(시설), 주민 편의공간, 전시관, 갤러리, 소극장, 공방, 미디어 시설 등이다

☞ 배움터에 선정된 곳은 800만 원의 보조금을 받을 수 있었고, 사용할 수 있는 예산 항목은 프로그램 운영비(강사비, 재료비), 홍보비/다과비/공동체 활동비/회의 운영비, 줌 이용료 등으로 사용할 수 있다. 그러나 선정된 곳에는 기획비/활동비/대관료 지급은 불가하다.

★ 책인감 사례

2021년 지자체 담당자로부터 이 사업 안내를 받았다. 담당자가 직접 방문해서 사업을 설명하고 신청할 수 있는지를 문의했다. 사업 공모서와 신청서를 살펴보니, 800만 원이라는 꽤 많은 지원금으로 다양한 프로그램을 기획해서 진행할 수 있었고, 공간에 대한 기준으로 학습자를 수용할 수 있는 좌석과 테이블, 교육 기자재 등이 책인감이 갖추고 있는 장비에 적합해서 신청하는 것을 적극 고려했다. 그러나 기준을 자세히 살펴보니, 1인 기업으로서 책인감이 선정됐을 때 사업 진행에 따른 운영자의 인건비나 공간을 제공하는

데 있어 기획료나 대관료가 전혀 없는 사업이었다. 특히 책인감은 책방에서 내가 강사로 진행하는 것이 많음에도 불구하고(가게 운영 실무, 크라우드 펀딩, 엑셀, 출판유통, 과학, 와인 강좌 등) 대표자가 강의할 수도 없는 사업이었다. 나는 마을 사람들에게 유용한 강좌를 할 수 있다고 생각했지만, 내가 사업을 신청하면 내 강의를 할 수 없는 구조였다. 꼭 강의하지 못하더라도, 공간을 내주고, 내가 무상으로 기획과 모객, 진행 업무를 하며 사업을 신청할 수도 있지만, 서점 운영에 따른 수익성이 낮은 상태에서 그럴 수는 없었다. 이런 점을 담당자에게 이야기하고, 사업 신청을 하지 않았다.

그러나 다른 마을 활동단체는 나와는 다른 여건을 가지고 있기에 좋은 지원사업이 되기도 한다. 힌 공방은 이 사업을 신청해서 목공 체험 프로그램을 운영했는데, 나도 그 프로그램에 저렴한 비용(4회 참석에 재료비 4만 원을 냈지만, 그 이상의 목공 작품을 가져갈 수 있었다)으로 참여할 수 있어서 좋았다. 목공방의 사업 신청 사례를 살펴보면, 강사비를 지급하는 데 있어, 목공방에서 활동하는 인력을 최대한 활용해서 신청할 수 있었다. 정규 직원이 아니라면 강사료 지급에 문제가 없었기 때문에 이를 활용한 것이다. 물론 공방에서는 공방 공간과 장비를 무상으로 제공한 것이지만 강사비를 유연하게 쓸 수 있었다.

또 다른 신청 단체로 '협동조합'이 있다. 협동조합에 소속된 사람 중에는 생활예술 강사가 많았다. 바느질, 구연동화, 다양한 종류의 공방 분야 활동가 등이 속해 있기에 동네배움터 과정으로 그런 생활예술 강좌를 열고, 협동조합에서 활동하는 생활예술 강사를 활용하여 동네배움터에 필요한 다양한 생활예술 강좌를 진행할 수 있었다. 이는 동네배움터의 취지하고도 잘 어울린다고 할 수 있다. 다만 나처럼 1인 사업자로 운영하는 '자영업자'에게는 조건이 맞지 않을 뿐이다. 혹은 억지로 이를 신청하다 보면 예산 사용 기준에 따라 사업을 신청해서 기획하고, 모객하고, 진행하는 데 들이는 노력과 공간을 제공해 주는 비용을 전혀 보상받지 못하기 때문에 적합하지 않다는 것이다. 차라리 나는 강사로 참여하길 희망한다. 동네 주민들에게 필요한 강좌를 내가 해줄 수 있으면 강사로 참여하는 것이 더 적합해 보인다.

이를 위해서 내가 '지원사업'을 기획하는 능력뿐 아니라 강좌로 할 수 있는 프로그램과 진행 역량을 키우는 것도 필요하다. 꼭 공방 관련 기술이나, 예술 관련 자격을 갖고 있지 않더라도, 사업자에게 필요한 세무 신고 방법, 엑셀 팁, 사업 기획 방법 등을 강의하는 것은 어떨까? 평소에 내가 할 수 있는 강의 소개 자료를 만들어서 홍보한다면 동네 곳곳에서 이루어지는 '동네배움터' 강좌에서 강의하는 것은 어떨까. 혹은 강사가 아니라도 참여자로서 동네배움터에 참여하여 내가 할 수 있는 것을 찾아보는 것도 좋을 것이다.

7) 생활문화시설 인문 프로그램 지원사업

- 인문 프로그램 B2B 시스템 사용
- 2018 ~ 2023년 운영
- 2024년 문학기반시설 대상 〈길 위의 인문학〉, 〈지혜학교〉로 통폐합됨

☞ 생활문화시설 인문 프로그램 지원사업은 한국출판문화산업진흥원에서 주관하는 사업으로 2023년까지 운영했으나, 2024년 사업 통폐합 및 주관처 이관에 따라 한국문화예술위원회의 문학기반시설 대상 〈길 위의 인문학〉, 〈지혜학교〉로 통합되어 운영한다.

☞ 생활문화시설 인문 프로그램은 지역 생활문화시설과 인문활동가 협업을 통한 자생적 인문 활동을 촉진하기 위해 미 취업 인문활동가와 생활문화시설을 매칭(협의)하여 신청하는 사업이었다.

☞ 생활문화시설로 인증된 시설만 신청할 수 있으며, 작은도서관, 전시관, 마을회관, 평생학습관, 문학관, 지역서점이 그 대상이며, 지역서점의 경우 지자체 생활문화시설 인증을 받아야 했다. (※ 2023년에 인증 제한 없어짐)

☞ 프로그램은 강의형, 체험형, 커뮤니티형 등으로 문학, 역사, 철학(종교), 문화/예술, 인문기반 학제간, 융복합 분야를 기획하여 5개월간 총 75시간 진행해야 했다.

☞ 프로그램당 750만 원 정액 지원으로, 인문활동가 사례비 600만 원(시간당 8만 원 x 75시간), 생활문화시설에는 운영비 150만 원 지원(대관료, 임차비, 재료비, 교재 제작, 다과비, 홍보물 제작 등으로 사용할 수 있고, 대관료나 임차비로 최대 100만 원까지 진행 시설에 지급할 수 있다)

★ 책인감 사례

생활문화시설 인문 프로그램은 2018년에 처음 시작한 사업이다. 지역의 생활문화시설과 인문 분야 미취업 전공자가 서로 협업해 기획, 운영하는 인문 프로그램을 지원함으로써 생활문화시설에서도 다양한 인문 프로그램을 체험할 수 있는 계기를 마련하는 것을 목적으로 했다.

공모 대상 기관은 지역 문화원, 문화의집, 생활문화센터, 지역서점 등의 생활문화시설을 비롯해, 서원 및 향교와 프로그램 운영 공간을 갖춘 민간의 다양한 문화, 인문 공간이 대상이다.

나는 이 사업을 2021년에 처음 알았다. 사업 내용을 살펴보니, 실제 시설(서점)에 지원되는 금액은 대관료 100만 원이 최대였는데 강좌 시간이 75시간으로 1일 최대 강의 시간 3시간을 충족할 경우 최소 25회 진행해야 하는 부담이 있었지만, 그래도 대관료 지급이 가능했기에 검토 후 신청했다.

생활문화시설 인문 프로그램은 2가지 측면에서 책인감에 좋은 측면이 있었다. 우선 인문활동가에게는 75시간 강의를 통해 안정된 강의료를 확보할 수 있었고, 대학 강의처럼 긴 호흡의 프로그램을 진행할 수 있었다. 서점의 경우 대관료를 최대 100만 원 확보할 수 있었는데, 실제 대관 시간이나 노동력 제공 가치에 비해서는 적은 비용이지만 그래도 대관료를 인정받을 수 있었다. 그리고 참가자들이 참가보증금(노쇼 방지를 위한)으로 낸 비용을 음료나 다과로 제공했기에 카페를 병행하고 있는 책인감에서는 음료 판매의 부수적 효과도 기대할 수 있었다. 그러나 동네책방과 카페를 병행하고 있는 책인감에서 수업을 진행할 강의실이 따로 없으니, 공간을 나누어서 한쪽 공간을 수업에 활용하지만, 손님 이용에 얼마간은 방해받을 수 있고, 수업을 진행하는 처지에서도 영업 소음이 발생할 수 있다. 그래서 서점 내에서 프로그램 진행 시 공간을 구분하여 사용할 수 있도록 책장과 블라인드로 공간을 구분하여 사용하고 있다.

처음 신청한 2021년은 김은지 시인, 육호수 시인과 2개 프로그램을 기획해서 신청했는데 모두 탈락했다. 그때는 사업을 처음 신청할 때였고, 인문 프로그램 360이란 온라인 사이트에서 신청했는데, 회원가입부터, 인문활동가와 매칭하는 것이 매끄럽지 못했고, 사업에 대한 이해도가 낮아서 프로그램 기획서 작성에 아쉬움도 있었는데 두 프로그램 모두 탈락했다.

2022년은 김은지 시인과 〈질문의 시작법〉, 윤서비 연출가와 〈예술사 여행〉이란 프로그램을 기획해서 신청했다. 앞선 경험으로 인해 매끄럽게 프로그램 계획을 수립하고 사업 신청도 절차를 잘 준수하여 신청했고, 운 좋게도(?) 두 프로그램 모두 선정됐다. 김은지 시인과는 그동안 원데이 혹은 4회 정도의 시 창작 프로그램을 해왔는데, 75시간의 수업을 진행해야 해서, 하루 3시간 5회로 진행하는 시 창작 프로그램 5기로 기획했다. 제목에서 보듯이 〈질문의 시작법〉은 질문으로 시를 창작하는 방법을 가르치고, 다양한 시를 함께 읽고, 각자의 시를 쓰며 합평하는 방식의 수업이었다.

윤서비 연출가는 '예술인 파견지원 예술로' 사업을 통해 협업하던 예술가이다. 예술로에서 호흡이 잘 맞았기에 〈예술사 여행〉이란 프로그램을 기획해서 선정됐다. 부제는 '충격과 논쟁의 예술사 여행 - 괴팍한 예술가의 기괴한 작품들'이었는데 부제에서 느껴지듯이 다소 전문적인 내용이라 할 수 있었다. 〈질문의 시작법〉과 마찬가지로 진행 효율을 위해 '3시간 x 5회 x 5차수'로 운영했는데 모객에는 어려움이 많았다. 연극 연출을 하는 강사 팬(팔로워)의 참여를 기대하고, 색다른 인문 프로그램이 갖는 기대감이 있지만, 대중적인 강의는 아니라 모객에 어려움이 있었다. 특히 아쉬운 것은 한번 강의를 들은 사람이 다시 듣기에는 적합하지 않은 수업이었다는 것이다. 책방 손님이나 마을 주민들에게도 홍보하면 한번은 모르겠는데 3시간 5회차 과정 모두 참석에 대한 부담으로 신청을 꺼렸다. 그러나 한편으로는 이런 인문 프로그램이 지원사업 덕분에 할 수 있다는 점도 좋았다. 동네책방을 운영하면서 매번 인기 있는 대중 강연만 하고 싶지는 않다. 때로는 고전, 역사(현대) 등 깊은 인문학을 다루고 싶었는데 인문 프로그램이 그런 도움을 준 것이다. 〈예술사 여행〉을 진행하면서 모객의 어려움으로 인해 수업이 연기되기도 하고 온라인 강좌로 대체되는 경우도 있었지만, 다행히 기간 내 마칠 수 있었다. 차수가 뒤로 갈수록 책방보다는 강사가 중심이 되어 모객을 진행했는데, 다행인 부분은 사업을 마치고 결과보고서 작성 등에서도 강사와의 호흡도 잘 맞아서 사진 증빙이나, 내용 정리를 수월하게 진행할 수 있었다.

2023년에는 김은지 시인과 〈질문의 시작법 시즌2〉로 재차 선정되었고, 다른 프로그램으로 정소정 희곡작가와 기획한 〈마음을 위한 글쓰기〉는 탈락했다. 정소정 작가와는 책인감 협업 작가 중 한 명인 최설 소설가를 통해 소개받았는데, 원데이 클래스로 진행한 '희곡 낭송의 밤'이 너무 좋아서 함께 기획했다. 나는 '희곡' 프로그램을 희망했지만, 작가는 '글쓰기' 프로그램을 원했다. 결과적으로 탈락했지만, 나는 프로그램을 기획할 때 항상 차별성과 실행력에 중점으로 둔다. '희곡'은 희소성도 있고, 지역 주민 참여를 유도할 때 연극적 요소가 있어서 몰입을 잘 유도할 수 있는 것 같다. 그에 비해 '글쓰기' 프로그램은 너무 많아서 경쟁률이 높고, 차별성을 강조하기 어려운 점이 있다. 물론 좋은 글쓰기 프로그램은 참여자들의 몰입을 잘 유도하기도 한다. 그런데 문제는 인문 프로그램 지원사업의 신청 양식에서는 그런 차별성을 반영하기가 어렵다는 데 있다. 결과적으로 〈질문의 시작법 시즌2〉는 선정됐고(인문 프로그램은 기존에 좋았던 프로그램을 이어가면 평가에 가산점이 있었다), 〈마음을 위한 글쓰기〉는 떨어졌다.

2023년 〈질문의 시작법 시즌2〉는 기존 수업을 업그레이드하여, 매회 참여자들은 창작한 시 한 편을 가져와서 낭독 후 합평하고, 시 이론도 공부하는 시간으로 운영했다. 2023년 10월에 인문 프로그램을 마치고, 이후에는 김은지 시인과 책인감의 자체 프로그램으로 운영하고 있다. 이는 가장 모범적인 지원사업 사례이기도 하다. 사실 지원사업으로 운영하는 프로그램을 자체 프로그램을 이어가는 것은 정말 어려운 일이다. 지원사업에서는 참가비를 받을 수 없거나, 받더라도 재료비로 1만 원 이내로 해야 하는 경우가 많다. 질문의 시작법은 지원사업에서는 3시간씩 5회로 진행하면서도 다과를 무상으로 제공해 왔다. 참가비는 노쇼 방지를 위해 참가보증금 회당 1만 원을 받고 참가 시 돌려주거나 음료를 제공하고 차액을 돌려주기도 했다. 나중에는 주로 음료와 별도의 다과를 제공하는 것으로 했지만 실제 참가자에게는 참가비 부담은 거의 없었다. 자체 프로그램으로 운영하면서는 2시간씩 4회 과정으로 진행했는데, 참가비로 14만 원(2023년 기준 회당 3.5만 원)으로 정했다. 물론 유료 강좌로 진행하는 프로그램도 있지만(훨씬 더 비싼 경우도 많다), 지원사업으로 운영하던 동네서점 시 창작 프로그램을 유료화하기는 쉽지 않다. 그럼에도 2024년 11월까지 질문의 시작법은 매 차수 6~8명 정도 꾸준하게 신청하고 있다. 참가비는 강사와 책방이 일정 비율에 따라 나누고, 음료도 제공하고 있다. 이렇게까지 할 수 있는 데는 김은지 시인의 역할이 크다. 일단 시인의 팬(팔로워)들이 적극 신청하고 있는데, 4회짜리 시 창작 프로그램은 한 번으로 끝나는 것이 아니라 반복해서 참여가 가능한 강좌이기 때문이다. 오늘 시(글)를 쓰고, 다음 주에 또 시(글)를 쓰고 싶고, 항상 새로운 글을 쓸 수 있기 때문에 프로그램 지속성이 좋았다. 그래서 가장 어려움이라 할 수 있는 모객이 비교적 수월했기에 지금까지 잘 이어오고 있다.

2024년에는 예산 통폐합으로 인해 기존에 있던 도서관 및 문학관 등의기관시설을 대상으로 했던 〈도서관 길 위의 인문학〉 〈도서관 지혜학교〉와 통폐합되어, 주관기관은 '한국문화예술위원회'로 변경되었고, '문학기반시설'을 대상으로 〈길 위의 인문학〉 〈지혜학교〉를 2024년 4월에 공모했다. 그런데 통폐합으로 문학기반시설에 도서관, 문학관을 비롯하여 생활문화시설(지역서점 포함) 포함하고 있지만, 지원 내용은 주로 도서관의 기관 대상 기준을 적용하니, 민간 영역인 서점에는 비용 지원(대관료나 기획/진행 인건비)은 전혀 없으면서도 관리를 위한 많은 업무를 부여하고 있어 논란이 되고 있다.

2024년 〈길 위의 인문학〉 〈지혜학교〉의 운영 기준은 도서관 대상 기준으로 만들어지면서 자체 시설에 지급할 수 있었던 대관료 항목이 없어졌다. 또한 사업 운영에서 선정 기관에 많은 서류 작업과 증빙을 요구하고 있는데, 이는 세금을 사용하는 지원사업의 투명성 관리 측면이라 그 자체에 문제는 없다. 그러나 기관은 직원 업무량이 늘어나는 문제지만 자영업자(서점이나 공방 등)는 생업에 지장을 주는 문제가 된다. 보상 없는 과도한 업무는 사업자의 수익 운영에 문제를 야기할 수 있다. 관리 업무량이 많지 않다면 선의로도 사업을 진행할 수 있지만, 〈길 위의 인문학〉 사업에서는 보조인력만으로는 감당할 수 없는 업무를 선정 단체에 요구하고 있다. 어떤 일을 하든, 하물며 취미로 하더라도 또 하고 싶은 마음이 들어야 하는데, 이런 지원사업에서는 다시는 반복하고 싶지 않을뿐더러 내 가게가 생존하는데 위협이 되기도 한다.

지원사업을 신청하는 데 있어, 공모 안내서가 이를 충분히 설명해 주면 좋겠지만 사전에 알지 못하는 어려움이 사업을 진행하면서 발생하기도 한다. 이런 문제점들이 즉시 개선되면 좋겠지만 당장 올해 사업 기간 내 개선은 어렵고, 다음 사업에 반영하는 것이 최선인 경우가 많다. 그러나 그마저도 민간 영역에 대해 배려는 적용하기 쉽지 않지만, 공공 지원사업이 민간 대상을 확대하는 경우가 많아지니 충분한 사전 검토와 피드백을 통해 개선해 나갔으면 하는 바람이다.

※ 2024년 문학기반시설 〈길 위의 인문학〉 〈지혜 학교〉

☞ 2024년은 사업 통폐합으로 한국문화예술위원회와 한국도서관협회에서 주관하는 사업으로 진행

☞ 대상 참여 기관은 문화시설로 공연시설(공연장, 영화상영관, 야외 음악당 외), 전시시설(박물관, 미술관 외), 도서관, 지역문화활동시설(문화의 집, 지방문화원 외), 생활문화시설로 평생학습관/평생학습센터, 지역영상미디어 시설, 지역서점 등이 있다.

☞ 모임 인문 분야는 문학, 역사, 철학(종교), 문화/예술, 사회과학 계열, 자연과학 계열, 융복합이 있다.

☞ 〈길 위의 인문학〉은 문화시설이 인문학 프로그램을 자체 기획하여 신청하는데, 2명 이상의 인문학 강사를 포함해, 강연, 탐방(체험), 후속 모임 등으로 10회 이상 자유롭게 구성할 수 있다. 필수 프로그램으로 탐방(4시간)과 후속 모임을 포함하여 기획해야 한다.

☞ 〈지혜학교〉는 인문 강사 1명이 대학 교양 수준의 인문 심화 프로그램을 제안하고, 문화시설이 선택하는 매칭 과정을 통해 신청하는 사업으로 총 12회차 이상의 프로그램을 기획해야 한다.

☞ 이는 기존 생활문화사실 인문 프로그램을 비롯한 도서관 등에서 진행하던 여러 프로그램을 통합한 것인데, 프로그램 전반적인 기준은 도서관에서 진행했던 〈도서관 길 위의 인문학〉, 〈도서관 지혜학교〉의 기준을 대부분 따르고 있다.

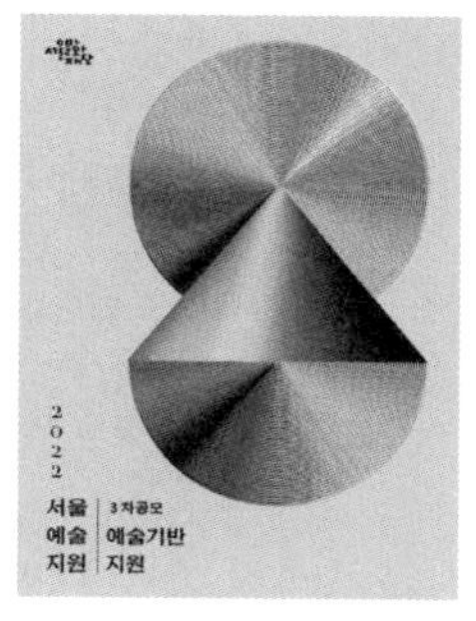

8) 서울예술지원 예술기반지원 공모 _ 창작예술공간 지원

☞ 서울문화재단에서 주관하는 예술 분야 지원사업이다. 예술인의 창작 활동을 지원하는 사업이다.

☞ 창작예술공간지원사업은 예술활동의 기반이 되는 창작예술공간 임차료 지원을 통해 안정적 활동거점 확보 및 창작 활성화를 도모하는 서울시에 있는 공간에 대한 월세 임차료 지원사업이다.

☞ 2021년 기준 지원 대상은 창작 활동을 목적으로 하는 서울시에 있는 민간이 월세로 운영하는 작업실/연습실과 예술가에게 창작활동 공간을 제공하는 서울시에 있는 문화예술공간이며, 2022년 변경된 지원 기준 대상은 창작예술활동을 목적으로 서울시에 있는 공간을 월세로 임차해 사용하는 예술인/민간단체/공간운영자/공간운영단체이다. 지원금은 1개소당 최장 6개월 순 임차료를 최대 1,000만 원까지 지원한다.

★ 책인감 사례

이 사업에 신청하면서, 책인감이란 공간이 예술가의 창작활동 공간으로 명확하게 정의할 수는 없었다. 개인사업자로서 서점 공간이지만 카페(일반음식점)이기도 하고, 1인 출판사 공간이기도 했다. 그러나 그동안 예술인파견지원 예술로 사업을 몇 년째 운영하고 있었고(2019년 ~ 2022년), 예술가들이 협업하는 기관으로 역할하고 있었기에 예술활동 공간이 아니라고 할 수는 없었다. 특히 2021년과 달리 2022년 지원 대상에서는 통폐합에 따른 공간운영자/공간운영단체가 대상으로 되었기 때문에 신청서를 꼼꼼히 살핀 후에 작성해서 신청했다.

책인간 공간은 예술인이 직접적으로 사용하는 연습실이나 작업실은 아니었다. 그러나 내용을 살펴보니 책인감도 선정될 수 있는 공간이라 생각하고, 체크 사항을 하나하나 확인하면서 파워포인트로 세부 계획서 20장을 꼼꼼하게 작성해서 제출했지만, 결과는 탈락이었다. 심사 과정에서 내가 제출한 기획서에 대해 어떤 평가를 했는지는 알 수 없지만, 다른 예술활동공간에 비해 장소적 당위성이 부족했던 것도 사실이다. 탈락 가능성이 높은 사업이더라도 실제 세부 계획서를 작성하다 보면 내가 부족한 점이 명확하게 드러나고, 개선할 수 있는 부분을 알 수 있기도 하고, 개선하기 어려운 부분도 비교적 명확하게 알 수 있게 된다. 그러므로 사업에 신청하고, 기획서를 작성하는 과정을 통해 이를 알아가는 것도 중요한 배움이 되기에 이 사업을 신청한 것이 나에게는 많은 도움이 됐다.

9) 모두의 생활문화 _ 생활문화확산 협력단체

- 2023년

☞ 지역문화진흥원에서 주관하여 공모한 사업으로 2023년 생활문화 활성화 사업에는 3가지 유형으로 공모했는데, 그중 '기초단위 생활문화 확산 사업 〈모두의 생활문화〉'에 노원문화재단이 선정됐다.

☞ 노원문화재단에서는 〈모두의 생활문화〉 사업에 신청하면서, 생활문화 확산 협력단체 5개 이상을 포함해야 했는데, 그중 책인감이 동네서점 대표로서 포함됐다(총 7개 협력단체가 포함).

☞ 전국 11개 지역을 선정하여 지역당 150백만 원~200백만 원을 지원하는데, 서울에서는 유일하게 노원문화재단이 선정됐다.

☞ 노원문화재단 협력 단체로 연극, 공방, 공예, 지역활동단체, 지역서점 등 7곳과 협업한 프로그램을 기획하고, 2023년 10월에는 '생활문화 축제'를 통해 다양한 공연과 전시, 북토크, 부스 운영을 지원했다.

★ 책인감 사례

지역문화진흥원에서 주관하는 〈모두의 생활문화 활성화〉 지원사업은

2022년까지는 민간 단체도 포함하여 공모 대상으로 진행했으나, 2023년은 자치구 문화재단 등의 기관만을 대상으로 공모했다. 2023년 사업 공모 단계에서 노원문화재단 담당자의 방문을 받았다. 이 사업을 신청하는 데 있어 '협력 단체 5개' 이상을 포함해야 하는데 책인감이 그중 하나가 될 수 있냐는 것과 함께하면 어떤 프로그램이 좋을 것인지 문의를 받았다. 나는 함께 할 수 있는 여러 프로그램을 제안했다. 특히 공모 대상이 지역자치단체 문화재단인 만큼 동네서점 책인감 한곳이 아닌 여러 동네책방을 참여시키고 책인감을 대표 협력 업체로 제안했다. 즉, 책인감에서만 프로그램하는 것이 아니라 노원구 내에 있는 동네서점 3곳(책인감, 지구불시착, 책방봄)을 포함하되 협력 단체는 책인감을 대표로 하자고 했다. 담당자는 책인감을 비롯한 다른 여러 문화 단체를 섭외해서 7개 협력 단체를 포함한 신청서를 작성했고, 최종 선정됐다. 11개 선정 기관 중 서울에서는 유일하게 노원문화재단이 선정되었으니, 재단의 기획 방향이 잘 맞아떨어진 것이다.

사업 기간은 2023년 4월부터 11월까지 재단 주관 행사를 비롯해, 7개 협력 단체에서는 각각 주민을 대상으로 한 프로그램을 진행했다. 책인감을 비롯한 3개 서점에서는 각각 200만 원의 지원금을 받았다. 책인감은 〈내 한 편의 단편〉이라는 소설 쓰기 프로그램을 8월부터 10월까지 8회차 과정으로 진행했다. 총 6명이 참가했고, 최설 작가가 강좌 6회를 맡았고, 내가 2회 출판 유통 과정을 맡아서 진행했다. 지원사업 예산 규정상 협력 단체에는 직접 지원금 지급이 불가했으며, 최설 작가에게는 강사료를 지급하고 나는 강사료를 받을 수 없었다. 대신 참가자들에게 음료와 책을 판매할 수 있었고(유료 참가비를 받을 수 없었으나, 참가보증금으로 회당 1만 원씩 받고, 참가했을 때 음료나 다과로 제공하거나 책 구매에 사용할 수 있게 했다) 협력 단체로 등록되지 않은 지구불시착과 책방봄은 대표자도 강사비 등을 지급할 수 있었다. (지구불시착의 경우 대표자가 일러스트 작가이자 저자로서 프로그램 강사로 참여했고, 책방봄은 문학 프로그램 초청 강사에게 지급했다)

3개 동네서점을 비롯한 다른 협력 단체(목 공방, 미술 공방, 연극단체 등)도 각자의 프로그램을 운영했으며, 10월에는 생활문화 축제를 함께 진행했다. 지역 내 '여성공예센터' 마당에서 진행한 축제에서는 협력 단체 뿐 아니라 노원구 도서관, 생활동아리 단체 등 수십 개의 기관/단체/모임이 참여한 생활문화 축제를 진행했다. 세 곳 동네책방은 부스 운영을 통해 책을 판매하기도 했고, 시인들의 북토크, 동네책방 지기들의 북토크 등을 통해 프로그램에도 참여했다.

◆ 기타 지원사업

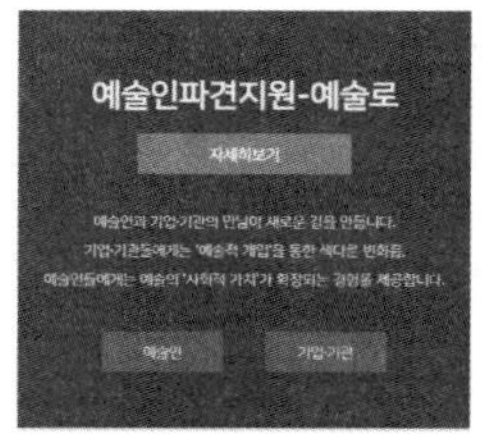

1) 예술인 파견지원 사업- 예술로 사업

- ~ 2024년 운영 중

☞ 예술인복지재단에서 주관하는 예술인 파견지원 사업-예술로 지원사업은 예술인과 기업 간 예술협업 활동을 지원하는 사업이다.

☞ 매년 약 1천 명의 예술인과 200개 기관을 선정해서 6개월간 활동을 지원하는 비교적 큰 지원사업이다.

☞ 예술인에게는 6개월간 활동비(리더 예술인 월 140만 원, 참여 예술인 월 120만 원)를 지원하고, 기업에게는 예술적 개입을 통한 이슈 해결 기회를 제공하는 데 금액 지원은 별도로 없다.

☞ 지원 유형은 3가지로 '기획사업', '협업사업', '지역사업'이 있다. 기획사업은 사전에 예술인과 기업/기관이 기획한 협업 주제를 추진하는 사업이며(2024년부터 2track으로 변경하여 운영), 협업사업은 기업/기관이 예술인과 각각 선정된 후에 매칭하여 이후에 상호 협의된 협업 주제로 활동하는 사업이다. 지역사업은 운영기관으로 선정된 광역 문화재단이 자율적으로 기업/기관 및 예술인을 선정 후 활동하는 사업으로 수도권 외 지역이 대상이다.

★ 책인감 사례

예술인 파견지원 사업_예술로 사업은 우연한 기회에 시작한 사업이다. 2019년 2월, 서정연 시인이 처음 찾아와서 사업 신청을 제안했다. 나는 전혀 모르는 상태였지만, 예술로 사업이 예술인들과 기관/기업이 협업하여 예술적 가치를 실현하는 사업으로 기획사업과 협업사업 두가지 유형이 있는데 기획사업을 함께 신청하자는 것이었다. 서정연 시인이 리더 예술인, 참여 예술인 3명이 각각 문학, 연극, 미술, 영화 분야의 예술인이 모여 1인 기업 책인감과 함께 지역의 문화예술활동을 기획해서 제출한 것이었다. 당시에 나는 지원사업 신청 경험이 별로 없었기에 리더 예술인의 기획 제안을 그대로 따랐고 결과적으로는 탈락했다.

그러나 예술인들의 제안에 따라 각자 협력사업 참여 예술인으로 신청하고, 나도 협력사업 기관으로 병행해서 신청했는데, 협력사업에는 선정되었다. 얼떨결에 선정되었는데, 협력사업은 기획사업과 달리 사전에 기획한 사업이 없으니, 기관으로 선정되었지만 뭘 할지는 모르는 상태였다. 절차를 보니, 먼저 퍼실리테이터 예술인과 매칭을 해야 하는 데 기관으로 등록된 내용을 보고, 선정된 퍼실리테이터 몇 명으로부터 연락이 왔다. 퍼실리테이터는 1~3순위로 기관에 신청할 수 있는데, 연락이 온 퍼실리테이터와 상담한 후에 어떤 예술 사업을 할지를 매칭했다(시스템에서 기관과 퍼실리테이터가 상호 우선순위로 매칭한 후에 선정된다).

매칭된 퍼실리테이터와 사업설명회와 예술인 매칭 데이에 함께 참여했다. 전체 사업 규모는 기관 200개소, 예술인 1,000명이 참여하는 사업인데, 기획사업에 선정된 예술인과 기관을 제외하고, 협업사업 대상 기관과 예술인들이 모여서 매칭하는 것이다. 책인감 퍼실리테이터는 활동명 '도저'라는 미술과 사진 분야 예술인이었다. 예술로 사업 경험이 풍부해서 나와 의견이 잘 조율되고 참여 예술인 4명을 매칭했다. 미술 3명, 영화 1명 등 시각 예술분야의 사람들을 위주로 확정했다.

이 사업은 참여 예술인들이 월 30시간 이상 예술로 관련 활동을 하는 것이다. 그중 함께하는 활동이 50% 이상(15시간)이어야 하는데, 여러 예술인이 함께 모이는 것도 쉽지 않고, 개성 강한 예술인들을 한데 묶어서 예술적 성과를 내야 하니 쉽지는 않다. 그래서 퍼실리테이터(나중에는 리더 예술인으로 명칭 변경)가 예술인들과 기업 사이에서 중재를 잘해서 예술적 활동이 기업과 지역에 기여할 수 있도록 해야 한다. 예술인들에게는 이 사업이 생계지원의 수단이기도 하다. 5~6개월간 월 30시간 활동으로 참여 예술인은 월 120만 원, 리더 예술인은 130만 원(이후 140만 원으로 상향)이 지급되기 때문이다. 기업은 금전적으로 지원을 받지는 않지만 예술활동의 결과물을 공유할 수 있다. 단, 저작권 등을 해지치 않는 범위에서 공유가 가능하다.

2019년 예술로 사업을 통해서 마을 상가 지도를 제작하고, 책인감 및 동네책방 홍보 영상을 제작할 수 있었다. 마을 상가 지도는 책인감을 비롯한 경춘선숲길공원 상인회 소속 20개 상점의 점포를 예술인들이 직접 그림으로 그려서 경춘선숲길 상가 지도를 제작했다. 인쇄비용은 각 상인이 각출했지만 가장 큰 비용이 드는 디자인은 사업을 통해 제작할 수 있었다. 또한 책인감 홍보 영상물과 서울의 동네책방 6곳의 홍보 영상물을 제작할 수 있었다.

첫 예술인 협업사업이었고, 사업의 취지 자체가 예술인들의 활동을 지원하는 사업이기에 기관의 요청 사항이 아니라 예술인들과의 협의를 통해 진행했지만, 책인감에도 도움이 되는 방향으로 예술활동의 방향이 정해져서 좋았다.

다음 해인 2020년에 사업 신청을 위해 퍼실리테이터였던 도저에게 연락했지만, 그해에는 예술로 사업을 진행하기 어렵다고 해서, 책인감은 협업사업으로 다시 신청했다. 내심 전년에 같이 했던 예술인들과 사전에 기획한 사업으로 진행하는 기획사업 신청을 기대했지만, 예술인들의 사정도 있으니 다시 신규 협업사업으로 신청했다.

책인감은 협업사업으로 재차 선정됐고, 퍼리실테이터에서 명칭이 바뀐 리더 예술인 차병호 연극연출가와 매칭이 됐다. 참여 예술인으로 연극연출가 윤서비, 무용 위성희, 연극 빅미리, 미술 김정혜까지 5명의 예술인과 함께 사업을 진행했다. 그런데 2020년은 코로나19로 인해 모든 활동에 어려움을 겪던 시기였고, 예술로 사업도 6개월의 진행 기간 대부분 줌 회의 등 온라인으로 활동하면서 영상물을 만들고, 마지막 달에는 책방에서 라이브 방송을 통해 공연/전시를 송출하는 것으로 진행했다. 사실 책인감에 실질적인 도움이 되지는 않았다. 예술활동을 가능하면 지역으로 확장하여 주민들에게 예술활동을 가까이 접할 기회가 됐으면 하는 바람이었지만 여건은 그렇지 못했다. 또 하나 아쉬운 점은 예술로 활동에 가능한 기업의 입김이 작용하지 않게 하다 보니, 기업(책인감은 1인 기업이라 기업 문화를 위한 것이 아닌 지역 문화에 도움이 되는 예술활동이었으면 하는 바람)의 요구보다는 예술인들의 활동에 치우쳐 있다는 것이다.

그래서 2021년은 사전에 기획한 사업으로 하는 기획사업에 신청했고, 새로운 예술인들과 진행하는 협업사업은 신청하지 않기로 했다. 또한 기획사업 내용에서도 좀 더 책 문화를 포함하기 위해 김은지 시인이 팀으로 합류했다. 책인감 예술로 기획사업에서는 최대 인원인 6명까지 가능했는데, 리더 예술인 연극연출 차병호, 연극연출 윤서비, 무용 위성희, 배우 박미리, 안무가 유재미, 시인 김은지가 참여했다. 이 때는 책방에 어울리는 문학을 접목한 다원예술을 적용한 프로그램으로 예술활동을 할 수 있어서 좋았다.

이후 2022년까지 4년 연속으로 책인감이 선정될 수 있었는데, 예술인의 경우 3년 연속 참여하면 1년은 무조건 빠져야 해서, 참여 예술인이 조금 바뀌기는 했지만, 전체적인 기조를 유지하면서 이어갔다.

그러나 참여기관으로서 연속해서 선정된 책인감은 2023년과 2024년은 기획사업에서 탈락했다. 앞서도 말했지만, 책인감은 기획사업만 신청하고, 새로운 예술인들과 처음부터 다시 해야 하는 협업사업에는 신청하지 않았다. 그동안 책인감에 금액 지원은 하나도 없지만, 예술인을 지원하는 역할을 하면서 나름 재밌기도 하고, 도움도 된 사업이다. 예술활동 결과물을 공유하는 것도 좋았지만 다양한 예술인들과 교류하는 것이 좋았다. 여러 분야 예술인과 교류하니 예술로 사업이 아니어도 다른 사업에서 함께하기도 하고, 서로

도움도 많이 주고받을 수 있었다.

앞으로도 기회가 되면 예술로 사업은 의미 있는 사업으로 지속하고 싶은 마음이다.

24 길 위의 인문학 인문교육콘텐츠 개발 지원 사업(1.탐구)

☞ 출판문화산업진흥원에서 주관한 사업으로 '길 위의 인문학 인문콘텐츠를 개발 지원하는 사업이다. 인문 분야 창의적/전문적 연구와 출판기획을 연계하는 서적, 전자책, 디지털콘텐츠, 융합콘텐츠 등 대중과 소통하는 다양한 콘텐츠에 지원하는 사업이었다.

☞ 2021년은 전시, 공연 등 인문 융합콘텐츠 개발 분야로 확장했다.

☞ 연구자가 연구 주제를 선정하고, 출판사의 기획과 매칭하여 지원하는 방식인데, 3단계로 진행하는 사업은 첫해 1) 탐구, 이듬해 2) 실행, 그다음 해 3) 심화 단계로 구분하여 우수 콘텐츠 양성을 지원하는 사업이다.

☞ 연구자와 출판사가 협의하여 연구자는 연구 제안서를 제출하고, 출판사는 연구 제안서를 기초로 한 사업계획을 연구자와 상호 협의/동의 후에 출판사가 한국출판문화산업진흥원에 제출하는 방식이다.

☞ 지원 분야는 역사, 철학, 사회문화, 예술 분야로 근현대(1900년 이후) 한국 사회와 한국인에 대한 조명과 이해를 담은 주제이다.

☞ 2020년 기준으로 1단계(탐구)에 선정된 58건에 대해서는 1천만 원 지

원(출판사에 지급)한다.

★ 책인감 사례

〈길 위의 인문학 인문교육콘텐츠 개발 지원 사업〉은 한국출판문화산업진흥원 사업 공고를 살펴보는 중에 알게 됐다. 책인감은 서점이자 카페인 동시에 출판사이기도 한데, 사실 출판사를 등록한 이유는 내가 쓴 책을 출간하기 위해서였다. 내가 갖고 있는 기획 아이디어를 출판콘텐츠로 확장하고자 출판사를 등록했고, 지금까지 내 책 세 권을 출간했고, 회원들의 책을 만들거나, 지역 주민의 출간을 돕는 활동도 조금씩 해오던 중이었다.

책인감이 전문 출판사보다는 내 책을 내면서 경험한 출판 과정. 특히 글을 쓰고, 출판 디자인하고, 유통하는 정도였다. 한국출판문화산업진흥원의 출간지원 사업 '우수출판콘텐츠제작지원' 사업에도 몇 번 신청했지만, 매번 떨어졌기 때문에 출판지원 사업에 대해서는 큰 기대를 하지 않았다.

그런데 〈길 위의 인문학 인문교육콘텐츠 개발 지원 사업〉을 알게 된 시점에서는 책인감 자체 강좌로 '독립출판으로 나만의 책 만들기' 강좌를 열고, 참여자들에게 출판유통에 대해서도 강의할 때였다. 그때 수업을 듣던 수강생 중에는 이 사업에 어울리는 연구 주제를 갖고 있으면서 출판 의지가 있던 수강생들이 있었다. 나름 전문가이지만 출판 경험이 없어서 내 강의를 들으며 출판 의지를 갖추고 있었다.

이 사업은 출판사와 저자가 협업하여 사업신청서를 제출해야 했는데, 세

사람과 4개의 주제로 신청서를 작성했다. '근현대 한국음악사와 함께한 김중섭 연구', '조선왕조 궁중음식' '소비문화 변화에 따른 여가트렌트 동향(코로나시대: 소비문화에 따른 여가트렌드)', '한국무용 설명서 : 근현대 한국무용은 음악인의 만남으로 새롭게 시작된다' 라는 4개의 주제로 신청서를 작성해서 제출했다. 그러나 4개 모두 탈락했다. 탈락 결과를 분석해 보면 연구 주제들은 모두 좋았다. 사업 취지에 맞는 연구 주제를 잘 선택했지만, 내가 출판사로서 전반적인 사업기획서를 잘 작성하지는 못했다고 생각된다. 나도 경험이 없던 일로, 처음 이런 주제의 계획서를 작성하다 보니 사업기획서 작성이 미숙했다고 생각된다. 항상 사업기획서를 작성할 때면, 특히 첫 시도에서 만족스럽게 작성하는 경우는 드문 것 같다. 아무래도 사업 취지를 파악하고, 어떤 업체들이 신청하고, 어떤 주제나 어느 정도 수준의 기획이 선정되는지 알 수 없는 상태에서 작성하다 보면, 첫 시도에서 그 분야를 잘 모르는 내가 기획서를 제대로 작성한다는 것은 쉽지 않다. 그러나 이런 실패의 과정을 거쳐야만 다음에 개선할 여지가 있다. 한번 써보고 탈락할 때 중요한 것은 내가 어느 정도 수준인지 파악하는 것이다. 내가 다음 해까지 개선할 수 있는 것이라면 나에게 기회가 올 것이다. 다른 한편으로 내가 개선하기 어려운 것을 아는 것도 중요하다. 어떤 것은 내가 따라가기 어려운 전문성도 있고, 어떤 것은 실제 내가 진행하기에 어려운 점이 많다는 것을 알아가기도 한다. 내가 갖고 있는 역량은 분명 제한적이다. 모든 것을 시도할 수는 없으므로 내가 가진 역량의 크기와 위치를 아는 것이 중요하다. 그렇게 나를 알기 위해서라도 사업기획서를 작성하며 시도해 보는 것이다.

이 사업은 연구 주제에 따라 저자에게도 좋은 기회가 되고, 출판사로서도 좋은 기회가 될 수 있는 사업이라 생각되어 다음 해를 무척이나 기다렸던 사업이다. 그러나 아쉽게도 2021년에는 이 사업에서 내가 신청할 수 있는 '1단계 탐구' 영역은 진행되지 않았다. 2~3단계만 진행되고, 새로운 연구 공모 주제는 진행하지 않았다.

3) 코로나19 예술 지원 〈ART MUST GO ON〉

- 2021년

☞ 서울특별시가 후원하고 서울문화재단이 주관한 사업으로 '코로나19'의 장기화로 인한 예술활동을 지원하고, 온라인 기반 예술창작활동을 지원하는 사업이었다.

☞ '코로나19 예술 지원 〈ART MUST GO ON〉' 지원사업으로 선정된 창작활동 결과물은 지정된 온라인 플랫폼에 일정 기간 공유해야 한다.

☞ 2020년에 비해 2021년은 자부담 편성 의무 폐지와 장르별 심의, 지원금 사용 가능 항목 확대로 기준이 개선되었다.

☞ 사업 대상은 '온라인 미디어 예술활동'을 진행하고자 하는 예술인 및 단체이며, 사업으로 진행할 예술창작활동의 미디어 프로젝트 결과물을 지정

된 온라인에 공유할 수 있는 예술인(단체)이며, 서울에 주거하거나 활동하는 예술인이어야 한다.

☞ 지원 내용은 총 50명(팀) 내외로 창작지원금 최대 6천만 원, 창작활동비 300만 원으로 창작활동비는 창작자의 창작 과정 전반의 활동을 인정하여 지원하는 금액으로 선정자(단체)별 정액 300만 원을 교부한다.

★ 책인감 사례

서울문화재단에서는 코로나19의 장기화로 인해 대면 활동이 어려워진 예술인들을 위해 '온라인' 플랫폼에서의 예술활동을 위해 지원한 사업이었다. 사업 신청은 예술로 협업사업을 함께하던 예술인들과 팀을 구성해서 신청했다. 이 사업에서 내 역할은 많지 않았는데, 그동안 함께한 예술로 기획사업 멤버들이 기획하면서 나를 예술 기획자로 포함한 것이다. 내가 책인감을 통해 다양한 문화예술 사업을 기획해왔지만, 이 사업에서 내 역할을 조금만 했기에 약간은 '숟가락만 얹은' 기분이 들기도 했다.

이 사업에서 기획한 주제는 '책 영화 상영회 및 온라인 라이브 문학 버라이어티 쇼'로 〈푸른 이빨이 빛나는 밤에 season2〉라는 제목으로 진행했다. 프로젝트 그룹 예인감 x 책인감으로 신청했는데, 김은지 시인이 대표자를 맡고, 2021년 책인감 예술로 사업 멤버들이었던 6인의 예술가와 책방지기인 내가 참여한 사업이었다.

6인의 예술가들이 제작한 영상 콘텐츠를 온라인 기반 문학 행사로 진행하고, 책 영화 콘텐츠를 10개(15분 내외 영상), 문학 시프팅이란 영상을 만들어 책인감 유튜브에 게시하고, 마지막에 라이브 문학 버라이어티 쇼를 진행한 사업이었다. 실제 영상물을 제작하는 과정에서는 예술인들이 다양한 시도로 완성도 높은 영상물을 제작했고, 이를 책인감 유튜브에 게시했다. 마지막 라이브 쇼에서는 책인감 공간에서 영상을 상영하고, 이를 라이브로 방송하는 과정을 통해 온라인 방송을 했다.

대부분의 일들이 예술인 주도로 이루어졌지만, 한편으로 배우는 것이 많았다. 영상제작의 과정을 같이하지는 않았지만, 영상제작물을 함께 품평하고, 게시하는 과정에서 책방의 '문학' 콘텐츠 확장을 비롯해서 온라인 플랫폼에 대해 배울 수 있었다. 그리고 실질적인 지원금도 있었다. 개인당 창작활동 지원금 300만 원이 정액으로 지원되었기에 나도 그 혜택을 받을 수 있었다.

책인감을 운영하며 대부분 지원사업에서 신청 주체가 되어 일은 많이 하고, 공간도 제공하는 데 그 보상이 적었던 적이 많다. 그런데 이처럼 예술활동가로서 지원사업에 참여할 경우 활동비를 비롯한 인건비로 지원받을 수 있기 때문에 문화예술활동가로서도 참여할 기회를 가졌으면 한다. 나 또한 예술 분야 기획자로서 참여할 수 있고, 책을 주제로도 예술과 접목할 수 있기 때문이다.

4) 코로나19, 예술로 기록

- 2021년

☞ 한국문화예술위원회 주관으로 2021년 '코로나19'로 예술활동에 어려움을 겪는 예술인들의 생활과 예술활동 활성화를 돕고자 진행한 사업이다.

☞ 사업 목적은 '코로나19'로 변화된 우리의 일상적/사회적 상황을 예술가들의 창의적 시선으로 포착하고, 다양한 예술적 표현 양식으로 기록하며, 그 기록과 결과를 공유함으로써 사회적 정서 치유와 시대적 연대감 회복에 이바지하고자 했다. 특히 '코로나19'의 장기화로 창작활동에 어려움을 겪고 있는 예술가들을 직접 지원하여 창작활동에 활력을 불어넣기 위함이 컸다.

☞ 신청 대상 예술인은 최근 5개년간(2017년 ~ 2021년 9월) 대표적 예술활동 경력 증빙이 가능한 예술가(개인 또는 팀 참여 가능)이다.

☞ 지원 내용은 창작 활동에 따른 정액 지원으로 1인당 200만 원으로, 팀으로 참여시 팀 참여 개인당 200만 원을 지원한다. 총지원금은 40억 원으로 2,000명의 예술인을 선정했다.

☞ 신청 분야는 문학, 시각예술, 공연예술 분야로 나누어 심사했고, 문학 1,000명, 시각예술 300명, 공연예술 700명을 선정했다

★ 책인감 사례

코로나19의 장기화는 특히 예술인에게 많은 어려움을 주었다. 기업의 예술활동을 위축시킬 뿐만 아니라 대면 활동 불가로 인해 예술활동 위축은 예술가들에게 많은 어려움을 가중시킬 수밖에 없었다.

문화예술위원회에서는 예술인들을 직접 지원하기 위해 한시적 사업으로 〈코로나19, 예술로 기록〉 사업을 진행했다. 사업 공지를 살펴보니, 대상 예술인 자격이 비교적 완화된 사업이었다. 나는 예술인 자격증명이 되어 있지는 않지만, 여행 에세이 책을 쓰기도 했고, 다양한 예술 프로그램을 기획한 경력이 있기에 신청 자격이 있는 것으로 판단했다. 앞서 설명한 〈ATR MUST GO ON〉 사업과 달리 이 사업은 내가 주도하여 기획서를 작성했다. 참여 예술인으로 가까운 동네책방 지구불시착 김택수 대표, 김은지 시인, 임지은 시인, 김아로미 희곡드라마 작가까지 5명이 팀을 이루었다.

신청사업명은 '줌 인(Zoom In) 동네책방'으로 했고, 문학 분야로 신청했다. 프로젝트 내용은 1) 동네책방에서 일어난 변화를 5명의 작가가 각자의 관점에서 바라본 이야기를 시, 에세이와 희곡으로 작성하고, 작가 개인은 각각 3편의 시, 에세이, 희곡을 작성하고, 2) '동네책방 변화의 나날들'을 주제로 줌 콩트 영상을 제작하는 것으로 기획했다.

사업을 신청하기 전에 사업 공고에서 신청 대상으로 예술활동가라는 자격 요건 때문에 내가 가능할 거라는 생각은 못했다. 그러나 사업 공고를 자세히 살펴보고, 담당자에게 문의해보니 나도 자격 요건에 들어갈 수 있었다. 문학 책은 아니지만 여행에세이 책도 냈기에 작가로 증빙할 수 있었고, 사업 기획서 작성은 내가 하는 것이 유리했기에 4명의 작가를 섭외해서 5명이 팀을 이루어 사업기획서를 작성했다. 각자의 특색을 살려서 시와 에세이를 기반으로 콩트를 제작하되 희곡작가의 대본 작성, 책방지기이자 작가, 기획자로서 책인감/지구불시착 책방지기의 기획을 보태 영상을 제작할 수 있었다. 이 사업의 경우 코로나19로 인해 어려움에 처한 예술인을 돕는 사업이기도 했기에 광범위한 예술활동가들을 대상으로 했고, 비교적 수월한 사업 요구조건은 우리 팀이 사업에 선정되고, 진행하고, 지원금을 받을 수 있어서 많은 도움이 됐다. (1인당 활동지원비 2백만 원씩 받았다)

나는 동네책방을 운영하고, 카페도 운영하고, 1인 출판사도 운영하며 다양한 문화 활동을 기획하고 있다. 사업 영역이나 지원사업 대상에서 있어서 나의 조건을 제한하지 않으려고 노력한다. 지원사업 공고에서 신청대상을 볼 때면 내가 안되는 조건을 보는 것이 아니다. 내가 어떻게 하면 그 조건에 부합할 수 있는지를 먼저 보려고 노력한다. 〈코로나19, 예술로 기록〉 사업에서도 그 대상이 예술활동을 증빙할 수 있는 예술가에 내가 해당하는지를 먼저 본 것이다. 나는 책방을 운영하지만, 각종 문화예술활동을 기획하고 참여하고 있으니, 예술인으로 등록되어 있지는 않지만 예술활동은 하고 있다.

5) 독서동아리 지원사업

- ~ 2024년 운영 중

☞ 문체부와 한국출판문화산업진흥원 주최, 책읽는사회문화재단 주관 사업으로 〈독서동아리 지원사업〉과 〈독서동아리 공간나눔 사업〉이 있다.

☞ 〈독서동아리 지원사업〉은 회원 수 5인 이상으로 월 1회 이상 정기적인 모임을 지속하는 독서동아리는 신청할 수 있다.

☞ 지원 내용은 매년 400개 독서동아리를 선정하여 활동비 80만 원을 지원한다. 활동비는 도서구입, 원작 관련 공연-전시 관람, 문집 제작, 독서기행, 독서동아리 발표회/낭독회 등의 활동에 사용할 수 있다.

★ 책인감 사례

독서동아리 지원사업은 동네서점으로써 필요한 사업으로 생각되어 2022년에 신청했으나 탈락했다. 400개의 독서동아리를 선정하는 데 2천 개 이상의 독서동아리가 신청했고, 탈락한 사업이다. 이 사업은 지원금이 80만 원으로 많지 않았다.

나는 지원사업을 가능한 한 선별해서 신청하려고 하는데, 사실 지원금 규모에 상관없이 사업마다 하는 일의 양은 비슷하다고 본다. 물론 복잡성의 차이는 있지만 80만 원 지원사업과 800만 원 지원사업에서 해야 할 일은 차이가 크게 나지 않는다.

독서동아리 지원사업이 그런 경우이다. 실질적인 지원은 많지 않은데 해야 할 일이 많은 사업이다. 더구나 이정도 규모로 신청자가 많고, 경쟁률이 높은 사업은 신청자 간에 기획서 차별화도 쉽지 않다. 즉 기획서를 아무리 잘 써도 선정될 가능성이 높지 않기 때문에 들이는 노력에 비해 책방의 성과를 얻기는 어려운 사업이다.

그래서 2022년 사업에 신청 및 탈락 후 다시 신청하지 않고 있다. 이와 비슷한 사업은 지역에 있는 도서관에서도 많이 하고 있기 때문에 사실 원하면 지역 도서관 사업으로 신청할 수도 있다. 그러나 실제 지원된 곳을 살펴보면, 진행 과정과 결과보고에서 운영자가 해야 할 일도 많고, 각종 회의 참석을 요구하고 있어서 1인 기업으로 운영하는 내게는 맞지 않았다.

사업자로서 선택할 때 분명 '효과성과 효율성' 혹은 '선택과 집중'을 꼭 생각하길 바란다.

6) 〈우수 출판콘텐츠 제작 지원〉 & 〈중소 출판사 출판콘텐츠 창작지원〉

가. 〈우수 출판콘텐츠 제작 지원〉 사업

☞ 한국출판문화산업진흥원에서 주관하는 사업으로 출판 및 저작 지원하는 사업으로 〈우수 출판콘텐츠 제작 지원〉과 〈중소 출판사 출판콘텐츠 창작지원 사업〉이 있다.

☞ 사업 목적은 우수한 출판콘텐츠를 발굴하여 창작활동을 지원하고 출판문화 향상에 기여하고자 저자와 출판사에게 제작을 지원하는 사업이다.

☞ 미발간 국내 창작 원고(협약 체결 후 11월까지 도서로 발간할 수 있는 원고)로 5개 지원 분야(인문교양, 사회과학, 과학, 문학, 아동)로 신청할 수 있으며, 저자와 출판사는 각 1편까지만 선정이 가능하다

☞ 2021년 기준 100편을 선정하여 편당 출판제작지원금 600만 원과 저작상금 300만 원을 지원했다.

나. 〈중소 출판사 출판콘텐츠 창작 지원〉 사업

☞ 중소 출판사의 미발간 출판콘텐츠 120편 제작을 지원하는 사업으로, 저작상금 없이 편당 출판창작지원금 500만 원을 지원한다.

☞ 고용보험 가입 직원 5인 이하인 중소출판사를 대상으로 하며, 지원분야는 5개 분야(인문교양, 사회과학, 과학, 문학, 아동)이며, 2023년 5월 신청 기준으로 2024년 1월까지 도서로 발간할 수 있는 미발간 한글 창작 원고 대상이다. 출판사당 최대 2편까지 선정 가능하다.

★ 책인감 사례

출판활동은 문화 공공재 '책'을 만드는 중요한 활동이다. 특히 우수한 출판콘텐츠의 출간을 돕고, 중소규모 출판사의 출판을 실질적으로 돕는 지원사업으로서 오랫동안 지속된 사업이다.

사실 책인감은 1인 출판사로서 출판 역량은 부족 부족하다. 내가 출판사를 만든 이유는 내 책을 출간하기 위한 목적이 컸지, 출판 사업을 본격적으로 하기 위해 만든 것은 아니다. 내가 갖고 있는 출판 콘텐츠, 특히 기획 아이디어를 실현하기 위해 출판사를 만들었고, 더불어 지역 주민과 책방 회원들의 출간을 돕는 역할 정도로 생각했을 뿐이다. 그런데 '우수 출판콘텐츠 제작

지원〉 사업 공고를 보면서 욕심이 생겼다. 이왕 출판하려면, 제작 비용을 지원받으면 얼마나 좋을까 하는 생각을 한 것이다. 내가 출간할 때면 제작비를 얻기 위해 크라우드 펀딩을 했는데 이는 불확실성이 너무 컸다. 그래서 내가 갖고 있는 콘텐츠를 원고로 다듬어 3번 사업에 신청했다. 2019년에는 '나만의 책 쓰기_독립출판으로 배우는 책 쓰기의 모든 것'이란 주제로 신청했었고, 2020년과 2021년에도 비슷한 내용의 원고로 신청했지만, 매번 탈락했다.

저자로서 제출한 내 원고의 경쟁력이 낮았다. 우수 출판콘텐츠 제작 지원 사업의 경우, 대형 출판사를 비롯해서 이미 출간 경험이 있는 저자들도 많이 참여하는 사업이다. 경쟁률이 20 대 1이 넘어가기도 했는데, 나처럼 알려지지 않은 1인 출판사가 자기 책을 내겠다고 신청하는데, 원고 콘텐츠가 우수하지도 않고, 완성도가 높지도 않은 것이 선정되기는 어렵기 때문이다. 물론 1인 출판사라도 정말 잘 만들어진 주제의 원고는 선택되기도 한다. 특히 중소 출판사 지원사업에는 작은 출판사만 신청할 수 있다.

그러나 1인 출판사인 책인감이 추구하는 출판기획과 우수 출판콘텐츠와는 다소 괴리감이 있다. 내가 출간하려는 책은 실용서에 가깝다. 내가 경험한 것, 특히 실용적인 책방 운영 실무, 책 만들기, 엑셀 에세이(내가 꼭 내고 싶어 하는), 지원사업 실무 등은 자기계발서나 경영 실용서에 가깝기 때문에 선정되기 쉽지 않다. 그래서 2022년부터는 신청하지 않고 있다.

그런데 이 사업이 출판사, 특히 중소 출판사와 저자에게 큰 도움이 되었는데 2024년에는 두 사업 모두 예산 전액 삭감되어 아쉬움이 남는다.

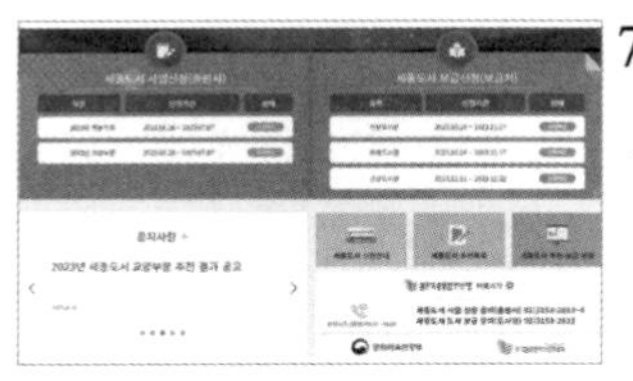

7) 세종도서 학술/교양 부문 선정 구입 지원

- ~ 2024년 운영 중

☞ 한국출판문화산업진흥원에서 주관하는 지원사업이다.

☞ 세종도서구입 지원 사업은 우수 출판콘텐츠 제작 활성화, 책 읽는 문화 확산 기여를 목적으로 우수 출판콘텐츠의 지속적 생산 환경 구축과 국민 독서율 제고 및 소외계층의 문화 불균형 해소를 목적으로 한다.

☞ 세종도서 구입 분야는 학술과 교양 두 부문으로 나누어 진행하며, 학술 부문은 연 1회, 교양 부문은 연 2회 진행하고 있다.

☞ 2022년 기준 학술 부문은 390종, 교양 부문은 550종 책을 선정했으며, 선정된 책은 도서 정가의 90% 가격으로 종당 800만 원 이내로 구입하여, 전국 공공도서관, 전문도서관, 작은도서관, 병영도서관 등에 공급한다.

★ 책인감 사례

우수 출판콘텐츠 제작 지원사업과 중소출판사 출판콘텐츠 지원사업이 책 출간을 지원하는 사업이라면, 〈세종도서 선정 구입 지원〉 사업은 출간한 책을 구매 지원하는 사업이다. 교양과 학술 부문으로 나누어 선정된 도서는 종당 800만 원 한도 내에서 구입하여 전국 도서관에 보급하는 사업이다.

이 사업은 출판사가 1년 이내에 출간한 도서를 신청하는 것이다. 나는 1

인 출판사로서 출간한 책을 두 차례 신청했었다. 그러나 이 사업 또한 수많은 출판사가 출간된 대부분 책을 신청하기 때문에 경쟁률이 높을 수밖에 없고, 책인감 도서가 선정될 가능성도 거의 없다고 봐야 한다. 다만, 앞으로 출판사로서 좋은 책을 출간할 기회가 생긴다면 그때는 선정될 기회가 있을 것이란 기대를 한다.

8) 한국출판인회의_'청년의 날 추천 도서 100선' 전시 서점

- 2022년

☞ 한국출판인회의 주관 2022년 9월 일회성으로 진행한 지원사업이다.

☞ '2022년 청년 책의 해' 관련 사업으로 진행하여, 청년의 날 추천 도서 100선을 전시할 서점을 모집하고, 지원한 사업이다.

☞ 전시 분야는 5개 분야로 '문학, 경제/경영 자기계발, 정치 사회, 과학, 인문 도서'로 나누어 그중 한 개 분야 책을 '청년의 날' 주간(9월 셋째 주로 2022년 9월 12일 ~ 18일)에 서점 한 공간에 전시하는 것이다.

☞ 서점 내에 '추천 도서' 20종(선정 분야)을 전시하고, 책 소개 글을 비치하고 방문 고객에게 인스타그램 인증 이벤트를 연계하는 것이다.

☞ 전국 서점(대형 프랜차이즈 서점 제외) 25개소를 선정하여 전시 지원

금 20만 원과 전시 도서를 지원했다.

★ 책인감 사례

2022년 9월, 다른 책방을 통해 알게 된 사업이다. 주관처인 한국출판인회의는 지원사업과는 다소 거리가 있던 단체이다. '책의 해' 추진단은 매년 다른 책의 해 주제를 정하는데, 2022년은 '청년 책의 해'를 주제로 정했고, 관련하여 〈청년의 날 추천 도서 100선〉을 전시할 서점을 모집했다(실제 선정은 30개소로 확대). 한국출판인회의가 지원사업 운영을 잘 하지는 않았기에 이 사업의 경우 동네서점이 잘 모르는 경우가 많아서 상대적으로 경쟁률이 낮았던 것으로 추정된다.

책인감은 비교적 많은 동네서점과 교류하고 있기에 이런 정보를 잘 아는 편이었다. 청년의 날 추천 도서 100선은 5개 분야로 구성되어 있는데, '문학, 경제/경영 자기계발, 정치 사회, 과학, 인문 도서'로 동네서점의 특성상, 문학과 인문 분야는 경쟁이 높을 것 같고, 내가 경영학과 전공과 회사시절 경험을 살려 '경제/경영 자기계발' 분야로 신청했다. 사실 대부분 동네서점 운영자는 '경제/경영 자기계발' 분야가 가장 멀게 느끼는 이들이 많다. 다행히 책인감이 선정되어 전시 기간에 20종의 책을 서점 내 테이블에 전시하고, 홍보했다. 각각의 책마다 주관처에서 제시한 한 줄 소개 글을 따로 인쇄하여 소개하고, 인스타그램 인증 이벤트도 알렸다.

사실 별 어려움 없이 진행한 사업이었다. 일주일간 전시하고 전시 지원금 20만 원을 받을 수 있었기에 실질적 도움이 됐다. 그런데 사업을 마치고 생각지 못한 지원이 더 있었다. 전시 책을 구입한 비용을 정산해줬는데, 전시한 책은 책방으로 기증했기 때문이다. 즉, 전시지원금 외에 20권의 책 구입 비용을 지원받았으니 꽤 많은 도움이 된 것이다. 어떤 지원사업은 구입한 책은 기증하거나 반납해야 하는 경우도 있는데, 이 사업에서는 책방에 기증되어 판매용으로 활용할 수 있었다. 이처럼 때로는 생각지 못한 지원이 더해지기도 한다.

9) 여행지 길 위의 인문학

- 2022년, 2023년 ※ 2024년 사업 폐지

☞ 이 사업은 2022년 첫 시행 후 2023년은 주관처 이관으로 한국문화예술위원회에서 주관했다.

☞ 여행지 및 지역 인문자원 방문객을 대상으로 한 인문 프로그램을 운영하는 사업으로 전국 5개 권역(수도권, 강원, 충청, 경상, 전라-제주)을 구분하여 40개소를 선정하는 사업이었다.

☞ 여행지와 인문 프로그램을 연계하는 사업으로 그 수혜 대상(참여자)은 해당 지역 문화재/휴양지/국립공원/지역축제/테마파크 등에 방문하는 관광객와 그 지역 취약계층, 소외계층 주민 참여가 필수인 사업이다.

☞ 전국 총 40개 기관을 선정하여 기관별 1,000만 원 이내에 지원하며, 지원금은 강사 사례비, 대관 및 장비 임차료, 행사 운영비, 홍보비 등으로 사용할 수 있었다.

★ 책인감 사례

이 사업은 2022년에 시작된 사업으로 첫해는 한국출판문화산업진흥원에서 주관해서 운영했으며, 2023년에는 주관처 변경으로 한국문화예술위원회에서 진행한 사업이다. 한국문화예술위원회는 직접 사업을 주관하기 어렵기 때문에 이를 용역사업으로 위탁하여 진행하였다. 이런 경우 사업 주관처 변경 첫해에는 사업을 신청하는 경쟁률이 낮다는 이야기도 된다. 즉, 사업 취지에 잘 맞추어 신청하면 선정 가능성이 꽤 높은 사업이었다.

제목처럼 여행지가 중심이기 때문에 5개 권역에 선정업체를 배분하는 사업의 경우, 상대적으로 기관 및 단체가 많은 수도권은 경쟁률이 높은 경우가 많지만, 또 한편으로 신규 지원사업의 경우 오히려 수도권에서는 잘 신청하지 않는 경우가 있다. 특히 이 사업의 경우 2022년 신설 및 2023년 주관처 변경에 따라 사업에 대한 관심이 상대적으로 적었다. 우연하게도 용역에 선정된 업체 대표가 예전에 지원사업을 함께 했었기에 나에게 공모 정보를 알려주어 나도 검토할 수 있었다.

이 사업의 제목과 선정 대상 그리고 수혜 대상을 고려했을 때, 동네서점인 책인감과 관련성이 적었지만, 책인감은 '경춘선숲길공원'이란 서울의 테마공원에 있고, 유네스코 세계문화유산인 조선왕릉 2기(태릉, 강릉)와 육군사관학교라는 지역 문화재가 있고, 마을여행단이란 문화해설사 단체가 있어서 역사(조선 및 근현대)와 연결된 인문 강좌도 할 수 있었고, 마을여행단과는 그동안 협업했던 경험이 있어서 '여행지 길 위의 인문학'에 맞는 프로그램을 함께 기획할 수 있었다.

사업 취지와 수혜대상에서 필수인 취약계층 참여는 지역 내 노인복지관, 다운복지관과 협업하기로 했다. 실제 진행에서는 다운복지관(다운증후군으로 인한 지적장애인 및 발달장애인을 위한 복지사업 운영)은 일정이 맞지 않아 취소하고, 노인복지관에서 '어르신'을 대상으로 2회 프로그램 운영을 기획했다.

사업계획서를 수립하면서는 어떻게 하면 여행지인 태릉-강릉과 육사를 인문학으로 연계할까를 고민했다. 우선 마을여행단 해설사들은 태릉과 강릉 그리고 육사를 비롯한 마을 문화를 소개하는 역할을 해왔기 때문에 탐방 프로그램은 손쉽게 수립할 수 있으나 인문학을 조금 더 접목하기 위해 역사 전공자나 지역학 연구자를 섭외해서 강연을 추가했다. 태릉-강릉에서는 역사와 미술 전문 서점 대표를 강연자로 초청하려 했으나 일정이 맞지 않아서, 해설사 중 지역학을 연구하고 있는 해설사 선생님을 초청했고, 육사 탐방에서는 '육군박물관' 학예사를 초청하여 근현대 군대 역사와 관련된 강연을 부탁했다.

이런 고려 사항을 반영하여 프로그램을 기획했고, 책인감 프로그램이 선정될 수 있었다. 지원사업에서 진행기관(혹은 기업)인 책인감이 직접 비용을 받을 수는 없지만 지역에서 문화활동, 인문활동을 하는 분들을 강사로 초빙하여 강연료를 제공하고, 보조인건비를 통해 사업 진행을 돕는 이에게 지급하고, 지역 서점에서 재료비로 책을 구입하고, 지역 업체에 문화 체험 도구를 제작 의뢰하여 만드는 등의 예산 운영을 통해 지역과 협업 및 소비하는 사업으로 기획했다.

2024년에 이 사업은 다른 사업과 통합되었다. 도서관, 박물관, 생활문화시설 인문 프로그램, 여행지 '길 위의 인문학'으로 진행하던 사업이 문학기반시설 〈길 위의 인문학〉으로 통폐합됐다.

4 지원사업 분석하기

지원사업은 어떤 것이 있을까? 공공 건설사업을 비롯한 AI나 로봇, 빅데이터 등 첨단 IT 산업 등의 분야에서는 국가 및 자치단체 등에서 진행하는 지원사업이 많고, 규모에 따라 다양한 지원사업이 있다. 한편으로 복지 및 문화, 교육에서도 꽤 많은 지원사업이 있다. 여기서는 사회적기업이나, 공공단체, 혹은 (개인/법인)사업자를 비롯한 지역에서 활동하는 단체나 동아리 등에 관련된 문화예술 위주의 지원사업을 주로 다루고자 한다.

서점, 공방 등을 대상으로 한 문화 지원사업뿐 아니라, 기초 및 광역 문화재단에서는 연극, 공연 등 문화예술 단체나 개인을 대상으로 한 지원사업도 있다. 공간을 대상으로 하는 것도 있고, 단체를 대상으로 하거나 도서관, 문학관 같은 기관을 대상으로 하는 지원사업도 있다.

지원사업 중에서 사업자(서점, 공방 등을 운영), 협동조합 등의 단체가 참여할 수 있는 문화예술 지원사업에는 어떤 것이 있을까?

지원사업 공모에서 알아야 할 것은?

동네책방을 운영하면서 생각보다 많고, 다양한 지원사업에 신청 및 참여할 수 있었다. 서점은 대체로 영리를 추구하는 개인사업자이지만 취급하는 책이 '문화 공공재'로서 갖는 특성으로 비교적 여러 지원사업에 신청할 기회가 있는데 출판문화산업흥원, 한국작가회의, 한국서점조합연합회 등에서 진행하는 동네서점 대상 지원사업에 참여할 수 있고, 복합문화공간으로서 다양한 문화 활동을 진행할 경우 문화재단, 지역문화진흥원, 마을공동체과 등에서 진행하는 문화예술 분야 지원사업에 신청할 수도 있다.

사업 운영자로서 지원사업을 할지 안 할지는 운영자의 선택사항이다. 많은 서점 운영자들이 이벤트 없이 책만 팔 수 있기를 희망하지만, 현실에서는 책을 판매하기가 쉽지 않기 때문에 다양한 이벤트를 통해 책 판매를 보조하거나 책에서 파생된 다양한 문화 활동에서 수익원을 찾기도 한다.

책방뿐 아니라 지역을 기반으로 활동하는 사업자라면 이런 문화예술 지원사업을 신청할 때 고려해야 할 사항이 있다.

첫째, 지원사업이 수익에 기여할 수 있는지 파악해야 한다.
둘째, 지원사업으로 진행한 프로그램을 지원 없어도 지속할 수 있는지 고민해야 한다.
셋째, 각각 기관에서 다양한 지원사업을 진행하니, 이를 파악하고 신청하는 것은 스스로 해야 한다.

이렇게 세 가지 정도를 파악한 후에 지원사업에 신청할 것을 권하는데, 이에 관해 자세히 알아보고자 한다.

첫째, 수익에 기여할 수 있는지 파악해야 한다. 단순히 전체 지원 금액이 많다고 선정업체의 수익에 도움을 주는 것은 아니다. 어떤 이는 수익이나 본인이 지불해야 할 비용을 깊이 생각하지 않고, 지원사업을 통해 작가를 초청하고, 북토크를 비롯한 문학 프로그램 운영하는 것에 만족하는 사람도 있다. 그러나 사업 운영자가 지원사업을 기획하고, 영업 공간을 내주면서도 실제로는 금전적 보상이 전혀 없는 경우도 많다. 운영자의 기획, 진행비와 대관료는 전혀 인정되지 않는다면 이는 운영자에게는 치명적인 비용 손실을 주게 할 수 있다.

지원사업 중에 선정 대상에게 금전적 보상이 전혀 없는 경우는 그 대상이 도서관이나 복지관, 문학관 등 공공시설에 지원하던 프로그램이 동네책방과 같은 공공성을 지닌 영리 사업자에게 확장된 경우가 많다. 공공시설은 이미 그 운영 비용과 인건비가 지급되고 있는 단체이기 때문에 지원사업 프로그램에서 대관료나 기획료와 같이 자가 시설에 지원되는 비용이 없는 경우가 일반적이다. 그런데 문화공공 지원사업이 늘어나고 공공시설에서만 적용되던 지원사업이 대상을 확대하면서 동네책방이나 공방 등 영리 기관까지 대상을 확장하고 있지만, 예산에서는 현실을 제대로 반영하지 못하는 경우가 많다.

서점 관련 지원사업 중에는 운영자가 제공하는 인건비에 대한 기획료 책정이나, 공간을 제공하는 대관료 지급이 없거나 매우 적은 경우가 있다. 운영비에서도 재료비(도서비)의 경우 진행 서점에서 사는 것을 금지하는 경우도 있다. 지원금 중에 선정 사업자에게 실제 금전적인 도움이 얼마나 되는지 분석하는 것이 필요하다. 사업자도 프로그램을 운영함으로써 얻는 보람과 강사에게 도움을 주는 것에 만족할 수도 있지만 사업 운영에도 실질적인 도움이 되어야 사업을 지속해서 운영할 수 있을 것이다.

지원사업에서 또 하나 생각할 것이 있다. 강사 조건에 관한 것이다. 지원사업에 따라 사업 대표자가 강사가 될 수 있는 경우도 있고, 강사가 될 수 없는 경우도 있다. 강사의 자격(국가 기관의 강사 기준은 등급별로 지정된다)에 부합하는 전문성 여부는 별개로 사업 운영자가 강사를 할 수 있다면 실제 그 사업장에서 하고 싶은 강의도 할 수 있고, 강사료를 통해 사업 운영에 간접적인 도움을 받을 수 있기 때문이다. 실제로 동네책방에서 진행하는 프로그램에서 독서 모임, 북토크 등을 책방지기가 진행하는 것은 책방 운영 프로그램의 지속성과 그 책방만의 특색을 유지하는 데 도움이 되기도 한다.

둘째, 운영 프로그램의 지속 가능성에 관한 것이다. 사업장에서 지원사업을 통해 강사료, 다과비, 재료비 등 지원으로 운영한 프로그램을 지원 없이도 진행할 수 있는지를 판단해야 한다. 실제로 많은 지원사업이 참가자에게 참가비를 받지 못하게 하거나, 최소한의 재료비나 다과비(회당 1만 원 이내) 수준까지만 받게 하는 경우가 있다. 그런데 작가 초청 북토크에 무료 혹은 작은 비용으로 참여했던 참여자가 자체로 운영하는 프로그램에서 어느 정도 참가비를 내고 참여할 수 있느냐는 것이다.

사업자는 수익이 나지 않으면 사업을 지속할 수가 없다. 동네책방 자체적으로 운영하는 북토크에 10명 정도가 참여한다면 얼마의 참가비를 받고 진행할 수 있을까? 음료와 다과 제공 없이 1인당 2만 원씩 낸다고 하면 10

명 참석에 20만 원으로 작가 초청비와 책방 수익(대관료, 기획/진행비)을 감당할 수 있을까? 아니 10명이나 되는 참가를 모을 수 있을까?

현실적으로 공간이 작은 동네책방에서, 아니 충분한 공간이 있더라도 유료 북토크나 유료 강좌에 얼마나 많은 사람들이 참여할 수 있을까? 물론 인기 작가나 잘 알려진 책방은 모객을 조금 더 잘할 수 있고, 비교적 많은 참가비 부담을 하고서도 참석하고 싶은 이들도 분명히 있을 것이다. 운영자는 그런 매력적인 프로그램을 만들 수 있도록 노력해야 하는 것은 당연히 필요하지만, 지원사업으로 진행하는 프로그램에 너무 의지하지 않아야 하는 이유이기도 하다.

책인감은 이 문제에 많이 고민하고, 다양한 실험을 하는 편이다. 우선 지원사업으로 진행하는 프로그램에 못지않게 자체 프로그램을 기획하려고 노력한다. 서점이라면 기본으로 운영해야 할 독서 모임도 진행하고, 특히 내가 강연할 수 있는 자체 프로그램을 자주 기획하곤 한다. 초청 강사료에 대한 부담을 줄이기 위함도 있지만, 동네책방은 운영자가 곧 브랜드이기 때문에 나를 전면에 내세우려고 노력한다. 나는 '책방 운영 실무'에 관한 책을 쓰기도 했고, 외부에서도 책방 운영 실무 강의를 하고 있으니, 책방에서 '책방 운영 실무' 프로그램을 진행하곤 한다. 주로 오프라인 강좌로 진행하지만 때로는 온라인 강좌로 진행하면서 확장하려고 노력하고 있다. 운영 실무를 확장한 '책방 세무' 강좌를 만들어 진행하기도 하고, 내가 직접 책을 낸 경험을 살려 '책 만들기', '출판-유통 강좌'를 진행하고, '크라우드 펀딩에 강좌'도 진행하고 있다. 그 외에도 내가 좋아하는 분야에 대한 강의를 만들기도 하는데, '문과 출신 책방지기가 들려주는 과학 강좌'나 '와인 기초 강좌', '제주 여행 강좌', '전국 이색 동네책방 탐방' 등의 강좌도 때때로 만들어 보기도 했다. 이처럼 내가 강의하는 강좌는 초청 강사비 부담도 없고, 참여자 수가 적어도 내가 의지만 가지면 충분히 진행할 수 있기 때문에 계속 만들어가고 있다.

최근 1~2년 사이에는 작가들과 협업하여 자체 프로그램을 만들기 시작했다. 지원사업 프로그램을 함께했던 시인, 소설가와 프로그램을 만들어 모집하기 시작했는데, 비교적 좋은 반응을 얻고 있다. 김은지 시인과 함께하는 〈질문의 시작법〉은 지원사업으로 진행했던 '시 창작' 수업을 자체 프로그램으로 전환하여 4주 과정으로 진행하고 있는데, 비교적 비싼 참가비(14만 원/4회)에도 꾸준하게 신청자가 이어지고 있다. 최설 소설가와는 파일럿 프로그램으로 〈소설길〉이란 소설 쓰기 프로그램을 시작했는데, 첫 모집은 4회 16만 원으로 시작해서, 지금은 3개월간 격주로 6회 수업을 진행하고 참가비 25만 원을 받고 있으며, 2024년 말까지 5기수째 운영하고 있다. 이는 지원사업을 통해 시 쓰기와 소설 쓰기에 꾸준하게 참여한 사람들이 이어서 참여할 수 있는 프로그램으로 기획했기 때문이다.

셋째, 여러 기관에서 다양한 종류의 지원사업을 진행하니, 이를 파악하고 신청하는 것은 스스로 해야 한다는 것이다.

노력 없이 손쉽게 얻는 것은 없다. 지원사업 공모를 누군가가 나에게 매번 알려주기면 좋겠지만, 누구도 나에게 모두 알려주는 사람은 없을 것이다. 물론 친한 친구 혹은 사업 동료들이 한두 가지는 알려줄 수는 있다. 지원사업 주관 기관 중에는 이전에 참여했던 서점이나 사업자에게 알려주는 경우도 있겠지만 내가 스스로 파악하지 않으면 얻을 수 있는 정보가 많지 않다.

우선 내가 참여할 수 있는 지원사업을 스스로 파악하려는 노력해야 한다.

나는 지난 7년간 내가 신청했던 지원사업을 비롯한 신청하지 않았던 지원사업도 따로 정리해서 공모 일정, 사업 개요, 대상, 그리고 주요 내용과 기존 선정 리스트를 엑셀로 관리하고 있다.

즉, 이전에 내가 신청했고, 선정되거나 선정되지 않은 사업도 공모 시기와 대상, 지원 내용, 선정점 수와 경쟁률, 지원금액뿐 아니라 실제로 나에게 지급되는 비용을 정리한다. 매년 반복되는 지원사업은 변동 사항이 없으면 올해도, 내년에도 이어지기 때문에 공모 시기가 되면 잊지 말고 사업 공모를 확인해서 신청서를 작성하려고 노력한다. 주관기관을 파악해서 공모 안내가 어디에 게시되는지 알아야 한다. 일단 공모 기간을 알고 신청서를 작성해야 선정될 가능성이 있으니 놓치지 말아야 한다.

또한 지원사업도 매년 변경되거나 없어지거나 새로 생겨나는 것도 있다. 새로 생겨나는 지원사업 공모는 어디에 있는지 수시로 파악해야 한다. 서점에 연관된 지원사업을 주관하는 기관으로는 출판문화산업진흥원이나, 한국작가회의, 서울도서관, 서울특별시평생교육진흥원, 한국서점조합연합회, 지역문화진흥원 등이 있고, 문화 관련 지원사업을 주관하는 기관으로는 기초-광역 문화재단, 구청 마을공동체과, 예술인복지재단, 문화예술위원회 등이 있다. 이 외에도 기업마당에서는 중소기업을 대상으로 하는 다양한 지원사업 공모를 안내하는 사이트도 있다.

지원사업 중에 광범위한 사업자를 대상으로 하는 사업은 아무래도 경쟁률도 높고, 작은 책방이나 공방 등에서 진행하기 어려운 경우도 많다. 그래서 가능하면 가까운 지역에 있는 문화재단이나 도서관, 문학과 같은 기관의 공모 사업을 자주 살펴볼 것을 권한다. 비교적 경쟁률이 낮고, 지역 내 협업이 원활한 곳은 이를 시작점으로 잡는 것도 좋다. 이후에 경험이 쌓이면 다양한 영역으로 지원사업을 확대해 가는 것도 좋다.

이제 지원사업 신청할 때의 점검 사항을 살펴봤으니, 실제 지원사업을 신청하는 데 필요한 세부 사항을 살펴보도록 하자.

1) 공모 안내서 정독하기

지원사업을 신청하기에 앞서 공모 안내서 혹은 운영 안내서를 정독해서 읽어보고, 중요한 사항을 확인해야 한다. 공고 안내에서는 사업 개요(사업 목적, 사업 내용)를 비롯한 신청 방법, 신청 기간, 사업 기간, 지원 대상 및 자격, 지원 내용 등이 게시된다. 사업 목적에 맞게 내가 사업을 진행할 수 있을지, 사업 기간이 내가 할 수 있는 기간인지, 지원 대상에 '나' 혹은 내 사업체(가게) 혹은 단체로서 지원 가능한지 파악해서 우선 내가 지원 자격에 해당하고, 전체적인 진행이 가능한지 파악한 후에 신청서를 작성해야 한다.

신청서를 작성할 때도 사업 목적에 맞는 계획을 세워야 한다. 아무리 좋은 프로그램을 기획해도 사업 취지에 맞지 않는다면 선정되기 어렵다. 예를 들어 사업 계획서에 사회적 약자들을 대상으로 하는 프로그램이 30% 이상 포함되어야 한다면 그에 맞는 대상 선정과 모객 방법이 포함되어야 한다. 사회적 약자는 누구를 지칭하는지 확인하고, 내가 계획하는 프로그램에 그 대상을 모집할 수 있는지 판단해야 한다. 노인(혹은 어르신), 어린이, 장애인 혹은 편부모/조손 가정 등이 포함되어야 한다면 이를 대상으로 모객할 수 있어야 하는데, 이들을 어디서 만날 수 있고, 또 모객할 방법이 있어야 한다. 내가 직접 파악하고 모객할 수 없다면 지역에 있는 기관과 협업이 가능한지 알아봐야 한다. 지역 내 노인복지관(어르신복지관), 다운복지관 등과 협업할 수 있다면 무리 없이 사업을 기획할 수 있을 것이다.

지원금 사용 기준은 꼭 알맞게 계획서를 작성해야 한다. 지원금 사용 불가 항목을 확인하고, 예산 항목당 사용 한도가 있다면 이 또한 지켜야 한다. 강사비 회당 지급 한도나 강사료를 포함한 인건비 사용 한도, 다과비나 재료비 사용 한도 등 주관기관에서 요구하는 예산 운영 지침을 꼼꼼하게 확인해야 한다. 지원사업 신청서를 검토할 때 지원 기준에 맞지 않는 사업계획서는 서류 검토 단계에서 탈락하기 때문이다. 사업계획서를 얼마나 잘 작성했는가는 그다음 문제이다.

또한 공모에서 사업 선정 시 별도 통장을 요구하거나, 지원금 지급 시 선지급 혹은 일부 선지급, 정산-결과보고서 제출 후 지급하는 경우도 있고, 예산 사용을 선정 업체에서 지원금을 받은 후 지출하는 방식도 있고, 주관사에서 지급하는데, 월 단위 혹은 행사 후 정산 보고서 제출 및 검토 후 지급하는 방식도 있다. 선정 대상인 내가 지급하는 방식과 주관사에서 지급하는 방식은 크게 차이가 난다. 예를 들면 자가 결제에 관한 것이다. 교재비 증빙을 예로 들면 내 책방에서 책을 구매해서 지급한 것으로 할 때 주관사에서 지급하는 방식은 내 사업체에서 주관사로 견적서를 제출하고 계산서 발행과 거래명세서를 제공하면 된다. 그러나 내가 지원금을 받아서 지출하는 방식이라면 얘기가 다르다. 내가 나에게 지급한 것이기 때문에 나중에 전액 소득신고 한다는 조건으로 이체확인서와 견적서 제출로 증빙하는 경우도 있다.

강사료를 지급할 때도 내가 지급할 때는 원천세 신고 주체는 내가 되지만, 주관사에서 지급하는 경우는 주관사에서 원천세 신고를 한다.

이처럼 정산 방식에 대한 안내도 공모 안내에 들어있기 마련이니 이 또한 잘 읽어보고 사업을 진행해야 한다.

2) 효율적으로 진행할 수 있는가?

내가 지원사업을 하려는 이유는 그로 인해 얻는 성과 때문일 것이다. 성과에는 내 사업의 수익을 위한 경우도 있고, 지원사업을 통해 가게를 알리는 효과를 기대할 수도 있고, 문화사업을 한다는 공익적 마음에서 시작하는 경우도 있을 것이다.

어떤 마음, 어떤 목적에서 하던지, 사업자로서는 업무의 효율성을 생각해야 한다. 내가 지원사업 프로그램을 진행하는 데 있어 얼마의 시간, 얼마의 노력, 얼마의 공간, 얼마의 마음을 투입해야 하는가이다. 무조건 큰 노력을 들여서 지원사업을 한다는 것은 현실적이지 않다. 이는 기부활동이나 봉사활동에서 해야 할 몫이지 사업자가 무조건 큰 노력을 들이는 것은 지속 가능한 사업장 운영에 문제가 생길 수 있다.

내게 책인감은 지속 가능한 공간으로서 유지할 수 있어야 함이 우선인데, 지원사업은 그에 도움이 되어야 한다는 것이다.

2018년 1월에 책인감을 오픈했고, 1인 기업으로서 거의 모든 걸 혼자 감당하고 있다. 책방 운영, 카페 운영, 출판사 그리고 강사, 저자로서 활동하며, 지원사업도 외부 강사 부분을 제외하고(가끔은 내가 강사 역할도 하지만) 모든 부분을 내가 홀로 감당하고 있다. 지원사업에 따라 일회성 혹은 몇 번의 이벤트로 끝나는 경우도 있지만 6개월간 다 회차 프로그램을 진행하기도 하고, 6~7개월간 협업하는 프로그램도 있었다. 가장 많이 진행했던 2021년에는 한 해 동안 14개 지원사업을 진행했다.

이처럼 많은 지원사업을 혼자 기획해서 진행하다 보니 효율적인 방식을 찾을 수밖에 없고, 그렇게 해야만 원활하게 사업을 진행할 수 있었다.

어떻게 해야 효율적으로 기획하고 진행할 수 있을까?

우선, 사업계획서를 작성할 때면 계획서를 작성할 때 모객과 진행, 정산 보고서 작성을 미리 시뮬레이션을 머릿속에 그려보고 계획한다. 강사에 따라 어디에서 모객하고, 모객이 잘 안될 때 어떻게 홍보할 것인가를 미리 생각해 둔다. 진행에 대한 시뮬레이션도 몇 명까지는 책방 공간 어디에서 진행하고, 사람이 많을 때는 공간을 어떻게 배치해서 할지를 생각한다. 가능한 공간에서 이동 배치는 최소화하려고 노력한다. 즉, 너무 많은 사람들이 참여하기를 욕심내기보다는 현재 공간에서 최소한의 이동 배치로 수용할 수 있는 인원까지만 받거나, 그 이상을 받는 프로그램은 테이블 배치할 때 너무 많은 움직임을 피하려고 한다. 비교적 큰 행사는 날짜 간 간격을 떨어뜨려서 진행한다. (큰 행사는 아무래도 나의 에너지 소모가 많기 때문에 자주 하면 너무 힘들다)

정산-결과 보고서 작성을 미리 생각하고 계획서를 작성한다. 강사가 여럿이면 그만큼 행정에 관한 일이 늘어난다. 경력증명, 원천세 신고-납부, 통장사본, 결과보고서 작성 등의 일이 생긴다. 강사가 유명하다고 해서 내가 잘 모르는 강사를 초빙하다 보면 하나하나 신경 써야 할 일이 많아진다. 그러나 기존에 호흡을 맞추고 있던 강사라면 서류작성도 이미 해본 경험이 있어 더욱 손쉽게 작성할 수 있다. (경력증명서도 강사가 따로 준비한 게 없으면 새롭게 작성해야 하는데 내용이 부실하면 내가 보완해서 작성하기도 하는데, 이처럼 생각 외로 품이 들어가는 일이 많다)

그래서 나는 지원사업 계획서를 작성할 때면 대체로 기존 협업 작가와 강사들과 70% 이상을 기획하고, 새로운 강사나 새로운 프로그램은 30% 이내로 기획하려고 한다. 새로운 강사와 새로운 프로그램을 기획하는 것은 노력이 더 많이 든다. 계획서도 세부적으로 다듬어야 하고, 시간과 노력이 더 많이 들어가게 된다. 그런데 다른 한편으로는 사업에 신청할 때 작년과의 차별, 다른 신청자와의 차별을 위해서는 새로운 프로그램을 시도하는 것이 필요하다. 그래서 나는 7:3이라는 나름의 기준으로 기존 강사나 프로그램을 기반으로 기획하는 것과 새롭게 시도하는 프로그램의 비율을 조정한다.

정산 보고에서 서류 작성 업무를 줄이는 것도 필요하다. 다과비나 재료비의 경우 싸게 사기 위해 대형 마트나 온라인 상점에서 여러 번 구입하면 영수증이 너무 많아지고, 특히 영수증마다 추가되는 서류(참석자 명단, 결과보고서)가 많은 경우에는 스트레스를 받으면서 정산보고서를 작성하는 경우도 있다. 그래서 가능하면 구매처 한곳을 정해서 일괄 결제 후 거래명세서를 한 번에 받는 것도 방법이다. 음료와 다과를 한 카페에서 구입하되 한 번에 결제하는 것이 업무 효율에 유리하다. 사실 나는 슈퍼에서도 결제를 많이 했다. 요즘은 영수증에 증빙자료를 따로 붙이는 경우가 많지 않으니 영수증 사용 내용만 증빙하는 경우가 많은데, 구입할 품목을 10원 단위까지 계산해서 구입하기도 했다. 그러나 이 방법을 그리 권하고 싶지는 않다. 영수증 하나하나 잘 보관하고, 스캔하는 후속 작업이 많아지기 때문이다.

또 하나는 리스트 관리를 잘 했으면 하는 것이다. 지원사업 리스트도 관리할 필요가 있다. 사업명, 주관처, 공모 기간, 사업 기간, 지원 대상, 개요, 지원 내용, 실제 진행업체에 지급되는 예산 등 주요 내용을 엑셀로 정리해서 관리하는 것이 필요하다. 지원사업을 한 해만 하는 것이라면 그때만 관리하면 되지만 대부분 지원사업은 몇 년 동안 반복된다. 그래서 한 해만 관리하는 것이 아니라 선정 여부를 떠나 다음을 위해서 정리하고, 주요 점검 내용을 기록해 놓는 것이 필요하다. 개선이 필요한 사항은 개선하고, 강화할 사항은 더 강화해야 한다.

나는 지난 7년간 신청했던 거의 모든 지원사업을 컴퓨터에 저장해 놓고 있다. 연도별, 폴더별로 저장되어 있는데, 공모 안내부터 내가 작성한 사업

계획서, 진행했던 사진, 결과 보고서 등 모든 것은 폴더 단위로 저장되어 있다. 그리고 한눈에 볼 수 있도록 연도별, 사업별 주요 점검 사항을 엑셀로 관리하고 있다. 엑셀만 보면 적어도 언제 즈음에 어떤 지원사업 공고가 날 것을 예상하고, 지원 금액과 내게 실제 지원되는 지원금을 참고하고, 대략 경쟁률이 어떤지 미리 파악하고 있다.

관리 중인 엑셀 리스트를 보면서 너무 서두르지도 않지만, 개략적으로 어떤 지원사업에서 어떤 강사와 어떤 프로그램을 계획할지 윤곽을 잡아놓고 있다가 지원사업 공모가 되면, 빠르게 사업신청서를 작성한다.

참가자 모집과 관리에 있어서도 엑셀 시트를 최대한 사용하고 있다. 엑셀로 관리하면서 행사일에 앞서 문자 안내를 한다. 기관에서는 여러 직원이 관리하고 있기 때문에 이런 문자 안내를 담당자가 따로 있어서 행사 며칠 전, 전날, 당일 등 여러 차례 문자를 보내서 참석자에게 행사를 상기시켜 주기도 한다. 그에 비해 1인 혹은 소규모 가게의 행사에서는 대표자 1인이 모객과 사전 준비부터 당일 행사 준비까지 혼자 감당해야 하는 경우가 많기 때문에 문자 안내하는 것은 쉽지 않지만, 노쇼를 너무 싫어해서 한 사람이라도 행사 참여를 잊지 않게 관리하려고 노력한다. 그래도 행사 날에 일이 생겨서 못 오는 사람이 있을 수 있지만, 안내 문자를 통해 행사를 깜박 잊고 오지 않는 사람이 없기를 희망한다.

나는 책인감의 모든 일정을 '네이버 일정'에 올려서 수시로 주중 행사 일정을 점검하고 있다. 한 번만 운영하는 이벤트 행사의 경우 행사가 있는 주간 월요일이나 일주일 전에 문자 안내를 하고, 하루 전에 재차 문자 안내를 한다. 여러 차례 진행하는 행사의 경우 첫 시간은 일주일 전에 문자를 보내고, 다시 하루 전이나 당일 오후에 문자를 보낸다. 문자 안내만 잘해도 출석률을 높일 수 있다.

※ TIP : 진행하는 사람의 처지에서 이렇게 일정이나 문자 안내와 같은 일들을 매번 기억에 의존해서는 놓치는 경우가 많다. 그래서 일정 관리 앱과 엑셀로 관리할 것을 추천한다. '네이버 일정 관리' 앱은 클라우드에 기반한 일정 관리로 노트북, 스마트폰, 태블릿을 통해 어디서나 관리할 수 있을 뿐 아니라 알람 기능을 통해 일주일 전, 하루 전, 한 시간 전 등의 시간을 알려줄 수 있다. 혹은 '카카오톡 브리핑' 기능을 사용하면 상대에게도 지정된 시간에 카톡으로 알려줄 수 있다. 수첩을 사용하든, 엑셀을 사용하든, 일정 관리 앱을 사용하든 행사와 프로그램을 진행하는 데 있어 조금 더 체계적인 알림 기능을 사용했으면 한다.

지원사업에 사용하는 시스템 중에 e나라도움이란 시스템이 있다. 'e나라도움'은 매우 어려운 시스템이다. 이는 기획재정부가 2017년에 만든 것으로 우리나라 모든 국고보조금 사업에 사용하기 위해 다양한 분야의 필요에 따라 종합적으로 만들어졌기 때문에 복잡할 수밖에 없다. 몇년 동안 진행하는 건설사업도 있고, 다양한 종류의 복지사업과 문화 프로그램도 포함하니 다양한 사례를 반영하기 위해 시스템이 복잡해질 수밖에 없다. 일반적인 기업에서도 그 기업만의 시스템이 있는데, e나라도움은 수많은 기업의 시스템 특징을 모두 합해서 종합한 시스템이기 때문이다.

다른 한편으로 보면 결국 내가 사용하는 기능은 그중 일부만을 사용하기 때문에 너무 두려워할 필요는 없다. 내가 그동안 선정된 지원사업 중 2개에서 e나라도움을 직접 사용했을 뿐이다. 하나는 2019년과 2021년에 선정된 '작가와 함께하는 작은서점 지원사업(이하 작은서점 지원사업)'과 2021년 지역문화진흥원에서 주관한 '동네책방 문화사랑방' 지원사업이다.

'동네책방 문화사랑방' 지원사업에서는 e나라도움을 상시로 사용하지는 않았고, 사업에 선정된 후 교부금을 받을 때와 정산 및 회계 검증할 때 사용했다. '작은서점 지원사업'에서는 교부금 지급 및 매월 예산 지급할 때 사용했다.

작은서점 지원사업에서 예산집행은 거점문학서점(책인감)에서 상주작가에게 지급하는 월급, 작은서점(2~3곳)에 지급하는 임차료인 '프로그램운영비 및 대금', 파견문학작가에게 지급하는 사례비, 월급을 지급하고 있는 상주작가의 4대 보험 회사부담금은 시스템을 통해 지급해야 하는 것이다. 월급과 사례비를 지급할 때는 원천세(근로/사업/기타 소득) 신고와 4대 보험 납부 등의 업무도 진행해야 한다.

e나라도움 시스템 사용에 앞서, 원천세 신고와 납부 그리고 4대 보험 신고와 납부의 경우 직원이 있는 사업자라면 경험이 있겠지만 1인 가게를 운영하는 경우에는 생소한 업무이기도 하지만 이는 결국 증빙의 문제이기도 하다. 원천세는 소득 기준에 따라 계산해서 납부하고, 4대 보험도 직장보험으로 신고(1인 가게는 지역보험 대상이나, 직원이 1명 이상이면 직장보험으

로 변경된다)하고 이를 납부한 증빙서류(납부 및 이체확인서)를 e나라도움 시스템에 첨부하여 지급하는 방식이다.

사실 이런 시스템을 사용한 경험이 없는 이들에게는 매우 어렵다고 느껴질 수 있다. 어렵다기보다는 낯설기 때문인데 이에 따라 작은서점 지원사업에서 거점문학서점을 못 하겠다는 서점 주가 많다. 더욱 손쉬운 작은서점이 되길 원하는 서점만 많은 이유이기도 하다.

나는 2019년에 선정된 후에 첫 달에 e나라도움 정산을 하면서 예산을 지급하는 과정을 모두 나만의 매뉴얼로 만들었다. 처음 사용하는 시스템이지만 하나하나 확인하며 실제 적용하는 화면을 모두 캡처하고, 설명을 덧붙여 엑셀로 매뉴얼을 만들었다. 즉 시스템 사용하는 방법을 캡처한 이미지와 설명을 입력해서 엑셀로 사용법을 하나하나 기록했다. 아마도 첫달 정산은 다른 이들에 비해 3~4배 이상의 시간이 걸렸을 것이다. 그러나 다음달부터는 이미 작성한 매뉴얼을 보며 손쉽게 정산했다. 첫 달에 미비했던 설명은 조금만 보태면 됐고, 시스템에서 새로운 기능을 쓸 때면 화면캡처와 설명으로 보완했다. 2019년에 만든 매뉴얼로 2021년에도 손쉽게 e나라도움을 사용할 수 있었다. 나는 매달 1일이면 4대 보험 원천세 신고까지 모두 마치고 바로 e나라도움 시스템에 접속해서 예산을 지급했다. 빠른 예산 지급에 '전국에서 가장 빨리 비용을 지급하는 서점'이라는 별칭이 붙기도 했다. 몇몇 다른 서점에는 내가 만든 원천세 신고 매뉴얼이나, e나라도움 사용 매뉴얼을 보내어 공유하기도 했다.

지역문화진흥원 '동네책방 문화사랑방' 지원사업에서는 e나라도움 사용이 어려웠다. 사실 그리 복잡한 것은 아닌데, 사업 성격의 차이였다고 생각한다. '작은서점 지원사업'은 선정된 모든 서점이 동일한 예산 계정을 사용해서 신고하기 때문에 설명도 쉬웠고(주관사가 보내준 설명서만으론 쉽지 않았다) 적용하기도 복잡하지 않았다. 다만 처음 보는 예산 세목이나 원천세, 4대 보험 적용을 어렵게 느낀 사람이 많은 것이었다. 그러나 '동네책방 문화사랑방'은 수십 개의 서점이 수립한 예산 항목이 제각각이었다. 책인감은 마을 이야기를 담은 책 제작과 마을 문화 산책 프로그램을 운영하는 것이었는데, 회의비, 취재비, 다과비, 인쇄비, 디자인비, 강사비, 인터뷰사례비 등 예산 항목을 사용해야 했고, 다른 기관에서는 각자의 프로그램을 진행했기에 예산 항목이 달랐다. 그런데 담당자는 이를 모두에게 설명하느라(단체 카톡방은 50명의 사람이 있는데 수많은 사례의 공유를 모두 읽기는 불가능했다) 오히려 너무 헷갈리게 한 경향이 있었다. 지금 생각해도 별로 좋은 경험은 아니었다. 가능한 공통된 사항을 단체 카톡이나 메일을 통해 전달하고, 개별 사안은 개별로 상담해야 했는데 담당자도 수십 명을 한 번에 관리하다 보니 그렇게 됐다고 생각한다.

'동네책방 문화사랑방'에서 e나라도움을 사용한 것은 일차적으로 보조금 교부에서였고, 그 후 예산을 사용할 때 e나라도움을 통해 가상계좌를 통해 지급하고, 증빙서류를 시스템에 등록해야 했는데, 작은서점 때와 조금 달라서 애를 먹었고, 첨부할 서류가 정형화되지 않아서 하나하나 다르게 준비해야 하다 보니 어려움이 더 많았다. 예산도 1천만 원이 넘어서 회계검증을 받아야 했는데, 이는 진흥원에서 소개한 세무사무소에 연락해서 담당 세무사를 지정해서 등록하고, 세무사의 검토 및 수정 사항 요구에 따라 반영한 후에 완료할 수 있었다.

e나라도움은 많은 보조금 사업에서 사용하고 있다. 다만, 보조금 사업자로서 서점을 비롯한 민간에서 집행하는 지원사업이 있고, 문화재단이나 기관에서 집행하고, 민간(서점 외)은 지원금을 지급받기만 하는 경우가 있다.

그 외에도 별도의 시스템을 사용하는 지원사업도 있다. 2019~2020년 마을공동체 지원센터에서 주관한 '우리마을 지원사업(활동/공간)'은 서울시에서 만든 보조금 시스템을 사용했었다. 이때 사용한 시스템은 복잡하다기보다는 은행(최초 우리은행, 이후 신한은행 보조금 시스템)과 협업하여 만든 시스템으로 은행계좌에 연동되어 이체 및 체크카드 결제금액에 대한 증빙자료와 설명을 시스템에 입력하는 수준으로 사용했다.

한국출판문화산업진흥원에 주관하는 '생활문화시설 인문 프로그램 지원사업'은 인문 프로그램 B2B 시스템을 통해 사업 신청을 했다. 인문전문가와 생활문화시설 운영자는 각각 회원가입하고, 사업신청 등록과 매칭 작업을 통해 사업 선정 과정에서만 시스템을 사용했다. 현재 사용하는 시스템 이름이 변경되어 '인문 프로그램 B2B 시스템'에서 '인문 네트워크 시스템'이란 이름으로 2023년 하반기에 개편 작업이 이루어졌다.

한국예술인복지재단에서 주관한 '예술인 파견지원사업_예술로'도 진행하면서 별도의 시스템을 사용했다. '예술인사업통합시스템'은 파견 예술인들이 작성한 월별 보고서를 참여기관(책인감은 4년째 1인 기업으로 참여)

대표자가 확인하는 시스템이었다. 예산 관련 시스템은 아니고 월별 보고서를 등록하는 시스템으로 비교적 손쉽게 사용할 수 있었다.

이처럼 사업에 따라 간단한 보고서 공유 시스템을 사용할 수도 있고, e나라도움처럼 은행계좌와 전자(세금)계산서와 연결된 시스템을 사용할 수도 있다. 시스템 전체가 복잡하다고 해서 (민간) 사업자가 시스템 사용을 배우기에 너무 어렵다고 생각할 필요는 없다. 실제로 내가 사용할 시스템의 기능은 그리 복잡하지 않다. 다만 낯선 시스템을 사용하고, 더구나 월 단위로 자주 사용하는 시스템이라면 사용 방법 매뉴얼을 만들어 놓을 것을 권한다. 화면캡처와 설명을 통해 컴퓨터에 기록할 수도 있고, 수첩에 정리할 수도 있다. 어떤 방법이든지 상관없지만 매뉴얼을 보고 다시 사용할 때 잘 알아볼 수 있도록 했으면 한다. 시스템을 사용할 때마다 머리가 리셋되어 다시 방법을 찾아 헤매지 말고, '어디에 적어놨는데…' 하면서 당황하지 않도록 정리해 놓는 것을 권한다.

5 지원사업에서 알아야 할 것

1) 왜 대관료나 기획료 지급이 안 되는 지원사업이 있는가?

지원사업 중에는 유독 대관료나, 기획료(운영자 활동비 외) 지급이 불가한 사업이 있다. 또한 강사로도 대표자가 활동하는 것이 불가능한 경우도 있다. 많은 지원사업에서 주관사 혹은 진행단체에서도 개선해달라는 요청이 쇄도하지만, 그 기준이 절대로 바뀌지 않는 지원사업이 꽤 있다. 주관/후원기관에 따라 다르기도 하고, 지원 프로그램에 따라 기준이 다른 경우도 있지만 이에 따라 지원사업 신청을 주저하는 단체나 기관들도 많다.

왜 이런 기획료/진행비와 대관료에 관한 제한이 있는 것일까? 우선 해당 지원사업이 시작할 당시의 대상 기관이나 단체에서 그 원인을 찾을 수 있다. 지원사업에는 공공사업도 있고, 문화사업이나 복지사업도 있다. 그런데 지원사업을 진행하는 업체를 공모할 때 민간에 의뢰했다고 하면 민간업체 진행에 따른 기획료나 수수료 등을 지급하는 것은 당연하다. 그런데 지원사업을 진행하는 공모 대상이 공공기관이라면 이야기가 달라진다. 예를 들면 도서관이나 문학관, 복지관 등이 그 대상이라면 지원사업 운영 지침에 진행 단체의 인건비나 자체 대관료는 지급하지 않아야 하고, 이는 공공기관에서 이미 국가 혹은 자치단체로부터 인건비와 시설운영비를 지원받고 있기 때문에 이중 지원이 되어 이를 금지하는 상황에 해당한다. 그런데 문화사업의 경우 그 공모 대상이 민간기업이나 단체로 확대되고 있음에도 과거의 운영 기준을 그대로 적용하기 때문에 이런 문제가 발생하는 것이다.

진행기관이 도서관, 문학관, 복지관 등 이미 인건비와 시설비를 지원받고 있는 기관이라면 기획료나, 인건비, 대관료 지원이 불가한 것이 맞는 것이다. 그러나 일반 기업, 단체가 대상이라면 이는 기획료나 인건비, 대관료를 지급하는 것이 합리적이다. 공공을 위해 문화 프로그램을 진행하더라도 진행 단체는 대표자 및 운영 인력의 인건비와 공간을 자비로 지급하여 진행하는 것이기 때문에 이는 이중 지원이 아닌 정당한 비용 지급이 된다.

생활문화시설 인문 프로그램의 예를 들어보자. 과거에는 그 대상이 도서관, 문학관이었지만 2018년 개정된 조례에 따라 지역서점도 '생활문화시설'로 지정되어 문화 프로그램을 진행하는 공간으로 인정받고 있다. 지역서점이 인건비나 시설 운영비를 공공에서 전혀 지원을 받는 것이 없음에도 도서관이나 문학관과 동일하게 지원사업에서 인건비(기획료/진행비)나 대관료를 지급하지 않는 것은 공공기관에서 사기업의 인력과 공간을 무상으로 쓰는 것과 무엇이 다를까?

지원사업을 통해 강사를 섭외해 좋은 프로그램을 운영하는 보람을 얻을 수는 있지만 그로 인한 자영업 운영자는 손해를 감수하게 된다.

어떤 지원사업에서는 진행 업체 대표가 자격만 된다면 강사를 할 수 있지만, 이를 금지하는 지원사업도 있다. 진행업체 대표가 강사를 하는 것 자체가 문제가 될 리는 없지만 진행 단체 대표가 강사를 할 경우 지원사업 프로그램 진행에 있어 사익을 추구할 수 있다는 우려가 된다고 인건비와 대관료를 지급하지 못하는 사업에서는 자가 강사를 인정할 경우 진행 업체가 강사 수익을 통해 다른 손실을 만회할 수도 있다. 물론 자가 강사의 자격에 대한 논란이 될 수도 있지만, 대표자의 능력이 충분하고, 실제 대표자가 전문성을 갖고 있는 경우가 많기 때문이다.

그런데 기획료, 자가 인건비, 자가 대관료, 자가 강사 등 선정된 사업자가 대가로 가져갈 수 있는 모든 것이 막혀 있는 사업도 있다. 동네배움터 사업이 그렇다. 이 사업을 신청하는 기관이나 기업은 프로그램을 통해 강사료를 지원받아서 지급할 수 있지만, 진행한 기관/기업에서는 공간 사용료를 받아도 안 되고, 기획료나 인건비 지원도 안 되고, 대표자 강의도 할 수 없는 사업이다. 만약 지역서점이나 공방에서 이 사업을 진행한다면 다른 강사들만 해야 하고, 대표자는 사업을 기획하고, 참여자를 모집하고, 공간을 제공하고, 행사를 진행하고, 결과보고서를 작성하는 노력에도 불구하고, 진행 기관-기업은 한 푼도 가져갈 수 없는 사업이다. 이런 사업은 공모 대상을 공공기관으로 한정하고, 영리단체나 기업은 대상으로 하지 않는 것이 맞다고 본다.

또한 참가비를 전혀 받지 못 하게 하는 지원사업도 문제다. 도서관이나 문학관은 참가비를 받지 못하게 하는 것은 수익을 내지 못하게 하는 점 때문이기도 하고, 공공지원 사업에서 참가비를 받음으로써 문제 제기가 생길 수 있기 때문이다.

이는 단지 수익을 내는 문제뿐 아니라 프로그램 진행을 어렵게 만드는 요인이 되기도 한다. 공공기관에서 무료로 진행하는 프로그램에서 노쇼는 대체로 30% 내외 발생한다. 사전에 얼마나 자세히 안내했는가에 따라 혹은 프로그램 신청자가 얼마나 충성도가 있는 신청자(회원/고객)에 따라 다르지만, 무료 프로그램은 신청하는 사람도 꼭 참석해야겠다는 생각보다 무료니까 일단 해볼까 하는 가벼운 마음으로 신청하는 경우가 많다. 강제성도 없고, 페널티도 없다 보니, 행사 당일에 참석하지 않는 것을 너무 쉽게 생각하는 경우가 많다.

기관에서 진행하는 프로그램은 신청 인원이 많으면 일부 참여자의 노쇼가 있어도 진행 자체에 어려움은 없다. 예를 들면 30명이 신청해서 30%가 빠져도 20명은 되니 진행에 큰 문제가 되지 않는다. 그러나 소규모 참석자 프로그램은 30% 노쇼가 프로그램 진행에 큰 영향을 미친다.

상황에 따라 다르지만, 참가비 있는 프로그램의 노쇼율은 대체로 10% 내외이다. 참석을 못 하더라도 미리 연락을 주는 경우가 많지만, 무료의 경우 사전에 연락 없이 노쇼하는 경우가 많기에 진행하는 입장에서는 난처한 경우가 많다. 진행 자체가 불가능해질 수도 있고, 텅 빈 좌석을 보면 강사나 담당자도 힘이 빠지게 된다. 그러나 일정액의 참가비를 내면 노쇼율 감소도 있지만, 신청자가 정말로 중요한 다른 일 때문에 빠지게 되더라도, 주관 업체에서는 불참자에게 참가비로 인해 적정한 페널티가 되어 노쇼에 대한 폐해(다른 사람이 신청 못 한 것에 대한)를 일정 부분 충당할 뿐만 아니라 당일에 못 온 사람도 참가비란 페널티를 지불했기 때문에 다음에 그 공간을 찾을 때 미안한 마음이 덜 들기 때문에 불편함이 덜하다. 그런데 무료 프로그램에서 노쇼한 경우는 오히려 미안함 때문에 그 공간을 다시 찾지 않는 더 나쁜 폐해가 발생하기도 한다. 노쇼의 문제뿐 아니라, 그 손님이 안 오게 되는 것이 더 문제가 된다.

이처럼 참가비는 사업자 입장에서는 받는 것이 훨씬 유리하다. 지원사업에서는 이를 운용의 묘로 살려서, 참가보증금으로 적용하여 참석 시 돌려주거나, 음료나 다과로 대체하여 제공하는 것이 좋다. 혹은 프로그램 재료비로 사용하게 하는 등 사용처를 명확하게 하는 전제로 허용하는 것이 보다 유연하면서도 유용한 방법이 될 수 있다. 지원사업 주관 기관의 입장에서는 참가비는 공공기관이 아닌 경우, 다과비, 재료비, 교재비 등의 명목으로 사용처가 분명한 경우에는 허용해 주는 것이 좋다는 생각이다.

※ 추가로 공공기관도 참가보증금을 받을 수 있다고 한다. 그런데 그 참가비를 회계처리하고, 증빙하는 일이 너무 복잡하다. 노쇼한 사람에게도 참가비를 돌려준다거나, 참가비로 받은 금액을 그 프로그램에서 사용했다는 것을 별도로 증빙해야 하기기도 하니, '괜히 긁어서 부스럼 만든다'는 말처럼 속 편히 무료 강좌로 한다. 그러나 무료 강좌로 인한 노쇼 문제는 운영하는 입장에서는 생각보다 심각한 문제이다. 참가비 혹은 참가보증금 외에도 효율적으로 노쇼를 방지할 방법을 고민해야 한다.

2) 용역 사업과 보조금 지원사업의 차이

2023년 책인감에서 진행했던 2개의 사업에서 부가세 이슈가 문제가 된 적이 있다. 지원금을 사용하는 데 있어 지원금 전체에 대해 부가세(부가가치세)가 포함되어 지급한다는 것이다. '서울형책방'과 '여행지 길 위의 인문학'에서 그 문제가 발생했다. 서울형책방의 경우 150만 원 지원금이고, 이를 사용하는 데 있어 주로 강사료를 지급하고, 강사료를 지급할 때는 원천세를 제외하고 지급하고, 원천세를 신고하기는 해도 부가세를 포함해야 한다는 것은 이해하지 못했다. 사실 서울형책방은 2022년에도 같은 문제가 있었는데, 2022년에는 150만 원을 지원금 중에는 서점 기획료와 대관료를 인정했고, 대표자의 자가 강의도 가능했기 때문에 부가세 포함 150만 원이라고 해도, 기획료나 대관료 수익으로 부가세 문제를 상쇄할 수 있었기에 문제가 크게 발생하지 않았다. 또한 간이사업자인 경우 부가세가 있는 세금계산서(지원금 1,363,636원 + 부가세 136,364원)로 발행하지 않고, 사업소득 원천세(3.3%)를 제외하고 지급(1,450,050원)했기 때문에 크게 문제가 되지 않았지만, 2023년은 서점에 기획료나 대관료 지급이 불가하다고 해서, 대부분 강사료로 지급하는데, 150만 원 기준이 아닌 약 136만 원(부가세 제외)을 지급한다고 하니, 서점은 오히려 부가세만큼 추가로 지출해야 하는 사태가 발생한 것이다.

〈여행지 길 위의 인문학〉 사업에서도 1,000만 원 지원금 중 부가세가 포함되어 있고, 강사료 및 인건비도 부가세를 포함해야 한다는 말에 난처하게 됐었다.

왜 이런 일이 발생하는 것일까?

이는 용역사업과 보조금 지원사업의 차이에 있다. 일반적으로 보조금 지원사업에서는 주관기관이 공모에 선정된 진행기관에 지원금을 미리 지급하고 사후에 정산하거나, 혹은 먼저 진행 후 지원금을 직접 이체해 주는 경우가 있다. 이는 보조금 지원사업으로 인건비(강사료) 지급에 있어 원천세(사업소득 3.3%, 기타소득 월 12.5만 원 이상 시 8.8%)를 제외하고 지급하고, 원천세를 신고/납부하면 된다.

그런데 용역사업은 주관기관에서 진행기관인 동네서점이나 공방, 단체에 직접 지급하는 것이 아니라 용역업체를 지정해서 비용을 지불하는 방식이다. 그런데 이를 대행하는 용역업체는 주관기관에 서비스를 제공한 대가로 용역비를 받기 때문에 전체 용역서비스 금액에 부가세를 부과하는 것이다. 즉 지원금 3억 원인 경우 이를 위탁한 용역업체에 부가세를 포함해 3억 3천만 원이 지급되는 것이다. 이때 용역업체의 서비스 금액은 진행업체에서 부가세 없는 강사료를 지급했든, 부가세가 있는 물품을 샀던지 모든 제공한 서비스에 부가세를 포함하여 계산해야 한다. 즉, 강사료 30만 원을 지급했어도 용역업체는 주관사에 '강사료 30만 원 + 부가세 3만 원'을 붙여서 청구해야 한다. 진행업체에서 음료를 1만 1천 원 낸 경우에는 이미 부가세가 붙어 있기 때문에 용역업체에서 주관사에 청구할 때 '음료금액 1만 원 + 부가세 1천 원'으로 정산하기 때문이다. 그래서 이를 진행단체에 공지할 때는 지원금이 부가세 포함 1천만 원이라면, 부가세 제외한 약 909만 원이 지원금이고, 부가세는 별도라고 안내하거나, '이 사업은 용역사업으로 진행되어 인건비를 포함해 모든 비용에 부가세를 포함하여 정산해야 하며, 부가세 포함

1,000만 원 입니다.'라고 안내해야 한다.

일반적인 보조금 지원사업에서 인건비에 부가세는 붙지 않기 때문에 이를 정확하게 이해하지 못하거나 잘못 이해하는 경우도 있고, 지원금 운영 안내에서 차라리 인건비 부가세를 포함하지 않고, 전체 지원금 중 부가세 제외 00만 원으로 안내하는 것이 나았을 것으로 생각된다.

이는 세무/회계에서도 어려운 부분이기에 더 많은 사람들이 헷갈리지 않도록 명확한 안내를 통해 혼란을 줄였으면 하는 바람이다.

3) 내가 투입하는 노력에 비해 무엇을 얻을 것인가

많은 서점이나, 공방, 활동가, 활동단체는 좋은 마음으로 지원사업에 신청한다. 서점이나 공방은 대부분 개인 가게이지만, 책 생태계 활동 및 문화활동을 한다는 마음으로 프로그램을 개설하고, 진행한다. 그런데 다른 한편으로 생각해 봐야 할 것이 있다. 좋은 마음으로 한다고 해서 사업 운영을 자원봉사나 기부활동과는 구분해야 한다. 내가 서점에서 작가를 초빙한 북토크를 진행한다면, 작가 섭외에 따른 강사료를 지급하고, 내 공간을 사용하고, 프로그램 진행을 위해 사람을 쓰든, 내가 하든 인건비라는 비용이 발생하고, 나는 이 모든 것을 비용으로 부담하는 것이다. 지원사업 없이 북토크를 진행한다면, 참여자의 참가비로 이 모든 것을 부담해야 한다.

내가 자원봉사 하는 마음으로 북토크 프로그램을 진행한다면 적어도 손해는 최소화는 수준에서 참가비나, 강사료를 책정해야 한다. 사업자로서 서점을 운영한다면 이 모든 비용을 부담하고도 수익이 발행할 수 있어야 지속 가능한 서점 운영이 가능할 것이다. 물론 북토크 비용이 서점 홍보를 위한 마케팅 비용으로 사용할 수 있지만, 사업자인 서점은 적정한 수익을 전제로 운영해야 한다.

지원사업을 통해 프로그램을 운영할 때도 수익과 비용을 생각해야 한다. 단지 강사료 등 지원금을 통해 내가 좋아하는 작가를 초청할 수 있어서 기쁜 마음에 정성을 다한 프로그램을 기획과 진행을 하며 만족해하지만, 내가 온 힘을 다해 노력한 보상이 과연 적정한 것인가를 따져 봐야 한다.

프로그램을 진행에 있어 사업 운영자와 직원이 노력하여 프로그램 기획부터 모객, 행사 준비, 행사 진행 및 결과보고서 작성한 것에 금전적 보상이 없거나, 매우 적은 금액에 그치고, 받지 못하는 대관비는 임대료를 비롯한 운영비 부담으로 서점을 계속할 수 없게 하는 요인이 되기도 한다.

공방이나 활동단체도 마찬가지다. 자원봉사나 기부 활동이 목적이라면 모를까 지속 가능한 가게나 단체를 운영하기 위해서는 투입하는 노력에 대한 보상이 적정해야 한다. 사업자의 경우라면 금전적 보상이 있어야 할 것이고, 활동가나 단체라면 꼭 금전적 보상은 아니더라도 지원사업을 통해 얻는 만족감이 커야 할 것이다.

사업자가 얻는 금전적 보상은 단지 지원사업을 통해 행사 자체 수익으로만 볼 것은 아니다. 기획료나 진행 인건비, 대관료 등은 수익이 아닌 비용을 보전하는 것이고, 참가자들이 구매하는 도서나 프로그램을 통해 서점의 단골이 되는 것이나 이후에 서점에서 자체적으로 진행하는 프로그램에 참여할 고객으로 만들 수 있다면 이또한 보상에 해당할 것이다. 이렇게 서점 손님으로 전환될 수 있다면 지원사업 프로그램 자체의 수익이 부족해도, 이를 마케팅 활동으로도 치환할 수 있을 것이다. 그러나 현실은 서점 외에도 수많은 도서관, 문학관, 복지관, 문화재단, 자치구에서도 다양한 프로그램이 진행되고 있다. 서점 프로그램이 특별하게 더 많은 사람을 유입하기는 어렵다. 오히려 비교적 규모가 큰 기관에서는 인지도가 높은 작가나 강사를 모실 수 있기 때문이다. 대체로 개인이 운영하는 서점은 기획력이 부족할 가능성이 높은데, 대신 사업자 특유의 노력이나 친근함, 차별성을 통해 조금은 다른 기획을 할 수 있을 것이다.

책인감을 운영하는 나는 지난 7년간 다양한 분야의 지원사업을 해왔다. 1인 기업이면서, 서점, 카페, 출판사 그리고 강사이자 저자로서 활동하기 때문에 내가 들이는 노력을 효과적이면서도 효율적으로 투입하려고 한다. 우선 지원사업이 나에게 어떤 결과나 보상을 주는지를 정확하게 따져본다. 이때는 금전적 보상만 보는 것은 아니다. 기획료나 진행비 등의 운영자의 인건비, 내 공간을 제공하면서 대관료를 받을 수 있는지를 우선으로 보지만, 그 외에서 내가 강의를 할 수 있는지(물론 내가 강의할 수 있는 분야와 전문성이 있는지도 봐야 한다), 다과비나 재료비에서 내 가게에서 구매가 가능한지 혹은 다른 가게에서 구입해야 하는지를 확인한다. 이는 내 가게에서 살 수 있다면 판매에 따른 마진(판매수익)을 추가로 얻을 수 있기 때문이다.

금전적 보상을 살펴보고 나면, 내가 원하는 프로그램을 할 수 있는 지원사업인지 점검한다. 내가 원하는 강사를 섭외해서 프로그램 기획할 수 있다면 보상이 적어도 할 의향이 있는 경우가 있다. 특히 책인감을 복합문화공간으로 운영하고자 하는 마음을 갖고 있어서 문학 외에도 다양한 문화예술 분야의 사람들과 교류하고 싶은 마음도 있고, 책방을 찾는 손님들이 하는 일을 소개하는 프로그램을 만들고 싶은 마음도 있다. 그래서 심야책방 프로그램에서는 손님들과의 연계로 밴드나 플루트 앙상블 공연뿐 아니라 그림, 켈리 등에서 전문가가 아니라도 강사로 초빙해서 진행하는 것을 기획하기도 한다. 또한 예술인복지재단의 예술인 파견지원 사업 '예술로' 사업에 4년간 참여했는데 이는 참여 기업(1인 기업으로 참여)으로서 금전적 보상은 없고, 예술 활동 결과물만 공유할 수 있다. 그러면서 다양한 예술인들과 협업하는 기회를 얻는 것에 보람을 느끼기도 한다. 인문 프로그램에서는 내가 들이는 노력과 공간에 비해 보상이 작지만, 문학 작가와 장기간 프로그램을 운영함으로 서점의 정체성을 확보하고, 많지는 않아도 단골 확보에 도움이 되어 지속적으로 신청하는 지원사업도 있다.

4) 지원사업 관한 오해들

서점에서 작가초청 북토크, 낭독회를 하면 참여자들이 단골이 되고, 책도 많이 구매하지 않나요?

서점뿐 아니라 도서관, 문학관, 복지관, 문화재단에서는 수많은 프로그램을 진행하고 있다. 서울을 비롯한 수도권은 특히 공공기관이 밀집되어 있고 수많은 문화 프로그램이 있다. 개인 서점에서 운영하는 프로그램이 특별하다고 할 수 없기 때문에 프로그램으로 인해 단골이 늘어난다는 기대는 하기 어렵다. 저자 북토크도 실제로 책 구매로 연결되지 않는 경우가 많다. 이미 책을 갖고 있는 사람도 많고, 도서관에서 대여하기도 쉬워서 북토크 현장에서 책 구매로 연결되는 경우가 생각보다 많지 않다. 물론 유명 작가라면 조금 다르지만, 이는 일부에 한정되고, 대부분은 구매가 많지 않다.

동네서점은 점포마다 규모도 천차만별이기 때문에 어떤 서점은 수십 명이 참여할 수 있기도 하지만, 작은 공간으로 운영하여 6~8명 정도만 참석할 수 있는 곳도 많다. 참여자 수가 적으면 살 수 있는 사람도 적기 마련이다.

지원사업이 추후 자체 프로그램 운영에 도움이 되지 않나요?

지원사업을 통해 진행한 프로그램을 자체 프로그램으로 연결되는 것은 정말 어려운 일이다. 어찌 보면 지원사업은 달콤한 마약이 될 수도 있다. 예를 들면 지원사업을 통해 원데이 클래스로 작가를 모시고 북토크를 할 때. 40만 원 지원받고(강사료 30만 원, 다과비 5만 원, 재료비 5만 원). 참가비 무료에 신청자 10명을 받아서 진행했다고 하면 자체 프로그램은 어떻게 진행할 수 있을까?

우선 강사비를 얼마로 할지가 걱정되고, 모객에 대한 압박이 생긴다. 강사인 작가가 평소에 친분이 있고 서점에 도움을 주려는 마음으로 교통비만 주셔도 된다고 하는 경우도 있지만, 서점 주 처지에서는 그렇게 하기 쉽지 않다. 교통비도 택시비를 기준으로 할지, 버스나 지하철을 기준으로 할지 10만 원으로 할지 고민하게 된다. 또한 모객이 안 되면 자칫 손해가 나기도 쉽다. 예를 들어 서점 주와 작가가 합의하여 강사료를 20만 원으로 정했다고 하면, 참가자를 몇 명까지 받고 참가비를 얼마로 해야 할지 고민하게 된다. 지원사업에서는 한 명이나 10명이나 참가자 수에 영향을 덜 받지만(적은 인원이 오면 진행해야 할지 고민하게 되지만 강사비를 걱정하진 않는다) 자체 프로그램은 신청자 수가 곧 사용할 수 있는 예산이기 때문이다. 그런데 지원사업에서 무료로 제공했던 프로그램을 자체 프로그램이라고 해서 참가비를 많이 받기는 쉽지 않다. 더구나 지원사업에서는 무료 참가비임에도 다과비, 재료비가 지원되어 따로 드는 것도 없는데, 자체 프로그램에서는 간단한 다과를 제공하기도 부담스럽기 때문이다.

실제로 북토크 등에서 1.5만 원, 2만 원 이상 참가비를 받기는 쉽지 않다. 그래서 저자 책을 포함한 참가비를 받거나 간식 옵션을 통해 참가비를 추가로 받을 수 있는 방법을 찾기도 한다. 책인감은 카페를 겸하고 있어서 음료 제공에 유리하다. 그러나 북토크나 저자 간담회에서 참가비를 음료 포함 1.5만 원 이상 받기는 쉽지 않은 것도 사실이다. 그러면 참가자라도 많으면 되는데… 20명, 30명 이상 받을 수 있는 공간도 쉽지 않고, 많은 참가자가 몰리면 혼자 대응하기 어렵기 때문에 도움줄 사람도 필요하다.

참가자가 많은 것은 어떻게든 해결을 할 수 있지만, 참가자가 적으면 강사료 지급에 엄청난 부담으로 작용하기도 한다. 그래서 서점 운영자와 강사는 프로그램에서 참가비가 많든 적든 강사와 운영자가 일정한 비율로 나누는 것이 좋다. 참가비 1만 원에 5명이 온다면 강사와 운영자가 각각 2.5만 원씩 갖는다면 금액이 적은 아쉬움은 있지만, 공정하다고 느낄 수 있기 때문이다. 아울러 참가자에게 가벼운 다과를 제공하거나 책 구매를 유도해서 참가비에 대한 부담을 줄여주거나 추가 구매를 유도하는 것도 방법이다.

북토크 등 강연식으로 진행하는 프로그램보다 시 쓰기, 소설 쓰기 등 강좌, 교육이 포함된 프로그램은 비교적 높은 참가비로도 모집할 수 있다. 회당 3~4만 원으로 여러 회차 프로그램을 진행하게 되면 강사와 서점 주는 7:3 혹은 6:4 정도의 참가비를 배분하여 강사료와 대관료로 나누기도 한다. 모객을 누가 더 잘하는가에 따라 5:5가 되기도 하지만 일정한 비율로 초청 강사료를 정하면 합리적인 정산을 할 수 있다.

6 내가 할 수 있는 지원사업

동네책방에서 신청할 수 있는 지원사업은 다양한 기관에서 주관하고 있으며, 각 주관 기관마다 프로그램 지원 기준을 다양하게 적용하고 있다. 지원사업을 한 곳에서 볼 수 있다면 좋겠지만 책방 운영자가 발품을 팔아야 다양한 지원사업을 찾을 수 있다.

지원사업을 신청하는 데 있어 대상 분야를 특정하여 생각하지 않았으면 한다. 창업 지원사업도 있고, 청년 지원사업(39세까지 청년으로 적용하는 경우가 많다)도 있고, 창업 지원사업도 신규 개설뿐 아니라 창업 3년 내에 신청 가능한 예도 있다. 내 경우 동네책방이지만, 출판사도 운영하고, 컨설팅도 가능하다고 생각해서 책방 창업을 중심으로 창업/운영 매뉴얼 책을 만들고, 이를 홈페이지 플랫폼으로 확대하겠다는 계획서로 신청을 했지만 탈락하기도 했다. 창업 지원사업은 지원금 규모가 큰(몇천만 원~몇억 원) 사업으로 빅데이터나 자동화 혹은 콘텐츠 사업을 중심으로 지원하기 때문에 동네책방이 대상으로 선정되기는 쉽지 않다. 그러나 책방을 매개로 플랫폼 출판이나, 책 소개 영상, 오디오 제작 등을 시도하지 말라는 법도 없다. 물론 동네책방이 이를 신청하기 어렵지만 시도하면서 경험한 것을 통해 내 시야를 높이기도 했고, 다른 지원사업을 신청하는 데 도움을 얻기도 했다.

지원사업의 종류를 보면, 서점을 대상으로 〈작은서점 지원사업〉, 〈서울형 책방〉, 〈심야책방〉, 〈동네책방 문화사랑방〉 등이 있지만, 공간 지원사업으로서 책방이 주요한 공간 대상으로 가능한 지원사업이 있다. (노원구) 마을공동체 지원센터의 〈우리마을 지원사업, 공간〉, 〈꿈다락토요문화학교, 일상의작가 운영공간 모집〉 등이 있기도 했다. 또한 기관으로서 〈예술인파견지원-예술로 기획/협업〉 사업도 있고, 〈여행지 길 위의 인문학〉, 〈생활문화시설 인문 프로그램〉 등도 있다.

♣ 서점 대상 지원사업

1) 한국작가회의 〈작가와 함께하는 작은서점 지원사업〉, 2018년~
2) 서울도서관 〈서울형책방〉, 〈서점주간 문화행사 운영 지역서점 모집〉, 2018년 ~
3) 한국서점조합연합회 〈심야책방〉, 2019년 ~ 2023년 상/하반기
4) 서울시평생교육진흥원 〈우리동네 책방배움터〉, 2021년 ~ 2022년
5) 대교/대교 문화재단 〈세상에서 가장 큰 책방(세가방)〉
6) 한국출판문화산업진흥원 〈생활문화시설 인문 프로그램 지원사업〉, 도서관/복지관 등의 생활문화시설에 서점도 포함 2017년 ~ 2023년
7) 카카오/서울도서관 〈서울도서관 x 카카오프로젝트 100〉 : 2021년
8) 한국출판문화산업진흥원 〈지역서점 문화활동 지원사업〉 : ~ 2023년
9) 지역문화진흥원 〈문화가 있는 날, 동네책방 문화사랑방〉 ~ 2021년
10) 마포출판문화진흥센터 〈PLATFORM-P 제2차 동네서점 큐레이션〉

11) 한국출판인회의 〈모바일 북 페스티벌 2020〉 〈책 라이브 방송〉

♣ 공간 대상 지원사업

12) 해당 지역 문화재단과 협업하는 공간 지원사업, 〈여기서 노닥노닥, 노원문화재단〉
13) 서울평생교육진흥원&구청 〈한걸음에 닿는 동네 배움터〉
14) 한국문화예술교육진흥원 〈꿈다락토요문화학교 일상의 작가 운영 공간〉, 2018~2020년(종료)
15) (노원구) 마을공동체지원센터 〈우리마을 지원사업(공간, 활동)〉

♣ 기타 지원사업

16) 한국문화예술위원회 〈코로나19, 예술로 기록〉, 2021년, 문화기획자나 저자 포함 대상
17) 서울문화재단 〈2021년 코로나 예술 지원, ART MUST GO ON〉, 2021년, 문화기획자나 저자 포함 대상
18) 책 읽는 사회 문화재단 〈독서동아리 지원사업〉, 5인 이상 독서 동아리 지원
19) 예술인복지재단 〈예술인 파견지원사업 - 예술로 협업/기획〉, 협업/기획을 함께하는 기업으로 참여 가능, 예술인과 협업 성과물을 공유

할 수 있지만, 금전적 지원은 없다.

20) 서울 마을미디어지원센터 <마을 미디어 활성화 사업>,

※ 라이브 방송, 책 영상, 낭독 등을 활용한 기획 가능

21) 한국문화예술위원회 <여행지 길 위의 인문학> : 2022년 ~2023년

지원사업은 주관하는 기관도 다양하고, 지원사업별로 지원 기준이나, 내용이 모두 다르다. 그래서 각 지원사업의 공모 내용을 꼼꼼히 읽고, 지원 내용에서 실제로 책방에 지원할 수 있는 금액과 기획료, 진행비, 대관료, 강사료, 교재비, 다과비 등을 알아야 한다.

동네책방, 작은 가게에서 할 수 있는 지원사업은?

동네책방을 운영하다 보면 다양한 지원사업에 노출되어 있음을 알게 된다. 책방은 대부분 영리를 추구하는 사업자(개인, 법인)이지만 문화 공공재인 '책'을 취급하고 있기 때문에 비교적 다양한 문화 지원사업이나 공공 지원사업에 신청할 수 있는 경우가 있다.

예를 들면, 한국작가회의에서 주관하는 '작가와 함께하는 작은서점 지원사업', 한국서점조합연합회 '심야책방', 지역문화진흥원 '동네책방 문화사랑방', 서울평생교육진흥원 '우리동네 책방배움터', 한국출판문화산업진흥원 '지역서점 문화활동 지원사업' 등은 동네책방을 대상으로 하는 지원사업이

다.

꼭 책방만 대상이 아닌 지원사업도 있다. 지역, 마을의 문화 공간으로 지원되는 사업에도 참여할 수 있다. 마을공동체 지원센터에서는 '우리마을지원사업_공간'에 참여할 수도 있고, 한국예술인복지재단의 '예술인 파견지원사업_예술로'에도 1인 기업으로서 참여 가능하며, 서울마을미디어지원센터의 '마을 미디어 활성화 사업', 한국출판문화산업진흥원 '생활문화시설 인문프로그램 지원사업' 등에서는 문화시설, 단체 등과 함께 책방이 대상으로 되는 경우가 많다. 또한 문화 기획자로서 문화/예술 분야의 협업 파트너로서 참여할 수 있는 지원사업도 있다.

나의 강의 만들기 (지원사업에서 강의하기)

7년 동안 많은 지원사업에 신청하고, 선정되고, 진행하면서 가끔은 지원사업을 진행하기보다 강사가 되는 것이 훨씬 낫겠다는 생각을 한다. 이는 진행하는 주체에게 보상하지 않고 마치 자원봉사처럼 무상으로 일하는 것을 요구받기도 한다. 나도 기획서를 작성하면서 여러 강사와 프로그램 진행을 조율하고, 재밌는 프로그램을 기획하기 위해 노력하고, 프로그램 홍보와 모객을 위해서도 정말 큰 노력을 한다. 프로그램을 진행하는 날에는 공간을 세팅하기 위해 영업하던 공간을 재배치해서 좌석과 테이블을 준비하고, 참여자에게 문자를 보내고, 프로그램 진행을 보조하며 사진 촬영이나 다과를 준비하는 일들을 하기도 한다. 특히 사업을 마치고 결과보고서 작성과 정산을 할 때면 많은 시간을 들이기도 하고, 증빙 자료를 작성할 때면 많은 스트레스를 받곤 한다.

물론 강사도 커리큘럼을 만들고, 참석한 사람들의 몰입을 유도하여 프로그램을 진행하느라 수고하지만, 그에 못지않게 많은 일을 하는 서점과 공방 대표는 매우 적은 금액을 받거나 심지어 받지 못하는 경우도 많다. 그렇다면 차라리 나도 초청 강사를 하는 것이 낫겠다고 생각하게 된다.

책방을 운영하는 사람은 북토크나 독서 모임을 진행할 수도 있고, 나처럼 책방 운영이나, 출판, 책 만들기 등의 프로그램을 진행할 수도 있다. 물론 전문 강사처럼 강의 커리큘럼이 명확하지는 않아도, 개인 역량에 따라 얼마든지 프로그램을 진행할 수 있을 것이다. 혹은 책 관련 북토크를 기획해서 운영할 수도 있을 테고, 공방 운영자는 다양한 공방 프로그램을 진행할 수도 있을 것이다.

그래서 나도 내가 꼭 지원사업 신청 단체나 기관으로서가 아닌 강사 혹은 프로그램 기획, 운영자로서 활동을 넓혀가려고 노력하고 있다. 특히 서점의 경우 현대 사회에서 서점의 책 판매 역할은 점점 줄어들고 있고, 다양한 문화 지원사업의 신청 주체로서의 활동뿐 아니라 내가 속한 분야에서 대외적인 활동을 할 수 있는 분야로의 확대를 모색하는 것이 필요하다고 생각된다.

예) 책인감 책방지기로서의 대외 강좌 역량 확대

- 책방, 작은 가게 운영 실무 강좌
- 책방 세무 강좌 및 책방 운영 실무 컨설팅
- 1인 출판 및 출판/유통 강좌
- 도서를 중심으로 크라우드 펀딩 강좌
- 독립출판으로 배우는 글쓰기와 책 만들기

예) 다른 사례들

- 글 쓰기 강좌
- 어린이 독서 강좌
- 독립출판 강좌
- 학교 방과 후 수업 (공예, 목공, 독서지도 등)

현대사회에서 서점은 더 이상 책만 팔아서 운영하기는 어려운 시대이다. 그러나 책을 중심으로 확장된 콘텐츠는 절대 적지 않다. 사람들은 책을 잘 읽지 않지만, 내 글을 쓰고 싶어 하고, 내 책을 만들고 싶어 하는 욕구는 점점 늘어나고 있다. 특히 요즘 시대의 서점이라면 책만 판매하는 공간이어서는 지속 가능한 수익을 얻기는 쉽지 않다. 그런데 현대인들이 독서를 잘 하지 않는다고 하지만, 콘텐츠에 관한 관심은 적지 않다고 할 수 있다. 인스타그램이나, 페이스북, 유튜브를 통해 자신의 일상을 들어내는 사람도 많고, 글을 쓰고 싶어 하는 사람과 책을 내고 싶은 사람도 꽤 많은 것도 사실이다. 그래서 서점은 책 판매 외에도 독서 모임이나 글쓰기, 책 만들기 같은 책과 연관된 프로그램에 관한 수요가 꽤 있다. 또한 직접 책과 연계되지 않아도 책방이라는 아늑한 공간이 주는 프로그램도 가능하다. 책과도 잘 어울리는 나무 공예, 플로리스트와 연계한 꽃 공예 등의 프로그램도 책방에서 연계할 수 있는 프로그램으로 진행할 수도 있다.

도서관이나 문학관에서 진행하는 프로그램에서 서점이나 책방지기와 연계할 수 있는 책 관련 프로그램도 있다. 책 만들기나 글쓰기 같은 경우는 책방을 운영하는 이들에게 조금 친숙한 과정이 되기도 하지만 꼭 책방지기가 이런 분야를 잘 알아야 하는 것은 아니다. 책방지기와 추천하는 책을 함께 읽고 독서 이야기를 나눌 수도 있고, 책방 혹은 문화 공간을 운영하는 이야기를 들려주고, 토론하는 북토크를 할 수 있다.

나는 책인감을 운영하면서 전문 강사는 아니어도 여러 가지 강의 자료를 만들어서 틈틈이 강연하면서 강의 프로그램으로 확장하고, 이를 다시 책으로 출간하기도 한다. 지금까지 책방을 운영하면서 가장 많이 한 강의는 '책방 운영 실무 강좌'이다. 책방 창업과 운영에 필요한 실무를 다루고, 거기에 좀 더 확장해서 '책방에 필요한 세무, 회계'를 강의하기도 하고, '전국 동네책방 투어 이야기'를 다루기도 했다. 이는 서점학교나 책방 창업 스쿨 등에서 강의하기도 했고, 2019년과 2022년에 책으로 출간하기도 했다.

책인감은 내가 운영하는 공간이다 보니 내가 하고 싶은 강의를 많이 만들기도 했다. 제주 여행을 좋아해서 '제주 여행 이야기'도 했고, 과학을 좋아하고, 특히 코스모스 책과 영상을 좋아해서 '과학 강좌'를 진행하기도 했고, 텀블벅 크라우드 펀딩 경험을 살려 '크라우드 펀딩 강좌'를 했고, 와인을 좋아하고 책방에서 금요 와인을 진행하면서 '와인 기초 강좌'를 진행하기도 했다. 오랜 회사 생활 경험을 살려 '회사에서 일 잘하기 위한 팁'을 강연 모임으로 만들기도 했다. 꼭 강연하는 것이 아니더라도 책방에서 영화를 함께 보는 프로그램을 기획하거나, 그림을 그리고 책갈피를 만드는 것을 진행하기도 했다.

이처럼 다양한 강연을 하고, 프로그램을 기획하면서 어떤 프로그램을 사람들이 많이 모이기도 하고, 한두 명뿐이거나 신청자가 없어서 진행하지 못한 경우도 있지만 이런 경험을 통해 다양한 경험을 쌓아갈 뿐 아니라 내가 운영하는 공간에 적합한 콘텐츠를 찾아서 확장하는 방법을 찾기도 한다.

이런 강의 자료를 만들고, 프로그램을 기획한 경험이 쌓여 내가 만드는 책의 토대가 되기도 한다. 앞서도 말한 것처럼 책방 운영 실무에 관한 책으로 2019년 〈책방 운영을 중심으로 1인 가게 운영의 모든 것〉과 이를 개정하여 2022년 출간한 〈동네책방 운영의 모든 것〉이 있었다. 제주 여행에 관해 쓴 〈제주 힐링 여행 가이드〉도 있었다. 지금 쓰고 있는 지원사업 등에 관한 책도 책방에서 지원사업을 경험한 이야기가 담기고 있다. 앞으로도 출간할 책으로 〈회사에서 일 잘하는 사람이 되려면〉, 〈독립출판으로 배우는 1인 출판의 세계〉, 〈일 잘하는 사람에게 필요한 엑셀〉 등을 출간하려고 한다.

〈독서 모임〉 〈과학 독서 모임〉

<책방 운영 실무, 세무, 그리고 지원사업> <이색 동네책방 탐방 / 우리동네 책방 운영 이야기>

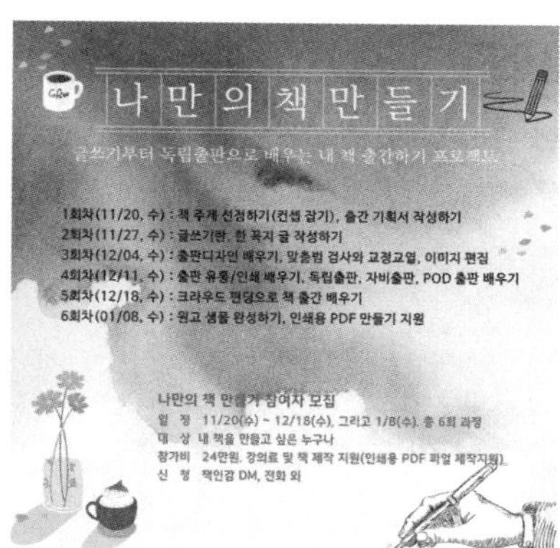

<크라우드 펀딩 배우기> <나만의 책만들기>

지원사업 프로그램을 기획하고, 실행하기에 앞서 지속 가능 여부를 꼼꼼히 살펴야 한다. 지역 문화예술에 기여하고, 좋은 작가를 초청한 강연 프로그램을 진행하는 것도 좋지만, 결국 사업자로서 그 공간을 유지하기 위한 것이 무엇인지를 파악해야 한다. 내가 들이는 노력에 대한 보상을 금전적으로 받거나, 지역사회에 기여한 보람을 얻을 수도 있다. 그러나 지속할 수 있는 운영을 위해서는 최소한의 비용 보전이나 내가 투입할 노력도 일정 수준을 초과하지 않아야 한다. 혹은 지원사업 프로그램이 자체적인 유료 프로그램으로 확장될 수 있어야 한다.

2부 : 지원사업 기획과 실행

8 지원사업 기획서 작성하기

책방을 운영하다 보니 가끔 독립서적 제작자의 입고 문의나 작가들이 북토크가 가능하냐고 문의를 받곤 한다. 그럴 때마다 내가 하는 말이 있다. 독립서적 입고 제안 시 책 소개 등의 개요를 정리한 제안서를 메일로 보내 달라고 한다. 북토크를 제안받을 때도 강의 내용을 비롯해, 어떤 식으로 진행할지, 대상은 누구인지 등의 내용을 정리한 1 페이지 제안서 혹은 기획서를 보내달라고 요청한다.

독립서적이나 북토크 외에도 어떤 일을 제안하거나 보고서를 쓸 때면 내가 제안하는 취지나 목적을 설명하고, 전체적인 진행방식을 비롯한 주요 내용을 정리해서 보여주는 것이 필요하다. 특히 제안하는 내용을 말로 설명하기보다는 '한 페이지 제안서(One Page Proposal)'로 작성할 것을 권한다. 책을 설명하든, 북토크를 설명하던 내가(혹은 제안받는 사람이) 1 ~ 3분 이내에 전반적인 내용을 파악할 수 있도록 정리해서 보여주는 것이 필요하다.

독립서적의 경우, 책의 기획 의도부터 물리적 특성인 사이즈나 가격, 페이지수, 유형(사진집, 그림에세이, 시/에세이, 소설, 논픽션 등), 목차, 샘플 내용 등을 개략적으로 설명할 수 있어야 한다. 제작자 처지만 생각해서 자기의 책이 좋다는 점만 설명하려고 하면, 처음 책을 보는 책방 운영자로서는 설명이 잘 들어오지도 않을뿐더러 설명을 듣는 시간을 내는 것도 쉽지 않다. 그런데 두서없이 설명하는 사람을 상대하는 것은 운영자로서 피하고 싶은 일이다. 그래서 제안하는 내용을 정리한 제안서가 필요한 것이다. 책을 출간할 때도 독자의 선택을 받기 위해서 책의 특장점을 요약하여 설명하는 제안서 혹은 홍보 내용을 요약하는 것이 필요한 이유이기도 하다.

북토크를 제안할 때도 마찬가지이다. 서점 입장에서 누구나 다 아는 작가라면 내가 먼저 섭외할 수도 있고, 이미 진행한 북토크가 잘 알려져 있다면 강연자가 따로 설명할 필요가 없을 수 있지만, 대부분 작가는(사실 꽤 알려진 작가도 나는 모르는 경우가 많다) 북토크를 하고 싶다고 연락해 오면 나는 난감하기도 하고, 어떤 방식의 북토크를 제안하는지도 전혀 모르는 경우가 많다. 때로는 무조건 북토크 하고싶다는 작가의 두서없는 말을 들을 때면 무례하다는 생각도 든다. 그럴 때면 1페이지 분량 정도로 제안하는 북토크 내용을 정리해서 보내달라고 한다. 작가를 소개하고, 어떤 내용을, 어떤 방식으로 진행하고, 주 타킷은 누구로 하고, 어떤 시간[평일 혹은 주말, 주간, 저녁 시간 등]이 가능한지, 몇 명을 대상으로 해야 하는지, 강연식인지, 체험식인지, 토론식인지 등의 내용이 있어야 내가 북토크를 기획을 구체화할 수 있기 때문이다. 내 공간에서 진행하는 북토크는 작가가 하고 싶다고 하는 것이 아니라 공간의 특성에 맞게 프로그램을 기획할 수 있어야 하기 때문이다.

이처럼 무언가를 제안할 때는 제안서나 기획서를 만들어야 하는 것처럼 지원사업도 마찬가지이다. 지원사업에서 사업기획서를 작성한다는 것은 내가 그 지원사업에 맞는 사람 혹은 기관-단체임을 알리고, 적합한 프로그램을 기획하기 위함이다. 지원사업이 아닌 자체 프로그램을 기획하는 것이라면 자율적으로 프로그램을 기획하면 된다. 하지만 지원사업이라면 지원사업의 취지에 맞고 주관사의 요청에 부합하면서도 신청 기관/단체의 특성을 살릴 수 있는 프로그램을 기획하는 것이 필요하다.

이 시간은 지원사업에 대한 기획서를 작성하는 방법을 생각해 보는 시간이기도 하지만, 이는 회사에서 기획서를 작성할 때도, 내가 강사로서 프로그램을 기획할 때도 필요한 기획서 작성 방법을 배우는 시간이다.

지원사업에 신청하기 위해서는 사업신청서 혹은 사업기획서(계획서) 등을 작성해서 제출해야 한다. 대부분 지원사업에서 사업기획서 양식은 정해져 있다. 세밀한 양식을 지정하는 경우에는 글꼴 크기와 줄 간격까지 지정하고, 사진도 몇 장, 항목별로 설명하는 최대 글자 수를 제한하기도 한다. 이처럼 사업기획서는 주어진 양식을 통해 작성해야 한다.

기획서 작성 시 사업 공고문을 꼼꼼히 읽어야 한다. 특히 처음 작성하는 지원사업의 경우 더 꼼꼼하게 살펴야 한다. 공고문에 나온 사업 개요를 살피고 주관사의 방향성에 맞는 사업기획서를 작성해야 한다.

기획서 작성 시 사업 개요 작성에 관해

모든 지원사업의 작성에서 가장 기본적인 것으로 사업 목적을 이해해야 한다. 〈2023년 여행지 길 위의 인문학〉 지원 사업을 예로 들어보자. 이 사업에서 공지한 사업목 적은 '여행지 및 지역 인문 자원 방문객을 대상으로 인문 프로그램 향유 기회 제공'이라고 한다.

우선 개요에 나온 '여행지'는 어디를 이야기하는 것인지 알아야 한다. 여행지라고 하면 보통의 경우 관광지가 될 수 있을 것이다. 서울을 기준으로 경기도나 강원도 관광지로 간다면 〈황순원 문학관〉도 될 수 있고, 서핑의 성지 〈양양〉이 될 수도 있고, 〈사찰〉이나 〈오래된 건축물〉이 될 수도 있다. 서울 내에서도 〈경춘선숲길〉이나 〈화랑대철도공원〉 〈태릉, 강릉〉 등도 가능할 것이다.

'지역 인문 자원'이란 무엇일까? 우선 인문이란 것은 사람과 관련된 학문이라 할 수 있을 텐데, 대체로 인문학이라고 하면 역사, 철학, 문학 등이 해당할 것이다. 그 지역에 있는 역사, 철학, 문학 등의 자원이 있으면 이를 접목할 수 있는 것이다. 즉, 〈경춘선숲길〉을 따라 근현대 역사를 포함할 수 있는 〈화랑대철도공원〉 등을 투어하고 역사나 문학을 강연하기 위해 지역에 거주하는 강사를 초빙하는 것이 이에 해당할 것이다.

'방문객 대상'이라고 하면 방문객은 어떤 이들일까? 〈경춘선숲길〉, 〈화랑대철도공원〉 등을 찾는 관광객이 될 수 있고, 지역 주민도 방문객이 될 수 있다. 여행지를 찾는 사람은 타지에서 온 관광객일 수도 있고, 그 지역 주민들도 그곳을 찾기 때문에 오히려 불특정 관광객만을 대상으로 하는 것보다 지역 주민을 주 대상으로 하고, 타지역 관광객도 모집 대상으로 하는 것이 더 나을 수 있다.

'인문 프로그램 향유 기회 제공'에는 어떤 것이 있을까? 인문 프로그램에는 역사 강의나 체험도 가능하고, 시 낭송이나 소설 읽기, 시인이나 소설가 강연 등의 프로그램을 할 수도 있고, 전통 음악이나 악기를 활용한 공연이 될 수도 있다. 즉 인문 프로그램에 꼭 강연만을 둘 것도 아니고, 다양한 방식을 진행하는 것도 가능할 것이다.

이처럼 사업 목적을 꼼꼼히 살펴보는 것만으로도 누구를 대상으로 어떤 프로그램을 할 수 있을지 선택할 수 있다. 만약 잘 이해가 되지 않는 것이 있다면 주관처에 전화해서 물어보자. 내가 혼자 짐작해서 생각하는 것보다 주관처에 질문함으로써 명확한 답변을 받을 수 있기 때문이다.

사업기획서를 작성할 때면 크게 세 부분으로 나누어 볼 수 있다.

첫째, 신청 단체의 개요와 현황을 소개하고. 둘째, 운영할 프로그램 내용을 소개하고, 셋째 예산 계획 및 일정 계획을 수립하는 것이다. 지원사업에 따라 신청 단체의 사업 목적, 예상 성과, 모객 계획, 강사이력서를 더해 작성하기도 한다.

첫째, 사업 신청 단체의 개요와 현황을 작성할 때면 신청 단체의 개업 연

2023년 <심야책방> 참여 신청서

<table>
<tr><td>서점명</td><td colspan="2">책인감</td><td>창립연월</td><td>2018년 01월</td></tr>
<tr><td>서점현황</td><td colspan="4">진행 여부에 체크하세요. (중복체크 가능)
☑ 2019~2022 심야책방 ☑ 동네책방 문화사랑방
☑ 작은서점 지원사업 □ 지역서점 문화활동 지원 사업
기타 (   ) □ 없음</td></tr>
<tr><td>사업자등록번호</td><td colspan="2">000-00-00000</td><td>대표자명</td><td>○○○</td></tr>
<tr><td>사업장 주소</td><td colspan="2">서울시 노원구 ○○로</td><td>사업장 실 평수</td><td>25평</td></tr>
<tr><td>SNS 주소</td><td colspan="2">instagram.com/○○○</td><td>보유도서권수</td><td>약 0,000권</td></tr>
<tr><td>대표 E-mail</td><td colspan="2">○○○@korea.com</td><td>온라인 진행 가능 여부</td><td>☑ 가능 □ 불가</td></tr>
<tr><td rowspan="3">실무 담당자</td><td>성명</td><td>이철재</td><td>직위</td><td>대표</td></tr>
<tr><td>휴대전화 번호</td><td>010-1234-4567</td><td>이메일 주소</td><td>○○○@korea.com</td></tr>
<tr><td>유선전화 번호</td><td></td><td>팩스 번호</td><td>0000-000-0000</td></tr>
<tr><td colspan="5">위와 같이 2023년 〈심야책방〉 참여 신청서를 제출합니다.

2023년 03월 00일

신 청 서 점 : 책 인 감 (인)
신청인 성명 : 홍 길 동 (인)

사단법인 한국서점조합연합회장 귀하</td></tr>
</table>

〈예제 : 책인감 심야책방 참여 신청서〉

도, 공간 면적, 대표자와 운영자 인적 현황 등이 들어가고, 신청자를 소개하기도 한다. 개요 부분은 사실 위주로 적는 부분이니 특별한 것은 없지만 간결하면서도 명확하게 작성하는 것이 좋다. 그중에서 사업자(가게) 소개자료 작성 시 사업자의 특색을 나타내는 설명이 필요하다. 서점 혹은 공방 중에 어떤 특징을 갖고 있는가 등을 설명해야 한다. 책인감 소개 시 항상 사용하는 문구가 있는데 이는 '책인감은 책, 좋은 책(冊)을 소개하고 판매하는 동네서점. 인, 강연과 모임을 통해 사람(人)이 모이는 곳. 감, 책 읽기 좋은 감성

Ⅰ 서점개요

서점 소개	ㅇ책인감은 OO구 OOO동 있는 동네책방입니다. 20__년 0월 오픈하여, 0년 이상 운영 중에 있습니다. ㅇ좋은 책(冊)을 소개/판매하는 동네책방, 강연과 모임을 통해 사람(人)이 모이는 공간, 책 읽기 좋은 감성(感性) 있는 카페를 만들어, 동네 사람 누구나 쉽게 찾는 문화사랑방을 만들고 있습니다. ㅇ2층(25평)에 위치하여 비교적 여유 있는 공간운영을 통해, 책을 전시하는 공간, 음료를 마실 수 있는 테이블과 의자가 배치되어 있습니다 ㅇ인스타 라이브를 비롯해 비대면 프로그램 진행이 가능한 다양한 영상 장비도 갖추고 있으며, 대형 스마트TV(42인치)와 빔프로젝터, 스크린, 마이크와 앰프를 갖추고 있습니다.
기존 문화활동 프로그램 운영 실적	ㅇ20__년 ㅇㅇㅇ 지원사업 ㅇ20__년 ㅇㅇ사업 ㅇ20__년 ㅇㅇ사업   ㅇㅇ지원사업 / ㅇㅇ지원사업
문화활동 프로그램 운영 공간 확보 여부 사진	  OO 외부 / OO 내부

<예제 : 책인감 심야책방 참여 신청서 _ 서점소개>

(感性) 있는 카페를 만들고 있다'라고 설명한다. 또한 덧붙여서 '동네서점이자 카페 그리고 1인 출판사도 겸하고 있습니다'라고 설명한다. 이처럼 사업자 소개자료에는 그 가게의 특색이 나타날 수 있도록 미리 정리해 놓고, 신청 양식에 따라 분량을 조정하는 것이 좋다.

둘째, 운영할 프로그램 소개하기다. 사업 기획서에서 가장 중요한 부분으로 프로그램 기획 내용을 정리하는 것이다. 기획한 프로그램 소개자료를 작성할 때는 몇 가지 주의할 것이 있다. 우선 프로그램 내용을 장황하게 설명하는 것은 피해야 한다. 아무리 좋은 문장으로 프로그램을 설명한다고 해도 심사관 입장에서 보면, 많은 계획서를 살펴봐야 하므로 모든 문장을 자세하게 살펴보기는 어렵다. 그래서 프로그램 설명은 장황한 문장보다는 간결한 문장이 유리하다. 특히 호흡이 긴 문장으로 설명하는 것보다는 요약한 설명이 곁들여지면 더 읽기에 좋다. 이왕이면 3개 내외의 항목으로 정리해서 설명하는 것을 추천한다. 그리고 텍스트보다 사진이나 표로 설명하는 것도 시인성을 좋게 하는 방법이다.

나는 회사 시절에 '비즈니스 문장' 방식으로 보고서를 작성했다. 비즈니스 문장이란 우리가 일상적으로 대화할 때와 달리 비즈니스(업무)에서는 명확하게 주제를 두괄식으로 말하라는 것이다. 즉, 프로그램 핵심 내용을 먼저 말하고, 이후에 설명하라는 것이다. 마찬가지로 프로그램을 설명하는 데도 앞부분에 주요한 내용을 명확하게 전달하고, 그다음에 프로그램의 세세한 내용을 보태는 것이 좋다. 내가 제출한 기획서를 심사관이 꼼꼼하게 처음부터 끝까지 읽을 것이라는 기대를 하지 않는 것이 좋다. 그래서 기획서의 첫

20_년 <ㅇㅇ사업> 진행 계획 내용

운영일자	20__년 0월 00일 0요일
행 사 명	ㅇㅇ 프로그램
행사내용	시인 2명(OOO 시인 & 추가 1명)과 함께 진행하는 시/에세이 창작의 시간 - 진행 : 사물의 마음들을 ㅇㅇ처럼 쌓아 올린 ㅇㅇ를 만들어보는 시간입니다. 참가자가 가져온 ㅇㅇ, ㅇㅇ을 ㅇㅇ로 ㅇ를 ㅇㅇ하는 시간을 갖고, ㅇㅇ를 ㅇㅇ하며 서로의 ㅇㅇ을 진행합니다. - 비용 : 초청 강사료 00만원(시인 2명), 다과비 00만원 - 일시 : 0월 00일(ㅇ) 저녁 7시~ 9시(시/에세이 창작) (기존 진행 사례)

Ⅱ 문화활동 프로그램 운영 계획

운영일자	20__년 0월 00일(수) 19 ~ 21시		
장소	ㅇㅇㅇ		
참가 인원	00	소요 예산	000,000원
행 사 명	두 시인과 함께 앤솔로지 시집 읽기 (총 4회차 중 1회차)		
행사내용	1회차 〈나 개 있음에 감사하오〉 앤솔로지 시집 읽기를 좋아합니다. 나의 취향에 부합하는 시인과 그렇지 않은 시인들의 만남 취향의 확장. 다채로움의 향연. 무조건 내가 좋아하는 시인이 반드시 있다라는 믿음 때문에 앤솔로지를 읽는 사람들이 좋습니다. 하나의 주제에 대해 이 시인은 어떤 작품을 썼을까라는 기대 때문에 다음 페이지가 계속 궁금한 책을 함께 읽는 독서 모임입니다. 최근 한국 시의 트렌드를 주제별로 만나 볼 수 있는 소중한 시간. 독서 모임을 이끌어가는 ㅇㅇㅇ 시인과 ㅇㅇㅇ 시인은 환상의 콤비로 불리며 활발하게 활동하고 있는 시인들입니다. 명랑하고 쾌활한 ㅇㅇㅇ 시인이 이끌고 이야기를 잘 들어주는 ㅇㅇㅇ 시인이 밀어주는 시 모임입니다. "당신이 좋아하는 시인은 이 중에 누구인가요?" 취향 불문 엔솔로지 시집 읽기 함께 해요.		

〈예제 : 프로그램 계획 _ (위) 심야책방 행사내용, (아래) 오늘의 서점 행사내용〉

줄에 중요한 내용을 설명하는 것이다.

셋째, 예산 계획 및 일정 계획이다. 모든 지원사업에서 예산 계획 수립은 필수 항목이다. 많은 지원사업 신청자가 어려워하는 부분이기도 하다. 회사 및 조직 생활을 경험한 이들에게 예산 계획을 수립하고 정산하고, 결과 보고하는 것은 익숙한 일이기도 하지만, 자원활동가나 처음 지원사업을 시작한 이들에게는 어렵다고 느껴지기는 부분이기도 하다.

지원사업마다 예산 사용 기준이 다르기 때문에 예산과 일정 계획을 작성하기 전에 공모서나 예산 사용 기준안을 꼼꼼하게 살펴봐야 한다. 예산 사용에 우선 계정별 혹은 지급 한도를 정확하게 파악해야 한다. 강사에게 1인당 지급할 수 있는 강사료 기준을 살펴보면, 강사료 지급 기준에 따라 강사 등급별에 따라 지급할 수 있는 강사료가 다른 경우에는 해당 강사에게 지급할 수 있는 한도를 꼭 살펴야 한다. 일반적으로 전문가나 사업 대표라 해서 강사료 한도를 마음대로 적용할 수가 없다. 특히 공공기관의 경우 강사 등급에 따라 지급 기준이 달라서 내가 초청한 강사의 적용 등급을 꼭 확인해야 한다. 내가 했던 사업 중 '인문 프로그램'의 경우 인문 전문가에게 지급할 수 있는 강사료는 시간당 8만 원으로 지정되어 있고, 하루 3시간까지, 한 달에 30시간까지 명확한 적용 기준이 있었다. 시간 없다고 하루에 두 번 프로그램할 수 없고, 이런저런 사정이 있다고 해서 한 달에 프로그램을 몰아서 해도 안 된다.

어떤 지원사업에서는 강사 적용 기준이 공무원 지급 기준으로 요청하는데, 공예 전문가나 작가를 초청할 때 증빙에서 문제가 발생할 수도 있다. 공

Ⅲ ㅇㅇ 프로그램 운영비 산출내역서(안)

구분			산 출 내 역(원)	총 사업비(원)	비 고
항 목	세 부 내 역			계	
총 계				0,000,000원	
1	ㅇㅇ과 함께 시집 읽기 (총 4회차)	소 계		0,000,000원	
	강사료(시인)		- 000,000원/인 × 2명 × 4회	0,000,000원	
	도서구입비		- 도서구입비 00,000원 × 00권	000,000원	
	다과비		- 0,000원/인 × 00명 × 4회	000,000원	
	재료비		- 0,000원/인 × 00명 × 4회	000,000원	
	홍보비		- 배너제작: 디자인 및 제작비 000,000원 × 0건 =	000,000원	
2	새로운 트렌드, 화제작 읽기(총 4회차)	소 계		0,000,000원	
	강사료(시인)		- 000,000원/인 × 1명 × 4회	0,000,000원	
	도서구입비		- 도서구입비 00,000원 × 00권	000,000원	
	다과비		- 0,000원/인 × 00명 × 4회	000,000원	
	홍보비		- 배너제작: 디자인 및 제작비 000/000원 × 0건 =	000,000원	

<예제 : 예산계획 샘플

방을 운영하는 전문가이지만 학위나 자격증으로 인증받는 것이 어려우면 일정 금액 이상을 지급하지 못할 수 있다.

지원금 사용 시 예산 계정 내에서 사용하는 것도 주의해야 한다. 지원사업에 따라 총지원금을 자율적으로 계획을 수립하여 사용하는 경우도 있고,

예산 계정에 따라 한도를 정해놓은 경우도 있다. 예를 들면 '강사료를 비롯한 인건비는 전체 사업 금액의 50%를 초과할 수 없고, 1인에게 지급할 수 있는 최대 한도는 전체 사업비의 30% 수준으로 제한한다.'라는 식이다. 그 외에도 홍보비는 00만 원 한도, 재료비 한도, 다과비는 1인당 기준액과 한도액이 정해져 있는 경우가 있다. 당연히 예산 기준에 맞춰 계획을 수립해야 한다. 아무리 기획한 프로그램이 좋아도 기준에 맞지 않는 예산 계획을 수립하면 서류 심사에서 탈락할 가능성이 높다. 사소한 예산 기준 초과는 선정된 이후에 조정하기도 하지만 기준에 맞지 않는 예산 계획을 수립한 신청서는 탈락할 가능성이 높다.

예산을 실제로 사용할 때는 계획과 달라지는 경우도 생기게 되는데 이때는 주관사의 예산 조정 기준에 맞추어야 한다. 예산 계정은 주관사나 시스템에 따라 다른데 큰 계정 안에서 세부 계정은 더 손쉽게 조정할 수 있는 경우도 있지만 항상 주관사 담당자에게 확인 후 조정해야 한다. 예를 들어 다과비를 재료비로 변경해서 사용한다고 할 때 '그 사업'에서 예산 계정 과목이 다르면, 사전 합의 후 변경해야 하기 때문이다.

주관사 입장에서 보면, 가장 좋은 것은 예산을 계획대로 사용하는 것이다. 선정 심사 시 예산 계획은 실행력 평가에서 중요한 부분이기 때문에 강사료를 과도하게 책정했거나, 다과비나 식대 등이 실행력 있게 작성했는지 판단할 수 있기 때문이다. 또한 증빙에 문제가 없는지도 예산 수립할 때 고려해야 한다. 특히 다과비가 인당 정해져 있다면, 자칫 프로그램에 참석한 사람이 적으면 정산 시 지적 사항이 발생할 수도 있다. 이는 계획 수립 시 과도한 모객 계획을 수립해도 문제가 될 수 있으니, 실행할 수 있는 근거로 예산 계획을 수립하는 것이 좋다.

이처럼 사업기획서 작성에 있어 형식적인 부분에 있어 3가지 항목으로 정리해 봤다. 그런데 내가 작성한 사업기획서가 선정되기 위해서 또 어떤 점을 고려해야 할까?

신규 프로그램을 기획한다면

지원사업에서 신규 프로그램을 기획한다는 것은 어떤 것일까? 지원사업에서는 동일한 프로그램으로 지원받은 적이 있다면 안되다는 기준도 있다. 이는 동일 프로그램으로 중복해서 지원받지 말라는 의미이다. 그래서 신규 지원사업을 신청할 때면 새롭게 프로그램을 기획하는 경우가 있다.

☞ 새로운 강사를 초청하는 것은 어떨까?

서점의 경우 시인과 진행하는 시 낭송, 시 쓰기 등의 프로그램이나, 소설가와 소설 읽기 혹은 짧은 소설 쓰기 등의 프로그램이 가능할 것이다. 그렇다면 새로운 프로그램을 한다는 것은 초청 강사를 바꾸는 것이 한 방법이다. 시인, 소설가를 연주가나 공예가를 섭외해서 프로그램하는 것도 있다. 아니면 전문 강사가 아니더라도 직장이나 자영업자 중에 강의 혹은 프로그램 진행이 가능한 경우도 있을 것이다. 조경회사에 다닌다면 〈집에서 하는 조경

가이드〉, 카페 사장이라면 〈핸드 드립 커피에 관한 강의〉나 〈와인이나 맥주에 관한 강의〉를 할 수도 있다.

☞ 기존 강사와 새로운 프로그램을 해보는 것은 어떨까?

시인이 강사라면 '즉석 시 버거'라는 조금 독특한 시 창작 프로그램을 하거나, '시인이 쓴 에세이 함께 읽기' 같은 조금 다른 프로그램을 기획해 보는 것도 좋다. 소설가는 소설 쓰기를 조금 변형해서 '30분 만에 엽편 소설 쓰기', '하루만 하루끼' 등 조금 색다른 진행 방식의 프로그램을 기획해 보는 것은 어떨까?

☞ 콜라보 프로그램을 기획하는 것도 가능하다.

새로운 프로그램에 너무 얽매이지 않더라도 기존 강사들을 콜라보해서 새로운 프로그램을 만들어 보는 것도 좋다. 예를 들면 '시인과 성우가 함께하는 낭독회', '시 낭송이 있는 플루트 음악회' 혹은 나무 공방과 협업하여 '우드 버닝으로 나만의 나무 책갈피 만들기', 'AI로 쓰는 글쓰기와 작가가 쓴 글쓰기 비교하기' 등의 프로그램을 진행하는 것은 어떨까?

신규 프로그램을 기획하는 것은 진행하는 입장에서도 쉽지 않을뿐더러 사업기획서를 작성하는 데도 어려운 점이 있다. 완전히 새로운 프로그램을 기획하는 것도 좋지만 그럴 경우 완성도 높은 기획서를 작성하기 어렵고 모객이나 사업 진행에서도 어려움이 생길 수 있다.

그래서 내가 사업기획서를 작성할 때면 강사와 협의하는 중에 일정 부분만 새로운 프로그램으로 전환하는 것이다. 기존에 했던 프로그램의 70%를 유지하는 선에서 계획하고, 30%는 새로운 프로그램과 새로운 강사와 하려고 한다. 이는 반복되는 프로그램에서 어느 정도 탈피해서 차별화된 프로그램을 기획하되 내가 들여야 하는 노력도 고려하는 것이다. 내가 들이는 노력이 100%라고 하면, 기존 프로그램 70%에 내 노력 30%를 들이고, 새로운 프로그램 30%에 내 노력 70% 정도를 투자하고 있다. 새로운 프로그램은 모객도 힘들고, 새로운 강사와는 프로그램 세팅과 협의에 큰 노력이 들어간다. 그렇다고 기존에 해왔던 프로그램 위주로 계획서를 작성하면 선정 가능성이 떨어지기 때문에 내가 할 수 있는 역량을 적당하게 배분하는 것이다. 내가 만약 새로운 강사와 새로운 프로그램 위주로 지원사업을 기획한다면 몇 건만 해도 지쳐서 지원사업을 지속하기 어려울 것이다.

지원사업 계획서를 작성할 때면 사업계획을 너무 세부적으로 수립하지는 않는다. 선정되기 전에 너무 세부 내용까지 강사와 협의해서 작성하게 되면 탈락했을 때 내 에너지 소모가 심하기 때문이다. 선정 단계에서는 실행력을 고려한다고 해서 너무 정교하게 계획을 수립하느라 지치지 않도록 한다. 개략적인 계획으로 제출하되 사업에 선정되면 세부적인 계획을 확정하는 방식으로 진행하는 것이 좋다.

또 하나 지원사업에 너무 의존하지 않아야 한다. 나는 지원사업이 내게 도움이 많이 되거나, 꼭 그 프로그램을 해보고 싶을 때는 해당 사업계획서 작성에 더 큰 노력을 기울이기도 한다. 그러나 탈락했더라도 전혀 아쉬울 것

없이, 나 말고 다른 사람에게 좋은 기회가 갔다는 마음을 갖는다. 그래야 나도 마음 편하고, 다음 지원사업에 도전할 때 부담감이 줄어든다.

"나는 사업계획서를 작성하기 시작할 때부터 정산할 때 문제가 없는지 생각하며 작성한다."

우선 사업기획서를 수립할 때 너무 많은 프로그램 횟수를 넣거나 증빙 횟수가 많은지 확인한다. 물론 프로그램에 따라 여러 차수로 나누어 진행하는 것이 필요한 경우도 있지만, 사업을 진행하는 내가 지치지 않을 정도의 횟수를 수립하려고 한다. 2022, 2023년 '지역서점 문화활동' 지원사업의 경우 500만 원의 예산으로 5회 이상 계획을 수립해야 했는데, 딱 5회만 하면 심사에서 경쟁력이 없을 것 같아서 4회짜리 프로그램 2개를 기획했다. 매번 다른 프로그램을 기획하면 운영자도 모객을 차수마다 달리 해야 하고, 준비 사항도 매번 다르기 때문에 진행할 때 어려운 점이 있다. 그래서 다회 프로그램을 진행하는 것이 준비하는 데는 유리하지만, 실제 프로그램 진행에서도 글(시) 쓰기나 소설 프로그램에서 4주 차 과정으로 기획하는 것이 적정하기 때문이기도 하다. 프로그램은 꼭 강연이 아니어도 전시나 공연도 할 수도 있지만, 내가 프로그램을 진행하는 데 너무 무리하지 않았으면 한다. 특히 1인 사업자의 경우 모든 걸 혼자 준비해야 하는 경우에는 더 그렇다.

때로는 정말 내가 하고 싶은 프로그램을 기획할 때도 있다. 특히 새로운 도전을 하고 싶은 프로그램에서는 정말로 몸이 힘들게 준비할 때도 있지만 지원사업에서는 예산의 도움으로 부담 없이 시도해 보는 기회가 되기도 한다. 2023년 10월 심야책방 프로그램이 그중 하나이다. 시인과 성우의 콜라보 시 낭송 및 북토크였는데, 우연히 손님으로 찾아온 성우와 인연이 되어 시인과 협업하여 진행했다. 새로운 프로그램을 할 때면 내가 프로그램 기획에 주체적인 역할을 할 때가 많다. 시인과 성우는 서로 모르는 사이였고, 함께 사전 미팅하기에는 적정치 않았기에 내가 두 사람과 각각 협의해서 프로그램을 다듬어 갔다. 이럴 경우 모객도 쉽지 않은 편인데, 인스타와 블로그에 여러 차례 사전 홍보 글을 올리기도 하고, 책방 손님들에게 따로 문자 안내도 하면서 모객에도 많은 신경을 썼다. 이처럼 내 처지에서 시간적, 공간적, 심적 투자가 많아지게 된다. 매번 이렇게 노력을 기울여야 한다면 나는 지쳐서 계속하지 못할 것이다. 그러나 가끔은 이렇게 새로운 것을 시도하는 것은 즐거움뿐 아니라 경험을 배우기도 해서 일정 부분은 새로운 시도를 하려고 한다.

프로그램에 독창성이 있는지? 성과를 어떻게 측정할 수 있는지? 실행에 무리가 없는지? 얼마나 많은 사람들이 참여할 수 있는지? 참여자를 다양하게 할 수 있는지(특정 참여자 위주가 아닌, 주민 모두 참여하고, 특히 소외계층 참여를 포함할 수 있을지 점검해야 한다.

※ 소외계층에는 장애를 갖고 있는 사람이나, 어르신, 아이들, 학교 밖 청소년 등이 해당한다.

입시를 준비하는 사람은 수능을 준비하면서 출제자의 의도에 맞추어 준비하게 된다. 취업하려고 해도 나의 역량을 늘리기 위해 스펙을 쌓는 데 치중하지만, 해당 기업에 입사하기 위해 그 기업에 맞는 자기소개서를 준비하고, 면접을 준비해야 한다.

지원사업도 마찬가지이다. 지원사업에 선정되기 위해 나는 '사업기획서'를 작성해서 제출한다. 결국 이 사업기획서를 보는 사람은 그 사업의 주관사와 심사관이다. 대부분 주관사에서는 담당자가 사업기획서가 기본적으로 갖추어야 할 것을 체크하는 서류를 심사하고, 선정할 때는 외부 심사관을 초청하여 진행한다. 심사관은 짧은 시간 동안 많은 신청서를 검토해야 하므로 사업기획서를 자세하게 살펴보기는 어렵다. 그래서 심사하는 사람들의 처지를 생각하고 사업계획서는 차별성과 실행력을 잘 표현해야 하지만 또 한편으로 한눈에 들어오는 시인성도 생각해야 한다. 앞서 말한 것처럼 사업계획서의 중요한 내용이 한눈에 들어오도록 항목을 요약하거나, 표나 그림으로 정리하는 것도 필요하다. 항상 내가 작성한 내용이 어떻게 보일까를 고민했으면 한다.

※ 활용 TIP.

자기소개서를 쓰거나 회사에서 기획서를 작성하거나 지원사업에서 기획서를 작성할 때도 마찬가지로 읽는 사람을 기준으로 써야 한다. 내가 하고 싶은 말만 늘어놓는 기획서는 읽는 사람을 불편하거나, 눈길이 가지 않게 한다. 지원사업 시사관은 어떤 사람들일까? 대학 교수일 수도 있고, 국가 기관에 몸담은 사람일 수도 있고, 해당 지원사업 분야에 대해 잘 알고 있는 사람일수도 있지만 내가 기획한 지원사업의 내용의 맥락을 세세하게 알고 있는 경우는 거의 없다. 해당 분야에 오랜 연륜을 갖고 있는 사람이라도 지원 업체 하나하나의 내용을 파악하고 알아보기는 쉽지 않기 때문이다. 그래서 기획서를 작성할 때는 이 분야를 잘 모르는 사람도 알아보기 쉽게 간결한 문장으로 요점을 위주로 설명하는 것이 필요하다. 간결한 문장으로 작성하되 그 기획서 만의 특색이나 차별성을 강조하는 것을 잊지 말아야 한다.

소설을 쓰는 프로와 아마추어의 차이를 자기가 하고 싶은 말만 쓰는 이를 아마추어라 하고, 타인이 읽고 싶은 글을 쓸 수 있어야 프로라고 한다. 세상의 모든 것이 이와 같다. 사업 기획서는 주관사와 심사관 관점에서 취지와 실행력을 빠르게 파악할 수 있게 써야 한다. 특히 용어 사용에서도 주의해야 한다. 내가 아는 용어라고 타인도 모두 안다고 생각하면 안 된다. 처음 보는 사람도 알 수 있는 쉬운 문장으로 설명하는 것이 기획서에서는 중요한 요소이기도 하다.

실행력을 고려한 기획

사업기획서에 실행력 있는 기획 혹은 현실성 있는 기획이란 무엇일까? 사실 지원사업에 도전하는 많은 사업자가 가장 어려워하는 일이 아닐까 한다. 기업에서는 중요한 행사나 보고에 앞서 시나리오에 맞춰 시뮬레이션을 해보는 경우가 많다. 예를 들어 시 낭독 행사를 하면, 시를 몇 편 낭독하는가에 따라 시간이 나오고, 낭독 후 이야기 나누는 시간 질문하는 시간 등을 점검하다 보면 총진행 시간이 나오고, 참석 인원에 따라 좌석 배치는 어떻게 되고, 진행할 때 강연식으로 할지, 좌담회 식으로 할지, 토론식으로 할지에 따라 준비할 것이 다르다. 또한 모객에서도 인스타를 통해 홍보하고, 기존 회원이나 지역 커뮤니티에 홍보하는 방법도 제시하게 되면 조금 더 구체적인 방법으로 이해될 것이다.

강사의 경우에도 사업에 선정되기 전이라도 확정된 강사가 될 수도 있고, 인력 풀을 통해 여러 후보자 중 한 명이 선택될 수도 있는데 이를 기획서에 잘 나타내는 것이 실행력 있는 프로그램으로 보일 수 있다.

나는 프로그램을 기획하는 단계에서 이미 강사와 충분한 이야기를 나누고 계획서를 작성한다. 강사와 세부 계획까지는 확정하지 않아도 지원사업 선정 결과가 발표되는 시점을 공유하면서 사전에 일정과 프로그램 개요를 공유한다. 사업계획서에 들어갈 세부 내용은 대부분 내가 작성하는데, 사업 진행과 모객, 정산 방법까지 어느 정도는 머릿속 시뮬레이션을 통해 계획서를 수립한다. 다양한 프로그램을 진행해 온 덕에 프로그램에 따라 어느 정도 참여자가 신청할지 예상할 수 있다. 작은 동네서점의 특성상 많은 인원을 목표하기보다는 6~8명 내외의 참여자로 계획한다. 강사료나 재료비, 다과비 예산은 사업 선정 및 진행에 무리 없는 수준을 고려해서 작성하고 특히 참석 인원이 예상보다 적어도 예산을 사용하고 증빙하는 데 무리가 없는지를 판단해서 계획을 수립한다.

프로그램 진행에 따른 시나리오 진행을 점검하고, 중요하게 체크해야 할 사항을 예산과 더불어 엑셀로 따로 작성해서 관리하고 있다.

☞ 실행할 수 있는 일을 기획하자

나는 프로그램 기획서 작성 시 현실성, 실행할 수 있는 계획을 세우려고 한다. 많은 지원사업 기획자가 장밋빛 희망으로 계획을 수립하기도 하는데, 작가에 따라 모객 인원이 영향을 받는 북토크의 경우 신청자의 의지로 많은 수십 명 참석하는 계획을 수립하거나 여러 차례 릴레이 북토크를 계획했다가 신청자가 없어서 어려움을 겪기도 한다. 이처럼 의지만으로 과도한 계획을 수립하는 것보다는 무리하지 않은 적정 인원에서 실행 가능한 계획을 수립하는 것이 좋다. 지원사업에서는 참여자 수에 따라 초청 강사비 차이가 있는 것은 아니니 무리하게 참여자를 늘리는 것보다는 유익한 강사 혹은 꼭 모시고 싶은 강사를 초청하는 것도 좋다.

☞ 정산을 고려한 기획

결과보고서 작성할 때 정산에 무리가 없는 기획을 하는 것이 필요하다. 무리하지 않는 계획이란 무엇일까? 예산 사용 및 증빙에서 변동성 있는 요인은 줄이거나 간편하게 하는 것이 좋다. 예를 들어 강사료나 대관료 등은 누구에게 얼마를 준다는 것이 정해져 있다. 그러나 재료비나 다과비는 어떨까? 재료비도 사는 품목이 명확해서 한 번에 결제한다면 증빙도 간단할 것이다. 다과비의 경우 참석 당일만 결제해야 하는 예도 있고, 싸게 사기 위해 마트에서 사면 10원 단위로 결재하는 경우가 많아서 재료비 합산을 계산하고, 증빙하는 데 큰 노력이 필요하다. 그런데 편의점에서 사면 100원 단위로 계산되는 경우가 많아서 합산하는 데 조금 수월하기도 하다.

나는 이럴 때 가능하면 주변 카페나 베이커리 등에서 일괄 결제하는 것이 편리하다고 생각한다. 1인당 다과비 예산에 맞추어 카페에서 디저트를 일괄로 구매하면 증빙은 훨씬 간단하기 때문이다. 사실 인근 카페에서 사면 단가가 높은 편이다. 그러나 이는 진행하는 사람이 선택할 문제이기도 하다. 조금 복잡하지만, 다양한 먹거리를 제공하고 싶으면 마트에서 구입하고, 조금 편리하게 하려면 인근 카페나 베이커리에서 한 번에 결제하여 가져오는 것도 좋다. 그러나 지원사업에 따라서 카페나 베이커리에서 결제를 못 하는 예도 있으니, 기준을 잘 살펴봐야 한다.

☞ **차별성 부여하기**

지원사업에 선정되기 위해서는 결국 경쟁에서 통과해야 한다. 지원사업에 신청하는 (민간) 사업자나 단체는 나름 훌륭한 사업기획서를 작성하고자 한다. 지원사업에 따라 다르지만, 동네서점 등을 대상으로 하는 지원사업에는 선정대상에 비해 2배에서 많게는 5배까지 신청하곤 한다. 이때 사업기획서를 경쟁력 있게 작성해야 선정 가능성이 올라 가는 것도 당연하다. 기본적으로 사업 취지에 맞아야 하고, 지원 기준에 부합하는 프로그램을 기획하게 되는데 선정되기 위해서 중요한 점 중 하나는 차별성이다. 비슷비슷한 프로그램에서 해당 신청 기획서만의 차별성이 있으면 눈에 띄는 기획이 될 수 있기 때문이다. 내가 기획서 작성 시 중요하게 생각하는 점은 동네서점이란 정체성을 갖고 있으면서 다양한 문화를 접목한 확장성이다. 그동안 좋은 시인들을 만나서 시 관련한 다양하고 독특한 프로그램을 기획할 수 있었다.

〈질문의 시작법〉, 〈즉석 시 버거〉, 〈시인이 쓴 에세이 함께 읽기〉, 〈AI로 글쓰기와 시인의 콜라보〉 등 기존 시 프로그램과는 다른 다양한 시 창작, 시 관련 프로그램을 기획했다. 이는 시인들의 힘이 크게 작용했다. 반면에 나는 시라는 문학에 다른 문화를 접목하는 시도를 해왔다. 〈시 낭송과 플루트 앙상블〉, 〈시인과 성우의 시 낭송과 북토크〉, 〈책방지기들과 북토크〉 등의 프로그램을 기획하면서 동네책방에서 즐기는 다양한 문화 프로그램을 강조해왔다. 2023년에는 소설가와 소설 쓰기와 책 출간까지 이어지는 프로그램을 진행하기도 했고, 극작가와 함께 시나리오 낭독을 하는 등 새로운 프로그램을 기획하고자 했다.

9 지원사업 진행 시 알아야 할 것

프로그램을 진행할 때면 어떤 것을 챙겨야 할까? 지원사업 하나만 하더라도 해야 할 일들이 있다. 사업을 진행하면서 어떤 서류는 강사가 오는 날 직접 받아야 할 서류도 있고, 프로그램 시행 전후에 챙겨야 할 것들도 있다.

나는 회사 시절에 행사를 진행할 때면 체크리스트와 일정표, 시나리오 등을 작성해서 진행 과정에서 준비하고 확인해야 할 것을 챙겼다. 책인감을 운영하고 여러 지원사업을 진행하면서 항상 관리하는 파일이 있다. 우선 지원사업별로 컴퓨터에 폴더를 따로 관리한다. 연도별, 사업 공모 날짜를 기준으로 지원사업별 폴더를 만들고, 그 하위 폴더로 공모 신청, 진행 과정, 정산-결과보고서, 결과 사진 등을 만들어 파일을 분류하고 정리한다.

지원사업 건수가 많다면 사업별 관리가 복잡할 수 있으니, 예산관리를 비롯해서 사업별 혼합되지 않도록 한다. 가능한 엑셀로 중요한 항목을 관리하는 것도 좋다. 강사비, 다과비, 재료비 등의 항목과 지급 대상, 월별 지급 등을 기록하는 관리표를 만들어서 항목별 월 단위로 정리한다. 영수증이나, 출석표, 강사확인서 등은 작성 후 바로 스캔하고 파일로 저장한다. 출석표와 강사확인서, 개인정보제공동의서는 진행하는 날 현장에서 사인을 받아야 해서 잊지 않으려고 노력한다. 참석자 사인의 경우 강의 당일에 받지 않고 나

중에 받으려면 더 많은 시간과 노력이 든다. 현장에서 받지 못한 경우 다시 방문하기는 어려우니, 메일이나 카톡으로 서류를 보내서 사인 후 사진을 찍어서 보내달라고 하면 되니 이점도 참고하자.

가끔은 만족도 조사를 현장에서 종이로 받는 예도 있는데, 요즘은 대체로 구글 등 온라인 폼으로 받고 있으니, 참가자들의 연락처만 잘 정리해 놓으면 사후에 받는 것도 어렵지 않다. 출석표 외에도 개인정보동의서 혹은 사진 촬영 동의서 등을 받아야 하는 예도 있다. 항상 운영에 필요한 양식을 미리 살펴보고, 현장에서 받아야 할 서류는 잊지 말고 준비해 놓자.

다과비나 재료비 등 프로그램을 위해 산 물품은 증빙 방식에 따라 증빙자료를 남겨야 한다. 요즘은 정산보고서 제출 시 종이서류보다는 한글이나 PDF 파일로 제출하는 경우가 많다. 파일로 제출할 때면 카드 영수증, 이체확인증, 세금계산서, 견적서, 거래명세서 등을 첨부해야 하고, 출석표나 개인정보동의서 등도 문서 파일에 사진으로 첨부한다. 영수증이나 이체확인증 등은 스캔, 사진으로 첨부할 수가 있다. 영수증 등은 스캔하면 선명한 사진 파일로 첨부할 수 있다. 스캐너가 없더라도 스마트폰으로 사진을 찍어서 첨부하면 되니 어렵지는 않다. 이때 사진이든 스캔이든 발생했을 때 바로 파일로 작업할 것을 권한다. 증빙에서 어려워하는 점을 보면, 영수증이나 서류를 모아두었다 한 번에 하려다가 빠진 영수증이나 서류로 인해 다시 작성할 때 일이 더 많아지곤 한다. 그때그때 정리해 놓지 않으면 나중에 배로 어려움이 생긴다. 난 비교적 많은 지원사업을 혼자서 관리하기 때문에 제때 파일 작업을 하려고 노력한다. 지원사업별 폴더 관리, 예산표 및 계정별 사용 내용 관리를 엑셀로 관리하는 것은 나의 가장 중요한 지원사업 관리 포인트이다.

모객 관리

프로그램을 진행하면서 가장 힘든 일을 꼽으라고 하면 '모객'이 가장 어렵다고 말하는 이들이 많다. 모객하는 방법은 정답도 없고, 지름길도 없다고 할 수 있다. 모객은 어떤 프로그램으로 기획했는가에 따라 다르고, 어떤 강사가 진행하는가에 따라 다르고, 어떤 기관 혹은 서점, 공방에서 할 때도 다르며, 비교적 큰 규모의 기관도 어려워한다.

우선 모객하는 데 있어 기관과 민간의 입장은 다를 수 있다. 기관에서는 누구에게나 공평한 기회를 주기 위해 노력하고, 행사 참가비는 무료인 경우가 많다. 특히 서울이나 수도권에는 다양한 기관이 있고, 그곳을 이용하는 이들도 많다. 기관에서 모객하는 데 있어 어려움 중 하나는 기관 취지상 참가비나 참가보증금을 받기 어렵다 보니, 미리 알리지 않고 참석하지 않는 노쇼가 많다는 것이 문제이다. 무료 강좌라는 특성상 페널티가 거의 없기에(다음 행사 참여 제한 정도의 페널티를 줄 수 있으나 기관에서 많은 프로그램을 진행하고 있으면, 이를 통해 프로그램 신청 불가 페널티를 주려고 관리하는 것도 만만치 않은 일이 된다) 실제 참여 가능 여부를 꼼꼼히 따지지 않고 신청하는 신청자가 많기 때문이다. 특히 강사 인지도가 높아서 신청자가 몰리는 프로그램의 경우, 노쇼가 많으면, 행사 당일 한쪽에 텅 빈 좌석을 보면서,

마감 안내로 신청받지 못한 회원들에게 미안한 마음이 들기도 한다.

기관은 나름대로 참여자에게 행사일을 앞두고 며칠 전부터, 행사 당일까지 문자 안내를 보내곤 하지만, 이 또한 들이는 노력(인력과 문자 발송 비용)에 비해 노쇼가 많이 발생하면 허망하기도 하다.

민간단체나 개인사업자인 가게에서 모객할 때는 어떨까? 기관과 달리 관리할 인력도 부족하고, 문자 발송 안내처럼 비용을 들여서 관리하는 것도 금전적, 시간적 어려움이 있다.

그럼에도 참여자 관리와 회원들을 위한 관리가 필요하고, 이에 대해 노력을 들이는 것이 필요하다. 우선 기관에 비해 인력이 부족하고, 비용도 부족하지만, 행사 진행과 관리에서 유연함을 발휘할 수 있는 여지는 더 많을 수 있다. 참가비와 관련해도 요즘 일부 지원사업에서는 최소한의 다과비와 재료비를 참가비나 참가보증금으로 받는 것을 허용하는 경우가 많아지고 있다. 참가비나 참가보증금이 진행 기관의 수익보다는 다과비나 재료비로 돌려주는 비용으로 할 수 있기 때문이다.

특히 민간 기업(서점/공방 외)을 대상으로 한 지원사업에서 진행 기업에 별도의 지원금(인건비나 대관료 등)이 없다면 참가비를 통해 일부 수익을 보전하는 것도 필요하기 때문이다. 더구나 모든 행사에서 무료 행사에 비해 작으나마 참가비 혹은 참가보증금을 낸 경우에 노쇼가 확실히 줄어든다. 책인감 사례를 보면, 행사 내용에 따라 다르지만, 무료 강좌는 당일 취소나 당일 노쇼가 많게는 30% 정도는 발생하는데 참가비나 참가보증금이 있으면 10% 이내로 줄어든다. 특히 다회로 진행되는 경우에는 노쇼한 사람이 회차가 진행될수록 늘어나는 경향이 있다.

무료 강좌에 신청한 사람도 정말로 바쁘거나 중요한 일이 아니라면 참여하겠지만, 무료 행사는 대체로 노쇼 가능성이 올라간다. 유료 행사에 신청하는 참가자는 일정을 더 꼼꼼히 체크하고 신청하기 때문에 노쇼를 낮추는 방법이기도 하다.

참가비나 보증금을 내면 당일 노쇼나 취소를 해도 이미 보증금으로 페널티를 지불하면 미안한 마음이 덜 한데 비해 무료 참가는 당일 노쇼나 취소로 미안한 마음도 있지만 이를 지불하지 못했다는 심리적 부담으로 해당 가게를 방문하기 어려워지기 경우도 있다. 차라리 참가비도 노쇼 비용으로 지불했으면 참여하지 못한 사람도, 가게 운영자도 노쇼에 대한 페널티를 지불했기 때문에 심리적인 부담이 적어져 이후에도 고객과의 관계가 무리 없이 이어질 수 있다.

참가비 문제도 있지만, 1인 기업(가게)이라 해도 참가자 관리는 좀 더 세밀하게 했으면 한다. 우선 프로그램을 알리는 데에는 서점이나 공방의 SNS(인스타그램, 블로그, 페이스북, 당근 등)를 통해서 알리기도 하지만 이는 일방적인 공지에 해당하므로 참여자와 유대감을 갖고 소통하기가 쉽지 않다. 카카오톡 서비스에서 제공하는 일정 관리 프로그램은 카카오톡 사용자인 상대에게 카카오톡을 통해 일정을 개별로 자동 안내하고 있어 매우 유용하지만 이를 위해서는 전화번호를 등록하거나 카카오톡 아이디를 등록하는 과정을 거쳐야 한다. 참가자의 개인정보를 등록하고, 교환하는 것은 다소 조심해야 할 부분이다. 책인감에서는 고객 전화번호를 가능하면 등록해서 관리하지 않으려고 한다. 어느 정도 친분이 쌓이고 동의한 경우에만 전화

번호를 저장하여 관리한다. 이는 상대에게도 나에게도 개인 프라이버시를 침해할 수 있는 여지가 있기 때문이다. 그래서 가능하면 전화번호 등록 없이 문자를 보내려고 한다. 문자를 보내는 데 있어 대량 문자를 보내기 위해서는 유료 서비스를 이용하면 비용 부담이 있어 가능하면 내 스마트폰 문자로 보내고 있다. 이를 좀 더 편하게 하려고 노트북과 스마트폰을 연결해서 노트북으로 문자를 보내고 있다. 전화 문자는 한 번에 20명까지는 무료로 발송할 수 있다. 이때도 조심해야 하는 것은 요즘 문자도 카카오톡 단체방 기능처럼 다른 사람이 답신을 올리면 같이 올려지는 그룹 채팅 기능도 있기 때문에 이를 구분해서 개별 발송하는 방법으로 사용한다.

내가 일반적으로 운영하는 참여자 안내는 중요한 행사나 다 회차 행사의 경우 첫 번째 시작하는 날에 앞서 일주일 전에 문자 안내하고, 행사 하루 전에 한 번 더 문자 안내하는 것이다. 이처럼 미리 안내하면 참여자는 적어도 행사를 잊고 참여하지 않는 사람은 없기 때문이다.

기관은 1시간 전에도 안내 문자를 보내기도 한다. 그러나 나는 행사 직전에는 준비하는 일이 많아서 직전 안내는 잘 하지 않고 있다.

모객은 정말 어려운 일이지만 프로그램에 따라, 강사에 따라 많은 영향을 받는다. 나는 항상 '7대 3'을 기준으로 한다. 나는 강연이나 프로그램을 기획하는 데 있어 어느 정도 안정감과 도전에 어떤 비율로 노력해야 하는지 고민한다. 새로운 도전을 해보는 것을 좋아하지만, 이는 큰 노력이 필요하다. 특히 1인 기업인 내가 투입할 수 있는 노력의 총량이 있기 때문에 새로운 것 위주로 도전하다 보면 준비하는 과정이 너무 힘들기 때문이다. 그래서 가능하면 프로그램을 기획할 때도 70%는 기존 프로그램을 활용하고자 하고, 30%는 새로운 프로그램을 기획해 보려고 한다. 기존에 같이 프로그램을 기획했던 강사(시인이나 소설가 등)와도 프로그램을 기획할 때 색다른 프로그램을 기획하는 것도 권장하지만 나와 협업하는 데는 70%를 안정적으로 할 수 있는(기존 방식 활용) 그리고 30%는 새롭게 도전할 수 있는 과제를 선호하기도 한다.

모객할 때도 마찬가지이다. 기존 회원이나 참여자들이 70% 정도는 안정되게 신청하면 좋겠지만 30%는 새로운 사람을 모을 수 있었으면 한다. 그래서 기존 강사들과도 조금씩 새로운 프로그램을 기획해 보려고 하고, 초청 강사도 새로운 사람과 조금씩 협업해 보려고 노력하는 편이다.

사실 정답은 없다. 나는 안정 속에 새로운 변화를 추구하고 싶기 때문이다. 때로는 30%가 아닌 70%의 변화를 해보고 싶기도 하다. 책방을 찾는 새로운 사람들이 많으면 더 잘 될 가능성도 높기 때문에 이를 반대할 이유는 없다. 다만 내가 갖고 있는 총역량에 기대어 지금은 '70대 30 기준'으로 운영하고 있을 뿐이다.

참여자 관리 : 사전 안내, 사후 안내

지원사업을 하면서 또 하나 중점으로 관리하는 것은 참여자 관리이다. 많게는 한 해에 10여 개의 지원사업에 선정되고, 자체 프로그램까지 포함하면 한 달에 10번 정도의 프로그램이 진행되기도 한다. 난 모든 프로그램의 참여자 리스트를 엑셀로 관리하고 있다. 단지 엑셀로 관리하는 것뿐 아니라 매 참여 행사 하루 전에 안내 문자를 보내고 있다. 한 명 한 명에게 카카오톡이나 문자 메시지를 보내는데 가능하면 개인정보 보호를 위해 단체 카톡방을 만들지 않는다. 프로그램에 따라, 강사에 따라 다르기는 한데, 일부 강사는 개인 정보에 민감하기도 하고, 참여자도 단체 카톡방을 불편해하는 사람도 있어서 잘 만들지 않는다. 그래서 참여자에게 안내할 때면 개별로 연락하게 된다. 유료 단체 문자를 보내는 방법도 있지만 그건 비용이 드니 아깝기도 하고, 노트북에서 카톡이나 문자로 발송할 수 있어서 크게 불편하지는 않다. 다만 모든 것을 혼자 관리하다 보니, 놓치지 않고 문자를 보내기 위해 클라우드 달력(네이버 달력)을 통해 프로그램 진행 날짜를 매주, 매일 단위로 점검하고, 대체로 하루 전에 문자를 보낸다(사전 준비가 필요한 프로그램에 따라 일주일 전에 보내는 예도 있다).

이렇게 문자를 보내는 것은 참여율을 높이기 위해서다. 프로그램의 경우 참가비가 있어서 노쇼는 거의 없지만, 바쁜 일정으로 인해 잊어버리고 참석 못 할 때도 있기 때문에 이를 방지하고자 문자를 보내고 있다. 더 효과적으로 하려면 카카오톡에 일정 등록해서 안내하는 방법도 있지만 그러면 모든 참여자의 전화번호를 등록하거나 카카오톡 친구 등록을 해야 해서 전화번호 등록 없이 문자 안내(일부는 카카오톡 등록)를 하고 있다.

사실 이렇게까지 하는 사업자는 거의 없다. 기관의 경우 직원이 여럿이고, 문자 안내도 비용을 부담한 단체 문자 발송 기능을 활용하면 되기 때문에 어느 정도 체계적으로 하지만 개인 사업자가 이렇게까지 관리하기는 쉽지 않다. 하지만 나는 고객 및 참가자 관리에서 허투루 하고 싶은 마음이 조금도 없다. 비용은 최소한으로 하되, 최대한 체계적 관리를 하고, 참여율을 높이고 싶은 마음으로 진행한다. (어쩌면 회사에서 치열하게 관리하던 습관이 남아서인지도 모르겠다)

증빙 사진 관리

프로그램 진행 사진을 남기는 것은 정산에서 중요하다. 증빙 서류에 첨부해야 할 것에 진행 사진이 있기 때문이다. 사진은 증빙이라는 측면에서는 참여자 전체가 나오게 찍어야 하고, 어떤 지원사업의 경우 시간 증빙이 필요한 예도 있다. 이때는 프로그램 진행 직후와 종료 전 시간이 나온 사진을 요구한다. 예술인 복지재단과 진행하는 '예술로 사업'의 경우 회의나 협업 작업, 개인 작업 시간을 증빙하기 위해서 날짜와 시간이 조작하지 못하도록 하는 사진 앱을 사용하기도 한다. 그런데 그 사진 앱에서는 시간과 날짜가 너무 크게 나와서 증빙 사진으로 명확하기는 해도, 홍보용 사진으로는 적합하지 않다.

인문 프로그램에서는 2022년에 진행 시 사진에 시간이 나오도록 증빙해달라고 했다. 시작 직후, 끝나기 전 사진에 시간, 날짜가 나오도록 촬영해달라는 것이었다. 난 스마트폰 사진으로 촬영 후 증빙할 때는 구글 포토에서 사진을 조회하고, 사진 정보가 나오는 부분을 함께 캡처해서 제출했다. 별도의 시간을 증빙하는 사진 앱을 사용하지 않고, 스마트폰으로 사진을 촬영하고, 스마트폰에 연결된 구글포토(삼성 포토나 네이버 자동 사진 저장에서도 사용할 수 있다)를 활용해 시간이 나오도록 증빙한 것이다. 사진 촬영은 증빙이기도 하지만, 따로 증빙 사진을 촬영하기보다, 평소에 촬영한 사진을 활용하는 것도 한 방법이다. 덧붙여 인문 프로그램에서는 2022년에 진행하는 기관이나 인문 강사에게 많은 부담을 줬던 탓인지 2023년부터는 시간까지 나오는 증빙은 하지 않아도 됐다. 그러나 증빙이란 오해가 없도록 명확하게 해야 하는 것이기에 강의나 행사 진행 중에 가능하면 여러 사진을 찍어 놓는 것이 필요하다. 특히 전경이 나와야 참여 인원 등이 명확해진다. 단, 수업에 너무 지장을 주거나(사진 촬영 소리나 동작이 강의 진행을 방해할 수도 있으니), 사진 촬영 업무가 너무 과도하지 않았으면 한다.

또 하나 증빙 사진을 사용 시 주의해야 할 것이 있다. 초상권에 관한 문제이다. 요즘은 대부분 지원사업에서 프로그램 중에 찍은 사진을 공식적으로 사용할 때면 초상권 사용 동의서를 받아야 한다. 동의를 받지 않는 사진을 공개용으로 사용하지 말아야 한다. 나는 SNS에 사진을 올릴 때면 강사와 나 이외의 사람들은 얼굴이 나오지 않게 스티커나 모자이크 처리 후에 게시하고 있다. 일부 자주 참석하는 참여자의 경우 구두 동의가 되어 있어 문제가 되지는 않지만, 동의가 되지 않은 참여자의 얼굴은 사진 편집을 통해 안 나오게 한다. 주관 기관에서는 더욱 철저하게 초상권 관리를 하고 있는데, 증빙 사진으로 사용하는 것은 공개용이 아니기에 동의서를 받을 필요는 없다. 그러나 얼굴이 나오는 사진이나 영상을 SNS 등에 사용할 때는 꼭 주의를 해야 한다.

10 예산 계정이란

문화예술 지원사업을 진행하는 사람들에게 '가장 어려운 점이 무엇이냐?'고 물어보면 예산관리와 정산이라는 대답이 많다.

나는 지원사업을 비롯해서 대부분 업무를 엑셀로 만든 매뉴얼이나 체크리스트로 관리하고 있다. 엑셀은 사업을 진행하면서 예산 대비 사용액에 따라 누적 관리와 남은 예산을 계산하는 데 편리한 도구이다.

예산은 계정별로 관리해야 하는데, 인건비 계정의 경우 강사료를 지급하는 대상이나 사용처에 따라 구분해서 예산 및 집행하는 것을 확인해야 한다. 또한 월별로도 사용액 합계를 계산해야 하는데. 이처럼 예산을 계정, 사용처 그리고 월별 합계를 확인하고, 계산을 통해 예산 내에서 쓰고 있음을 점검해야 한다. 단순히 총예산 내에서 쓰는 것만으로는 안 된다. 계정 예산별로 한도액이 다르니 이점도 확인해서 예산을 사용해야 한다. 이를 위해 계정별 월 사용 합계를 계산하면서 사용하고, 특히 사업 기간이 종료되기 전에 남은 예산을 확인 후 최종 집행해야 한다.

예산은 계정•거래처•월별로 관리하고, 엑셀로 관리하는 것이 좋다

항	목	세	내용
운영비 (210)	일반 수용비 (01)	다과비	1회 1인 기준 최대 5,000원
		주제 도서비	프로그램과 관련된 큐레이션 및 담당자 참고용
		인쇄비	프로그램 교재 및 책자, 사례집 인쇄
		홍보물 제작비	사업 홍보를 위한 포스터/현수막 등 제작
		입장료 (체험료)	1인 20,000원 이하
		진행비	사무용품비(소모품, 사무용품, 의약품 등)
	공공요금 및 제세 (02)	공공요금	우편비, 택배비 등
		여행자 보험료	
	임차료 (07)	기자재 임차비	자산 취득 불가
		장소 대관료	프로그램 내용에 필요한 교육 장소 임차
		차량 임차비	버스임차료 외
	재료비 (11)	재료비	체험 재료비 (1인 15,000원 이하)
여비 (220)	국내여비 (01)	교통비	대중교통비 지급 (공무원 여비 규정 적용)

<표 : 예산 계정 예제>

엑셀로 관리하는 예산 관리표에서 세로방향은 예산을 계정별로 분류하는데 대분류와 세부 명세로 구분한다.

가로 방향은 월별 지급액(혹은 사용액)으로 표기하고, 강사 및 거래처별로, 월별로 관리해야 한다. 특히 사업 확정 시 주관사와 확정한 계정별 예산액을 따로 표기하고, 월별로 사용한 금액의 합계가 예산 계정별 대비 초과하지 않도록 관리하는 것이 중요하다. 다과비처럼 한 달 동안 여러 차례 결제된 금액은 월별 합계액을 관리하는 것도 필요하다. 특히 사업이 종료되는 마지막 달에는 예산 대비 사용액을 확인해서 남은 예산을 최대한 사용하는 것도 필요하다. 지원사업에서 예산이 많이 남는 것이 좋지는 않다. 진행업체가 주관사에 반납하면 주관사도 다시 보조금 반환을 해야 하는 데 예산이 많이 남을수록 주관사도 반납에 부담되기 때문이다. 마찬가지로 진행하는 선정 업체도 예산이 많이 남는다는 것은 사업계획대로 진행하지 않았을 가능성이 높으므로 사후에 좋은 평가를 받기 어려운 점도 있다.

또한, 예산 사용에 있어 조심해야 할 부분은 부가세와 원천세 관리의 문제이다. 앞서도 이야기한 것처럼 보조금 사업과 용역 사업으로 진행되는 경우가 다르고, 이때 용역사업은 용역사에서 전체 사업비에 대해 부가세를 부담해야 하므로 지원사업에 선정된 업체가 이를 시행하는 데 있어 지원받은 예산에 부가세가 포함되는지를 꼭 확인해야 한다. 선정 업체가 인건비 지급 시 부가세를 부담하지 않는다고 해서 용역 업체가 이를 부담하지 않는 것은 아님을 알아야 한다.

인건비에서 원천세 개념과 신고, 납부 방법도 알아야 한다. 강사료는 원천세를 제외하고 지급해야 하고, 사업자가 국세와 지방세를 신고 납부하고, 이를 증빙해야 한다. 원천 신고 시 사업자가 통합 납부하다 보니 지원사업별로 납부할 수 없는 경우도 있다. 또한 원천세는 신고, 납부로 끝나는 것이 아니라 지급명세서 신고도 해야 한다. 바뀐 세무 기준에 따라 지급명세서는 근로소득세의 경우 1년에 두 번 제출, 사업소득과 기타소득은 매월 제출해야 하니 이점도 알아야 한다.

지원사업 정산은 모든 지원사업에서 피할 수 없는 숙명이자 꼭 해야 할 숙제이다. 지원사업 정산은 대충 할 수도 없고, 틀리게 해서도 안된다. 지원사업뿐 아니라 모든 사업 운영에서도 마찬가지이다. 사업자가 세무신고를 정확히 해야 하는 것처럼, 지원사업을 통해서 받은 예산은 1원 하나라도 사용한 것에 대해 정확한 증빙을 해야 한다.

그렇다고 너무 두려워할 필요는 없다. 예산 집행한 것을 하나씩 차근차근 증빙하는 습관을 들이면, 지원사업 정산도 잘 마칠 수 있는 준비가 된 것이다.

3부 : 지원사업 정산하기

11 정산하기

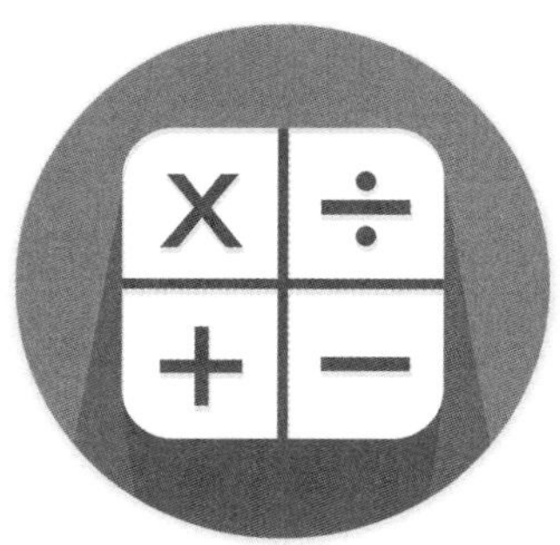

지원사업에 선정되어 사업을 진행하고 나면, 정산 보고서를 작성하게 된다. 여기서 정산이란 정확하게 무엇을 말하는 것일까? 사전적 의미로 정산(精算)이란 '정밀하게 계산함 또는 그 계산'이라고 한다. 직장인들에게는 연말 정산이나 퇴직금 정산이 이에 해당한다.

지원사업에서 정산이란 지원사업에 선정될 때 작성했던 예산계획서와 비교하여 예산 항목별 사용 내용을 정밀하게 계산해서 보고하는 것을 말한다. 즉 예산(돈)이 계획과 비교하여 실제로 사용한 금액을 계산하고, 각 항목과 예산 한도에 맞게 사용했는지, 예산 사용 기준을 준수했는지, 예산 사용에 따른 증빙 자료가 정확한지 확인하는 것이다.

정리하면, 지원사업에서 예산 집행과 정산에서 중요한 것은 다음과 같다.

☞ 기준에 맞게 예산을 사용했는가??

☞ 증빙자료는 정확한가?

☞ 예산의 집행 누계와 남은 예산(잔액)은 정확하게 일치하는가?

우선 정산을 시작하기 전에 운영 기준 혹은 정산 기준을 꼼꼼하게 다시 살펴봐야 한다. 예산 사용에 있어 적용 기준에는 어떤 것들이 있는지 확인해야 한다. 지원사업에 따라 강사 1인당 1회에 지급할 수 있는 강사료 한도가 있는 경우도 있고, 강사료 지급 기준이 있으면 해당 기준에 맞는 강사료를 지급해야 한다. 지원사업 총액 중 강사료를 비롯한 인건비 지급 한도가 있는 경우도 있다. 예산은 계정별 한도가 있는 때도 있다(예 : 1인에게 지급할 수 있는 강사비는 총예산의 30% 이내 등). 다과비나 재료비 등 운영비에서도 지급할 수 있는 예산 한도가 있다(1인당 사용 기준 및 모임 날만 사용해는 기준). 예산을 집행하고 증빙할 때는 예산 운영 기준 내에서 지급해야 함을 명심해야 한다.

지원사업을 신청할 때 예산을 계획하고, 이를 실행할 때면 우선 기준에 맞는 예산 계획을 수립하고, 이를 실행할 때는 계정별 월별 실행 예산을 엑셀로 정리해서 관리할 것을 권한다. 꼭 엑셀이 아니어도 가능하지만, 엑셀은 예산 항목별, 월별 합계를 손쉽게 구할 수 있기 때문에 예산을 계획 대비 얼마

목	세목	세세목	산출내역	예산액
인건비	운영인력 인건비	전담인력	0,000원/시간당 x 월 0시간 x 0개월 = 0,000원	0,000원
		보조인력		
사업 운영비	전문가 사례비	강사비1	작가 0,000원(0시간) x 0명 × 0회 = 0,000원	0,000원
		강사비2	작가 0,000원(0시간) x 0명 x 0회 = 0,000원	0,000원
	홍보비	배너 디자인/제작	배너 디자인 0, 000원 x 0개 =0,000원	0,000원
	재료비 /진행비	재료비	A4 용지 0,000원 x 0개 = 0,000원	0,000원
		임차비	임차비(장비) 0,000원 x 0회 = 0,000원	0,000원
		대관비	대관비 0,000원 x 0회 = 0,000원	0,000원
	다과비	다과비	0,000원/인 × 0명 × 0회 = 0,000원	0,000원
기타			위 항목에 속하지 않는 경우 협의 후 편성가능 여부 결정	
합 계				0,000원

〈예제 : 예산계획 _ 계정별 예산 작성〉

나 사용하고 있고, 남은 예산이 얼마나 있는지를 보다 쉽게 파악할 수 있다. 지원사업에서 프로그램 실행에 참여자 확대 및 만족도 증가 등의 성과를 내는 것도 중요하지만, 정산 보고에서는 예산을 제대로 썼는지가 가장 중요한 점검 사항이 된다. 예산은 계획한 한도 내에서 썼는지, 예산 사용에 따른 절차나 기준을 사업 운영 기준에 맞추어 진행했는지 증빙하는 것이 중요하다.

정산 결과보고서 항목에 따른 정산 사례를 살펴보자.

1) 강연비/강사료

2024 생활문화이야기 활동제안 예산 계획

목	세목	세세목	예산액
사업 운영비	운영인력 사례비	전담인력	
		보조인력	
	전문가 사례비	강사비(소설)	000,000
		강사비(시인)	000,000
	홍보비	배너 디자인/제작	000,000
	재료비 /진행비	재료비	000,000
		임차비	
		대관비	000,000
	다과비	다과비 ※행사일만 집행가능	000,000
합계			0,000,000

예산 사용 결과

구분	5월	6월	7월	8월	합계	남은 예산	비고
					-		
소설가1		000,000			000,000	-	기타소득(8.8%)
시인1		000,000	000,000		000,000	-	기타소득(8.8%)
시인2		000,000			000,000	-	기타소득(8.8%)
시인3			000,000		000,000	-	기타소득(8.8%)
시인 3				000,000	000,000	-	기타소득(8.8%)
시인 4				000,000	000,000	-	기타소득(8.8%)
업체				000,000	000,000	-	
온라인	00,000		00,000		000,000	-	
책인감		000,000	000,000	000,000	000,000	-	
롯데마트 외	00,000	00,000	00,000	00,000	000,000	-	
소계	000,000	000,000	000,000	000,000	0,000,000	-	

〈엑셀 관리 : 예산 계획 vs 사용 관리〉

- 문화 프로그램에서 인건비, 강사료 등의 초청 사례비가 있다
- 강사료 지급 기준이 별도 제시되거나, 제한 없이 자율적인 경우도 있다.

강사료, 초청 사례비 등의 인건비를 지급할 때는 원천세(원천징수세액) 개념을 꼭 알아야 한다. 대한민국 국민이라면 누구나 세금을 내야 한다. 물건을 살 때 내는 부가세는 물건값에 포함되어 있지만, 모든 국민은 소득에 대해서도 소득세를 내야 한다. 원천세란 '소득'을 지급하는 자(사업자)가 미리 정해진 비율에 따라 원천세를 제한 소득을 지급하고, 징수한 원천세를 대신 신고와 납부하는 것을 말한다. 강사료를 지급할 때도 강사료 전액을 지급하는 것이 아니라 원천세를 제외한 금액을 지급하고, 제외한 원천세는 사업자가 세무신고 및 납부해야 한다.

강사료는 강사에 따라서 사업소득 혹은 기타소득으로 구분한다. 강의를 주업으로 하는 경우에는 사업소득으로 신고하고, 주업이 따로 있고 강의를

부업으로 하는 경우에는 기타소득으로 신고한다. 사업소득인 경우 원천세는 3.3%를 적용해서 3%는 국세로 신고 및 납부, 0.3%는 지방세(주민세)로 신고 및 납부해야 한다. 기타소득으로 신고하는 경우 월 합계 소득이 12.5만 원 이상이면 8.8%(국세 8%, 지방세 0.8%)를 신고 납부해야 한다.

보통은 전업 강사가 아니면 기타소득으로 신고하는 것을 권한다. 혹 신고한 내용이 다음 해 개인(종합) 소득세 신고 시 조정하면 된다.

2) 인건비, 보조 인건비

- 보조 인력이란 사업 진행 업무를 돕기 위한 별도의 인력을 두는 것이다.
- 규모가 있는 사업에서는 전담 인력을 채용해야 하는 경우가 있으나, 작은 규모 사업에서는 해당 프로그램 진행을 위한 한시적 보조 인력을 통해 프로그램 준비와 진행을 돕기도 한다
- 사업자 대표의 활동비를 인건비로 인정하는 경우도 있다. 이때도 예산의 지급 주체에 따른 세무신고를 고려해야 한다. 진행 업체에 지급된 경우라면 진행 업체가 자가 강의로 대표자에게 지급하는 것으로 자가 지급에 해당하기 때문에 원천세 신고가 아닌 추후 소득신고 약정을 하는 경우도 있다.
- 보조 인건비 지급 시에는 원천세 기준에 따라 기타소득으로 신고(월 12.5만 원 이상)해야 한다.

3) 자료 제작비

- 인쇄비, 책자 제작비 등

- 자료 제작비는 수업 진행에 필요한 자료를 인쇄하는 비용이나, 수업을 통해 작성한 글이나 그림 등을 책자 형태로 엮어서 인쇄하는 것이 포함되기도 한다. 특히 요즘 지원사업에서는 사업 결과물로서 책을 제작하는 경우가 많다. 그러나 책자 제작은 작업 범위에 따라 비용 차이가 크니 이점을 고려해야 한다.

4) 재료비

- 프로그램에 따라 재료가 필요한 경우가 있다. 미술 수업이나, 공예 수업에서는 물감, 붓, 캔버스, 나무 등의 재료를 사용해서 프로그램을 진행한다.

- 일반적으로 재료비는 개인당 한도가 있지는 않지만, 전체 예산 중 재료비 등의 예산 한도가 정해지는 경우가 있다.

- 도서 구입비는 그 목적에 따라 재료비로 들어갈 수도 있다. 강사가 강의를 준비하기 위해서 필요한 도서가 재료비로 들어갈 수 있고, 수업 진행 시 참여자에게 나눠줄 도서가 필요한 경우도 있다.

- 서점에서 진행하는 사업에서 도서의 경우 자가 구입도 가능한지 확인해야 한다. 도서 구입비의 경우 진행업체가 서점인 경우 고려해야 할 사항이 있다. 진행 서점에서 구입한 서적을 교재-재료비 명목으로 인정할 수 있으면

좋은데, 자가 매입이 불가한 사업의 경우 도서 구입은 다른 곳에서 해야 한다. 서점에서 도매로 구입한 명세를 인정하는 경우도 있지만, 도매가로 구입을 인정하기 때문에 서점에 실질적 도움은 되지 않고, 평소 책을 구입하는 도매상에서 해당 책만 구분해서 거래명세서와 계산서를 따로 받는 것이 쉽지 않다. 일반적으로 도매상에서 시스템에 따라 주문을 배송하고 발행하는데, 재고 수급에 따라 혹은 일일 거래에 따라 자동으로 발행하기 때문에 실제 증빙을 할 때에는 불편할 뿐 아니라 재고 수급에 따라 여러 번 구매 횟수가 나누어지는 경우가 있고, 시스템으로 자동 발행되니 별도의 계산서나 명세서 발행이 어렵다.

타 사업자로부터 구입한다고 하면, 인근 서점에서 구입하는 것을 권한다. 인근 서점의 매출을 도와주는 것도 지역 활성화에 도움이 될 뿐 아니라, 계산서 발행이나 거래내역서 요청하기도 편리하기 때문이다.

또한 도서 지급 증빙 시 지급받은 참가자의 수령확인증이나, 검수조서 양식을 작성해야 하는 경우도 있다.

5) 홍보비

- 현수막, 배너, 인쇄물 등 홍보물 제작 비용
- 광고비의 경우 SNS, 지역신문, 당근 등에 지급한 경우
- 홍보물 디자인 비용은 사례비가 아닌 홍보비로 편성

지원사업에 있어서 현수막이나 배너 제작 혹은 디자인 제작 의뢰를 할 때 항상 아쉬운 점이 있다. 많은 지원사업에서 선정된 사업자에게 '기획료나 진행료 등의 인건비를 별도로 지급하지 않는다. 물론 사업에 따라서는 보조 인력 인건비를 인정하는 경우도 있지만, 사업 운영자가 실제로 많은 일을 하면서도 정당한 보상을 받기 어렵다.

그 중 홍보물 디자인이 그렇다. 실제 많은 진행 업체에서 홍보물을 직접 디자인하고, 홍보 활동을 하는 경우가 많다. 프로그램 포스터를 만들고, 소개 문구를 만드는 일을 하지만 이를 보상받지 못하기 때문에 홍보물 디자인 등을 다른 업체에 맡기곤 한다. 그런데 문제는 외부 업체에 일을 맡기더라도 운영자가 상당 부분 관여할 수밖에 없다는 것이다. 배너 디자인을 맡기더라도 필요한 문구, 일정, 강사, 프로그램 소개 등의 내용을 업체가 알아서 해주진 않는다. 물론 지원사업을 하지 않으면 그만이지만, 실제로 좋은 프로그램을 좋은 강사와 진행하기 위해서 지원 없이 하기는 어렵기 때문에 지원사업에 참여하지만, 사업 운영자의 노력을 어디까지 해야 할지는 고민해야 한다.

홍보물 디자인을 다른 업체에 맡겨서 할 때에는 사업 운영자가 챙겨야 할 것을 가능한 한 미리 정리해 놓는 것이 필요하다. 현수막이나 배너, 웹 포스터 등에 들어가는 디자인 요소 중에 사업 운영자가 제공할 것을 모아서 관리하는 것이 필요하다. 프로그램 개요 및 제목, 프로그램 소개(홍보물에 따라 들어갈 소개자료 분량이 다르다), 일정, 장소, 참가비, 준비물, 강사 소개 자료(내용 및 프로필 사진) 등이 있어야 하고, 필요하면 사진도 제공해야 한다. 사진은 이전에 비슷한 프로그램 진행 사진이 될 수도 있고, 프로그램을 소개하는 이미지가 될 수도 있다. 이처럼 필요한 자료를 준비하여 외주 업체에 자료를 넘겨줘야 원활하게 진행된다.

사실, 나는 웹 포스터나 배너, 현수막 디자인을 직접 할 수 있다. 물론 디자인 전문가처럼 세련되게 만들 수는 없지만, '미리캔버스'같은 셀프 디자인 앱이 있어서 직접 제작해도 무난한 디자인의 홍보물을 만들 수 있다. 무엇보다 내가 직접 만들 때에 비해 외주로 의뢰한다고 해도 내가 하는 일이 그리 줄지 않는다는 것이다. 결국 외주를 주더라도 내가 주도적으로 디자인 요소를 제공해야만 내가 원하는 디자인이 나오기 때문이다.

홍보물 디자인 관련 비용을 사업 운영자에게 직접 지급하는 것은 어렵지만, 장기적으로는 지원사업 선정 대상이 개인사업자(자영업자)인 경우 기획료 및 진행비에 포함하여 지급이 되었으면 하는 바람이다.

6) 입장료

- 시설 및 문화재 입장료

프로그램에 따라서는 지역 내 문화재 공간에 입장료를 내고 들어가는 경우가 있다. 태릉과 강릉이라는 문화유적지에 입장 할 경우 입장료가 있다. 프로그램에 따라 미술관이나 박물관 등과 같은 전시 시설을 연계한 경우 입장료가 발생하며, 이때는 여행자보험 가입 의무가 있는지도 살펴야 한다. 2024년 문학기반시설 〈길 위의 인문학〉 프로그램에서는 책인감에서 가까운 태릉과 강릉 탐방에서는 차량 이동이 없음에도 여행자보험 가입 의무를 필수로 요구하고 있는데 이처럼 필수사항에 대해 이해하고 진행해야 한다.

7) 대여료

- 장비 대여료 : 프로젝터, 마이크나 앰프 등의 음향 장비 대여 시
- 장소 대관료 : 사업에 따라 지원할 수 있는 여부가 다르다. 시설이나 기관을 대상으로 한 사업에서는 별도의 대관료를 인정하지 않는 경우가 많다. 장소 대관료가 가능해도 자가 시설에는 임차료 지급이 불가한 경우도 있으니 주의해야 한다.
- 차량 임차비 : 관광버스, 렌트카 등 차량을 이용하는 경우

예산 집행 시 계정별 기준을 살펴 지급해야 한다.

사업계획서를 작성할 때 정산하는 방법까지 생각해서 작성해야 한다.

비용 지급 증빙자료로 견적서, 납품확인서, 참가자 서명 등의 증빙자료 제공이 문제가 되지 않는지 미리 확인하는 것이 필요하다.

'정산은 결과보고' 이기도 하다. 사업을 계획 대비 실제로 이행한 결과를 보고하고, 비용도 예산 대비 실제 사용 내역을 정리, 보고하는 것이 정산이다.

12 정산에서 알아야 할 것

정산은 증빙의 문제이다

지원사업을 한다는 것은 사업 신청과 선정을 통해 사업기획서를 작성하고, 이를 토대로 사업을 진행한 후에 사업 결과보고 및 정산을 하는 것이다. 특히 예산을 집행하며 돈이 오가는 일이 발생하기 때문에 결과보고서와 정산은 중요한 부분이고, 1원도 틀려서는 안 된다.

결과보고서는 사업 진행에 따른 성과를 보고하는 것이라 한다면, 정산은 사업 진행 결과에 따른 예산 사용이 적정했는가를 점검하는 것이다. 예산 사용의 적정성이란 결국 예산을 계획 대비 사용 목적과 계정에 맞게 사용했는지를 따지고, 예산을 집행하는 과정에서 증빙이 적정한지 확인하는 것을 말한다.

즉, 정산이란 사업 진행에 따른 '돈'을 사용하는 데 있어 증빙을 제대로 했는가를 점검하는 것이다.

강사료를 지급한 경우를 예를 들어보자. 우선 강사 선정 기준이 있다면 그 기준에 맞는 강사를 선정했는지를 증빙해야 한다. 강사의 자격에서 전문가임을 증빙하는 자료에는 학위증명서, 졸업증명서가 필요할 수도 있고, 강사 이력서가 필요하기도 하고, 고용되지 않았음을 증빙하기 위해서는 고용보험자격상실 확인서를 제출하는 예도 있다[생활문화시설 인문 프로그램에서는 취업하지 않은 인문 활동가임을 증빙하기 위해 학위 확인과 더불어 고용보험자격상실 확인서를 제출했다]. 또한 강사료 지급을 위해 강의 확인서나 강의 계획서, 개인정보 이용 동의서, 성범죄 조회 동의서 등을 요구하는 경우도 있으며, 강사료를 지급할 때는 강사 명의의 통장 사본과 신분증을 요구하는 예도 있다. 이처럼 강사에 관한 필요 서류를 제출하는 것도 증빙의 일환이다.

프로그램을 진행했다고 하는 것을 객관적으로 증빙하기 위해서는 프로그램 진행 사진이 필요하기도 하고, 참석자들의 사인이 들어간 참석자 명단이나 참여자 개인정보 동의서 등의 서류가 필요한 때도 있다. 특히 증빙 사진은 결과보고서에 필수로 들어가고, 지원사업에 따라 진행 시간 증빙을 위해 프로그램 시작 직후, 종료 직전에 날짜와 시간이 나오는 사진을 요구하는 때도 있다. 이처럼 우리가 프로그램을 진행하고, 몇 명의 참석자가 참여했다는 것을 보고서로 작성하지만, 이를 증빙하는 것은 객관적인 증빙 자료가 필요한 것이다. 사진도 좀 더 객관적인 증빙을 위해서는 날짜와 시간이 나온 사진이 필요하기도 하고, 사진 속에 강사와 참여자 수가 나온 사진도 필요하다. 물론 너무 과도한 증빙자료를 요청하는 사업의 경우에는 주관사와 진행기관과 다툼과 논쟁이 되기도 한다. 실제로 증빙 사진을 촬영하는 행위가 강의에 방해가 되기도 하기 때문이다.

또한 증빙 업무를 하기 위해서는 인력이 필요한데, 과도한 증빙 요구로 인해 프로그램 자체를 위한 노력보다 증빙으로 인한 인력 낭비는 사업의 질을 저하하기도 하고, 이는 선정된 기업의 사업 지속성이나 지원사업의 취지 자체를 훼손할 수도 있다.

강사료가 지급되고, 원천세 신고와 납부가 제대로 됐는지를 증빙하기 위해서는 은행 이체확인서(지원사업 통장에서 강사 통장으로 이체한 내용)를 제출하고, 원천세의 경우 국세, 지방세(주민세) 납부 확인서도 제출해야 한다. 원천세의 경우 사업자는 강사료에 해당하는 사업소득, 기타소득 원천세의 경우 사업자가 지급하는 원천세를 합하여 일괄로 신고, 납부해야 하므로 다른 지원사업이나 사업자가 자체 지급하는 원천세가 있는 경우 해당 지원사업만 별도로 신고 납부할 수 없다. 그래서 별도의 통장에 해당 원천세만큼 이체 후 통합해서 납부한 확인증을 제출하는 방법을 사용해야 한다.

증빙은 프로그램 진행 자체에 대한 증빙과 예산 집행에 관한 증빙을 나누어 볼 수 있다. 프로그램 진행 증빙의 경우 이를 세세하게 보고하기보다는 사진 등으로 대체할 수 있는 것은 간단하게 작성하는 것도 방법이다. 문장으로 과도하게 설명하기보다는 전체가 나온 사진, 프로그램 진행 사진을 제공하고, 간단하지만, 명료한 문장으로 작성하는 것이 좋다. 명료한 문장으로 작성한 경우 주관사의 입장에서도 보다 쉽게 점검할 수 있다. 예산 집행 정산은 정확한 증빙이 필수이다. 결제한 카드 명세를 비롯한 이체 금액, 원천세 등의 세무 신고 금액, 영수증 등의 사용 합계는 정확해야 한다. 그래서 예산 사용 내용은 엑셀을 통해 합계 금액을 정확하게 맞춰서 정리할 것을 권한다. 한글이나 워드로 정리하면 합계 금액이 틀리는 경우가 많다. 그래서 엑셀로 정리하는 것이 좋다. 엑셀이 익숙하지 않은 사람에게는 사용하기 어렵다고 하지만, 다른 여러 가지 방법을 고려해도 엑셀로 관리하는 것이 가장 정확하고, 효율적으로 관리할 수 있으니, 엑셀로 정리하는 습관을 들이자.

증빙할 때 챙겨야 할 것은?

지원사업은 지원금을 사용하고 이를 증빙하는 정산을 하게 된다. 물건이나 서비스를 살 때면 (세금)계산서, 카드영수증, 현금영수증으로 증빙해야만 하는데, 여기에 강사료 및 인건비로 나가는 것은 계좌이체 확인증과 원천세 납부영수증으로 증빙한다. 지원사업에서 대부분 간이 영수증은 인정하지 않는다.

※ 일반적인 세무에서는 간이 영수증을 한ㄷ를 정해서 인정하나 지원사업은 예산 사용의 투명성을 강조하기 때문에 이를 허용치 않는다.

1) (세금) 계산서

(세금) 계산서라 하면 기업과 기업이 거래하거나 기업과 개인이 거래할 때 대금을 현금으로 지급하고, 이에 대한 증빙자료로 (세금)계산서를 발행하는 것이다. 세금계산서는 부가세(부가가치세)가 있는 물건이나 서비스에 대해 발행하는 것으로 대부분의 물건이나 서비스가 이에 해당한다. 우리나라 부가가치세법에서는 일부 품목에 대해 부가세를 면제해주는 면세품을 지정

해놓고 있는데, 쌀이나 돼지고기 생선과 같이 가공하지 않은 1차 농수산물이 해당하고, 교육비(교육청에 등록한), 의료비와 더불어 도서도 면세품으로 지정되어 있다. 이에 도서를 거래할 때면 부가세가 없는 계산서를 발행한다. (세금) 계산서 발행은 종이로 발행하고 세무서에 신고하는 방법도 가능하지만, 전자(세금) 계산서를 발행하면 발행 즉시 국세청에 등록되어 별도로 신고하지 않아도 빠뜨리지 않는다. 그래서 가능한 전자(세금) 계산서로 발행할 것을 권한다.

※ (세금) 계산서 발행은 사업자만 가능하지만 수신처는 사업자나 개인도 가능하다. 개인을 대상으로 발행할 때는 주민번호로 발행한다.

부가세가 없는 계산서는 사업자 중에서도 면세사업자, 간이사업자, 일반사업자 모두 발행할 수 있다. 그러나 부가세가 있는 세금계산서는 부가세 품목을 취급하지 않는 면세사업자는 불가하고, 간이사업자도 연 매출 4,800만 원 이내인 사업자는 세금계산서 발행이 불가하다. 간이사업자라도 연 매출 4,800만 원에서 8,000만 원에 해당하는 사업자는 가능하다. (2023년 기준)

일반사업자라면 세금계산서와 계산서 모두 발행이 가능하지만, 면세품을 거래할 때면 부가세가 없는 계산서를 발행하는 것임을 명심하고, 그 외에는 부가세가 있는 세금계산서를 발행해야 한다.

종이로 발행하는 (세금) 계산서는 발행한 공급자나 공급받는 자가 종이 계산서를 부가세 신고 기간에 세무서에 신고해야 한다. 거래하는 세무사가 있으면 세무사에게 전달하여 세무신고 하면 된다.

전자(세금) 계산서를 발행할 때 거래하는 사업자가 직접 발행해야 한다.

전자(세금) 계산서 발행은 국세청 홈페이지 '홈택스', 스마트폰 앱은 '손택스'에서 발행할 수 있는데, 이때는 전자(세금)계산서 발행이 가능한 사업자용 인증서가 있어야 한다. 사업자용 인증서는 용도에 따라 사용처와 발급 비용이 다르다. 세금계산서 발행전용 인증서를 신청하거나, 입찰 등의 다양한 용도까지 사용하려면 범용 인증서를 신청하면 된다.

사업자용 범용 공인인증서(11만 원/년)는 전자(세금) 계산서를 발행하는 일반 사업자라도 잘 사용하지 않는다. 이는 공개입찰에 참여하거나 기타 용도를 추가로 사용할 경우에 이용하며, 전자(세금) 계산서 발행용으로만 사용하는 사업자용 공인인증서는 1년에 4,400원으로 이용할 수 있다. 이점을 확인 후 (세금)계산서 발행하는 데 사용하자.

2) 카드 영수증

지원사업에 따라 지원금을 받을 때 별도로 사용해야 하는 통장을 개설해야 하는 경우도 있고, 지원사업용 신용카드를 발급받거나 체크카드를 발급해야 하는 경우도 있다. 지원사업에 연계된 신용카드나 체크카드를 사용할 때면 그 사용 내역은 통장과 시스템에 고스란히 남게 된다. 다과비와 재료비 등을 신용카드로 구입하면 포스 발행 영수증에는 금액뿐 아니라 세부 품목까지 나오게 되고, 결제 총액만 나오는 영수증이 발행되기도 한다.

지원사업 통장에 연계된 신용카드나 체크카드는 주의해야 할 점은 신용카드는 결제 후 통장에서 빠져나가는 시점이 다르다는 것이다. 체크카드는 결제와 동시에 통장에서 바로 빠져나가니 시간 차이가 없어 증빙할 때 어려움이 없다. 신용카드는 결제 시점과 통장에서 빠져나가 시점의 차이가 있기 때문에 결제액을 누락하지 않도록 주의해야 한다. 물론 카드결제내역을 조회하여 확인할 수도 있지만 통장 잔액과의 일치에 항상 신경써야 한다.

e나라도움 시스템을 사용하는 지원사업에서 신용카드 사용은 주의해야 했다. e나라도움 시스템은 실물 통장계좌에서 바로 빠져나가는 것이 아니라 실물 통장계좌가 아닌 가상계좌를 통해 지급하고, 가상계좌 지급 시 시스템에는 연계된 계정 정보와 증빙 시스템을 통해 연계된다. 카드사용 명세도 연계되는데, 카드 결제금액은 가상계좌에서 바로 빠져나가지 않고, 실물 통장계좌로 이체해야 한다. 신용카드 결제일 전에 시스템에서 증빙과 이체가 이루어지도록 해야 하니 참고하자.

체크카드는 좀 더 명확하다, 비용 결제와 동시에 실시간으로 계좌에서 빠져나가니 영수증을 잘 챙기고 출금 명세만 살피면 된다. 그런데 체크카드 사용 시 결제액과 통장에서 빠져나간 금액에 차이가 나기도 한다. 마트에서 결제 시 페이백이라고 해서, 1만 원 구입시 즉시 50원 정도를 돌려주는 카드 혜택이 있는데, 통장에는 1만 원이 빠져나가고, 50원이 들어와 있는 것이다. 카드 결제 시 회원정보를 알려주면 페이백이 아닌 포인트가 적립되는데 이 또한 문제 삼는 경우가 있어서 회원 적립없이 카드를 사용하면 페이백으로 결제 통장에 바로 입금되니 정산 시 이점을 참고 하자.

개인 신용카드로 사용하고 증빙할 때는 지원금 통장 계좌에서 다른 은행의 내 계좌로 이체한 후에 증빙 자료로 신용카드 영수증과 내 계좌로 보낸 이체확인서를 첨부하면 된다.

지원사업에서 사용하는 신용카드 중에는 클린카드로 지정된 경우가 있다. 클린카드란 신용카드 결제 시 사용할 수 있는 업종에 제한이 있는 것이다. 주류를 판매하는 술집이나 음식점으로 등록된 카페에서 사용이 불가한 예가 있다. 지원사업비로 다과비를 지출할 때 일부 카페나 베이커리에서 결제가 되지 않는 경우가 생길 수 있다. 이때는 다른 곳에서 사용하거나 꼭 그 업체에서 사용해야 할 경우는 주관사에 요청해서 제한을 풀어달라고 해야 한다. 자주 있는 경우는 아니나 도서를 구입할 때 해당 서점이 카페를 겸업하고 있으면 음식점 사용 제한에 해당할 수 있다.

구 분	사용 금지 업종
유흥업종	맥주홀, 칵테일바, 스넥칵테일, 주류판매점, 카페, 캬바레, 요정 등
위생업종	이·미용실, 피부미용실, 사우나, 안마시술소, 스포츠마사지, 발마사지, 네일아트, 지압원
레저업종	골프장, 골프연습장, 스크린골프장, 노래방, 사교춤, 전화방, 비디오방, 당구장, 헬스클럽, PC방, 스키장
사행업종	카지노, 복권방, 오락실
기타업종	성인용품점, 총포류 판매점

〈표 : 클린카드 사용 금지 업종 예시〉

3) 현금 영수증

현금 영수증 증빙은 카드 영수증을 증빙하는 것과 유사하다. 다과비나 재료비에서 현금을 사용했다고 하면, 현금 영수증을 발급받고 이를 증빙자료로 하되 사용한 사람(운영자)에게 계좌이체로 송금하는 것도 증빙이 가능하다. 하지만 현금으로 사용하는 것은 가능한 한 지양하자. 일반 사업자 세무에서는 3만 원 이내의 경우 간이 영수증 사용도 가능하나, 지원사업 세무에서는 대부분 사용이 불가하다. (※ 지원사업에서는 간이영수증 사용을 불가로 정해놓은 경우가 많다)

4) 영수증 보관

신용카드, 체크카드, 현금 영수증 등을 사용하면 종이 영수증을 받아서 챙겨야 한다. 영수증을 받아서 지갑에 넣어 놓고 잊어버리거나 분실하는 경우 이를 다시 발급받거나 증빙하는 게 쉽지 않으니, 영수증을 지원사업별로 파일철을 만들어서 관리하는 습관을 들이자.

<u>종이 영수증은 스캔하거나 사진 촬영하여 파일로 관리</u>

정산보고서 작성 시 문서(한글, PDF)파일로 작성하고, 종이 보고서는 작성하지 않는 경우가 많아졌다. 종이 낭비도 줄이지만 실물 영수증을 붙이거나, 나중을 위해 복사본도 제출해야 하는 예도 있었지만, 문서파일 보고로 비교적 간편해졌다. 그렇기 때문에 문서 파일 작업을 위해서도 사진 파일이 필요하다. 그러니 영수증이 생기면 바로 스캔하거나 사진을 찍어서 별도의

책인감 다과비 집행 내역

일자	2024.00.00(목)	구입처	ㅇㅇ마트
집행기관	책ㅇ감(서울 ㅇㅇ구)	카드번호	0000-****-****-1234
강좌명	ㅇㅇ 북토크 이야기	금액	33,130원

LOTTE Super

<예제 : 다과비 지출 내역 제출 시>

컴퓨터 폴더에 모아두는 습관이 필요하다.

온라인에서 구매한 경우에는 해당 사이트에서 카드 영수증이나 거래명세서를 제공하니 이를 그림파일(JPG)이나 문서 파일(PDF)로 저장할 수 있다. 문서 파일 영수증은 정산보고서 문서 파일에 바로 사진을 붙일 수 없는 경우에는 화면 캡처 기능으로 이미지를 문서에 붙여 넣을 수 있다.

(종이) 영수증은 한 곳에 모아두자

카드 영수증 등 종이 영수증 원본은 따로 보관하는 것이 필요하다. 정산 보고서를 작성할 때면 꼭 누락된 영수증이 발생하기 마련이다. 그러니 종이 영수증을 보관하는 지원사업용 서류철을 따로 만들어서 보관하는 습관을 들이자.

영수증을 분실했을 때 재발행하는 방법을 알아놓자.

영수증을 제대로 보관하지 않아서 분실하거나 어디에 있는지 잊어버리는 경우가 발생한다. 누락된 영수증을 찾고, 재발행하느라 정산 보고가 어렵다는 이들도 있다. 그러니 영수증을 분실했을 때 손쉬운 대처 방안을 알아두는 것이 필요하다. 마트 등에서 발행한 카드 영수증을 재발행할 때는 해당 카드를 가지고 결제한 날짜와 시간을 알고 가는 것이 필요하다. 그래야 재발행하기 쉽다.

내 카드로 결제한 경우에는 카드사 홈페이지에 들어가서 카드 사용자의 로그인을 통해 카드 영수증을 재발행할 수 있다. 이때는 세부 거래내용, 즉 품목이 나오지 않는다. 뭘 샀는지는 나오지 않지만, 결제한 금액은 영수증 발행이 가능하다. 특별히 세부 명세에 문제가 없다면 이렇게 카드사 홈페이지에서 영수증을 재발행받는 것도 방법이다.

영수증을 챙기는 것이 별일은 아니지만 보고서에 누락할 수는 없다. 그래서 영수증을 잘 챙겨야 하지만 혹 잃어버렸을 때도 간편하게 재발행해서 증빙에 문제가 없도록 하는 것이 정산 업무를 놓치지 않으면서도 덜 힘들게

〈강의 사진_ 초상권 보호 사례〉

하는 방식임을 명심하자.

5) 진행 사진 촬영

지원사업 증빙 사진은 예쁘게 나오는 것이 중요한 것이 아니다. 가능하면 참석자 인원을 확인할 수 있도록 전체가 나오는 사진이 필요하다. 나는 가능하면 강사는 얼굴이 나오되 참여자는 뒷모습이 나오는 전체 사진을 찍으려고 노력한다. 책방은 공간이 비교적 작은 편이라 내가 원하는 곳에서 사진을 찍을 수 없는 경우가 많아서, 여러 각도에서 촬영하되, 가능하면 참여자 얼굴이 나오는 것을 최소화한다. 결과보고용 사진의 경우 초상권 침해 문제가 없으나, 주관사에서 자료집을 만들 때 사용할 사진의 경우에는 가능하면 강사 얼굴은 나오되 다른 참여자의 얼굴은 나오지 않은 사진을 제공하려 노력한다. 혹, 참여자의 초상권 사용 동의서를 받는다면 문제가 없지만 대부분의 지원사업에서는 강사에게만 초상권 사용 동의서를 받으며 참여자에게는 잘 받지 않는다. 참여자에게 초상권 상용 동의서를 받더라도 한두 명 동의 하지 않는다면, 이를 구분해서 사진게시를 관리하는 일이 힘들다.

사진 촬영 시 팁 중 하나는 전경 사진의 아무래도 딱딱해 보이니 강사가 프로그램 진행하는 사진을 줌으로 당겨서 촬영하는 것도 방법이다. 요즘 스마트폰은 사진 촬영 성능이 뛰어나서 조금 멀리 떨어져서 줌으로 당겨 찍어도 사진도 잘 나오고, 참여자 얼굴을 피해서 촬영하면 초상권도 보호된다.

다과나 재료가 포함된 사진 촬영도 필요하다. 다과비나 재료비를 썼다면 사진에도 다과가 자연스럽게 나오는 것이 증빙을 잘하는 방법이다.

사진을 사용할 대는 참가자 얼굴은 모자이크(혹은 스티커) 처리한 후 사용하는 것이 초상권 문제에서 벗어난다. 요즘 스마트폰은 사진 모자이크나 스티커 편집이 간편하니 이를 잘 활용하자.

6) 예산의 계획과 실행 비교

지원사업에서 예산을 실행하는 것은 매우 중요하다. 특히 예산은 사업 선정 시 작성한 예산 계획 내에서 사용해야 한다. 지원사업에 선정된 이후에 예산 계획을 실제 실행하는 계획에 맞추어 수정한 후에 진행하는 때도 있지만, 대체로 사업 선정 시 수립된 예산 계획으로 집행해야 한다.

예를 들어 강사료를 100만 원으로 계획했다고 하면, 사용도 100만 원 이내로 해야 한다. 계획보다 초과하지 않도록 사용하는 것이 중요하다. 재료비나 홍보비, 다과비 등도 사업계획서 금액 이내로 사용하는 것이 가장 무난하다. 그런데 어떤 항목의 예산을 덜 썼다고 해서 그만큼을 다른 예산으로 사용할 수 있는가는 확인이 필요하다. 주관사에 문의 후 적용하는 것이 필요한데 이는 다음 항목에서 계정으로 설명하고자 한다.

예산은 최대한 계획 대비 모두 사용하는 것이 좋다. 미처 사용하지 못한 예산이 너무 많은 것도 사업 주관기관 처지에서는 부담이 된다. 이는 사업 주관기관에서도 남은 예산, 즉 사용하지 못한 예산을 반납하기 위해 별도로 보고서를 작성해야 하고 절차가 까다로울 수밖에 없다. 미사용 예산이 소액이면 큰 문제는 아니지만, 미사용 예산이 많으면 감사 시 사유를 설명하는 것이 부담되고, 다음 해 예산 계획 수립에서도 이를 문제 삼을 수 있기 때문이다. 이는 기관뿐만 아니라 기업에서도 마찬가지인데, 예산의 계획과 사용의 적정성이 문제가 되기 때문이다. 그래서 진행하는 기관이나 기업이 예산을 계획대로 잘 사용할 수 있는지를 점검해야 하니 예산을 많이 남긴 단체라면 다음 해에는 실행력에서 감점 요인이 될 수 있다.

7) 계정에 관한 이해

지원사업에서 예산 계정에 따라 조정해서 사용할 수 있는 예산도 있고, 없는 예산도 있다. 이는 예산 계정이란 것에 관한 이해가 필요하다. 기업의 경우 회계나 재무부서에서 예산계정 과목을 철저하게 관리하고 있다. 그래서 회사의 부서 혹은 팀에서는 부여된 예산 계정으로는 그 계정에 해당한 예산만 사용할 수 있다. 예산이 남는다고 해서 다른 계정에 해당하는 예산을 쓸 수는 없다.

지원사업에 있어 예산 계정에 대한 제약은 지원사업의 예산 기준에 따라 다르다. 비교적 작은 규모의 지원사업을 비롯한 주관사에서 전체 금액에 대해 지원하고, 세부 품목에 대한 제약 조건이 없는 지원사업 예산의 경우에는 비교적 자유롭게 기획하고, 예산을 집행하는 데도 제약 없이 총한도 내에서 쓰는 경우가 있다. 그러나 비교적 큰 규모의 지원사업이나, 명확하게 예산 사용기준이 있는 지원사업의 경우에는 예산 계정에 따른 제약조건이 있고, 마음대로 다른 계정 예산을 사용할 수는 없다.

특히 e나라도움으로 예산을 집행하는 사업의 경우에는 부여된 계정의 예산 한도 내에서만 사용할 수 있다. 예를 들어 강사료를 포함한 인건비로 100만 원, 운영비로 100만 원이 있다고 하면, 각각의 계정에서 100만 원을 초과할 수는 없다. 그러나 운영비 중에서 세부 내용에 따라 다과비 30만 원, 재료비 30만 원, 대여료 40만 원을 사업기획서 작성 시 계획했다고 하더라도, 예산 계정에서 운영비 100만 원을 한도로 한다면, 그 안에서 세부 항목은 초과할 수 있으나 전체 금액은 초과하지 않고 사용할 수 있다. 이처럼 예산 계정에서 기준으로 하는 예산 계정 간 조정은 세부 항목마다 적용되기보다는 큰 계정 안에서 조정 가능한 것으로 생각하면 된다. 그러나 계획 대비 조정이 필요하면 꼭 주관사 담당자와 사전에 상의 후 조정해서 사용하는 것이 올바른 방법이다.

지원사업에서 정산은 증빙의 문제이지만, 항상 주관사가 제공하는 예산 사용 기준을 준수했는가를 살펴야 한다. 강사료 지급 기준을 비롯한 강사 1인당 최대 사용 한도, 다과비나 재료비의 지원 기준, 진행사의 기획료나 인건비 혹은 대관료 같은 지원 한도 등을 잘 살펴서 실제 집행한 내용이 그 기준안에서 적용했는지 미리 살펴야 한다. 나중에 이를 초과하면 초과 사용액을 환수당하는 예도 생긴다.

특히, 정산은 항상 내가 증빙하는 데에 문제가 없어야 하지만 또 한 가지 주관사가 감사를 받는다는 가정 아래에 증빙이 객관적인지를 살펴야 한다. 내가 말로 설명할 수 있어도, 주관사에서 서류상 설명하는 데 문제가 없는지 살펴야 한다. 증빙은 누가 보더라도 오해 없게 하는 것이 중요하다.

13 결과보고서 작성하기

결과보고서란?

지원사업을 모두 진행하고 나면 최종 결과보고서를 작성해야 하는데, 대부분 지원사업에서는 결과보고서 양식을 따로 제공한다.

결과보고서 양식은 지원사업마다 다르지만, 공통적인 내용을 살펴보자.

1) 회계 검증

지원사업에 따라서 다른데, e나라도움을 사용하는 지원사업의 경우 일정 금액 이상(1천만 원)이면 세무법인의 회계 검증을 받아야 한다. 회계 검증이란 e나라도움을 기준으로 사업 진행자가 집행한 예산 명세 및 증빙 자료가 세무 기준에 맞게 작성됐는지를 공인된 세무법인의 확인을 받는 과정이다.

회계 검증을 대행하는 세무법인의 경우 모든 세무사나 세무법인이 이를 시행하는 것은 아니고, 주관사와 제휴하고 있는 세무법인에서 진행한다. 해당 지원사업을 이해하고, e나라도움 등 주관사의 시스템을 잘 알고 있는 세무법인에서 검증하게 된다.

세무법인에서 검증하는 주요 내용은 예산을 집행한 내용과 증빙한 내용이 일치하고, 증빙 자료에 빠진 것은 없는지 확인한다. 예를 들어 세금계산서를 발행한 거래처에 결제 대금을 이체한 경우를 보면, e나라도움 시스템상 세금계산서 발행된 금액을 온라인에서 링크로 가져오기 때문에 금액이 틀리지는 않는다. 그러나 증빙 자료를 첨부하는 데 있어 '견적서'가 누락 혹은 잘못되기도 하고, 거래명세서가 빠진 경우도 회계 검증 과정에서 확인한다. 회계 검증은 주관사 담당자가 아닌 세무 전문가의 객관적인 검증을 받는 과정이라 생각하면 된다.

아울러 회계 검증을 의뢰할 때면 가능한 한 일찍 세무법인에 요청하는 것이 좋다. 이런 일은 대체로 늦게 요청할수록 검증하는 시간도 더 오래 걸리기 때문에 결과보고서 검증까지 기한 내 마치려면 가능한 여유 있게 요청하는 것이 좋다.

2) 결과보고서 작성 시

결과보고서를 작성하는 데 너무 많은 글과 세세한 설명으로 작성하는 것은 하지 말아야 한다. 물론 사업 성과를 잘 표현하는 것도 중요하지만, 결과보고서란 대부분 공식적인 보고 자료로써 사업 진행 결과를 명확하게 보여주고, 특히 수치 지표를 정확하게 표현하는 것이 좋다. 예를 들면 프로그램 횟수, 참여자 수, 진행 시간, 예산 사용 금액 등을 명확하고, 보기 쉽게 표현하는 것이 좋다.

결과보고서에서 사업 성과를 장황하게 설명하지는 않는 것이 좋다. 상황을 설명하기 위해 많은 글을 쓰는 것보다는 간결한 문장, 사실 위주로 표현하는 것이 좋다. 이는 주관사 입장에서도 결과보고서를 볼 때 간결하고, 정확한 수치 위주로 보여주는 것이 보고서를 검토하는 데 유리하기 때문이다. 프로그램 진행 상황을 문장으로 표현하는 것보다 전경 사진, 즉 프로그램에 참여하고 참여자가 모두 나온 사진을 첨부하면 간단한 설명으로도 충분히 표현할 수 있다.

수치를 제공할 때도 항상 종합적인 수치도 함께 적는 것이 좋다. '1회 참석자 00명, 2회 참석자 00명, 3회 참석자 00명 …. 최종 4회에 00명이 참여했다'라고 표현하면 수치도 한눈에 들어온다. 혹은 이를 표로 보여주면 더 명확하게 알 수 있다.

이처럼 결과보고서에는 사진이나, 표를 활용해서 진행 결과를 한눈에 파악하기 쉽게 하는 것도 좋다.

정산보고서

사 업 명	동네책방에서 소설과 시를 만나는 시간
단 체 명	ㅇㅇ서점
사업기간	2024.05.01. ~ 09.30
지 원 금	0,000,000원
첨부서류	① 지출증빙(영수증 등) ② 통장 사용내역(사본) ③ 결과보고서

제출 일자 : 2024년 09월 30일

단체명 : 00서점(홍길동) 

담당자	연락처
ㅇㅇㅇ	010-1234-5678

- 1 -

결과보고서

□ 사업개요

ㅇ 사 업 명 : 동네책방에서 소설과 시를 만나는 시간

ㅇ 단 체 명 : ㅇㅇ서점

ㅇ 사업기간 : 2024.05.01. ~ 09.30

ㅇ 사 업 비 : 0,000,000원

□ 추진목적

ㅇ 도서관이나 문화센터의 달리 작은 서점에서는 저녁 시간을 주로 활용하여 직장인 주민을 위한 프로그램을 진행하고, 소규모의 친밀한 모임을 주로 진행하고 있습니다.

ㅇ 현대인은 점점 독서량이 줄어들고 있는 데에 비해 글을 쓰고 싶어하는 사람들은 늘어나고 있습니다. 이들을 위한 동네책방에서 소설가와 시인의 진행하는 소설 읽고-쓰기 그리고 시 쓰는 시간을 갖고자 합니다.

□ 추진실적

ㅇ 사업내용

1) ㅇㅇㅇ소설가와 <쓰기 위한 읽기> 한 편의 짧은 소설을 책방에서 함께 읽고, 읽은 내용을 바탕으로 소설의 구성을 살펴본다. 평소와는 다른 방식으로 소설을 읽으면 내 이야기에 한걸음 더 다가갈 수 있는 시간 2) 시인과 함께하는 시 쓰기 <즉석 시 버거> 시인 2명이 진행하는 시 창작의 시간으로 두 시인이 준비한 놀이와 도구를 통해 보다 쉽게 시/에세이를 창작하는 시간입니다. 시인이 준비한 문장과 참여자가 창작한 문장을 햄버거의 패티처럼 쌓아 올려서 만든 시를 낭송하면서 시를 합평하는 시간을 가집니다.

- 4 -

〈샘플 : 정산보고서 & 결과보고서〉

정산 증빙은 어떻게 하나요?

지원사업에서 정산을 비롯한 회사의 회계감사, 세무신고, 세무조사 등 대부분은 증빙에 관한 것이기도 하다. 즉 지원사업을 실행하면서 혹은 실행을 마치고, 결과 보고 및 예산 지급 내용을 확인하는 것은 프로그램 진행 명세를 보고하고, 예산에 맞추어 금액을 썼는지, 지급한 내용이 맞는지 증빙하는 것을 정산이라고 한다. 아울러 예산을 사용한 내용이 기준에 맞는지 살펴보는 것도 정산에 포함된다.

우선 프로그램 준비 및 진행하는 데 필요한 증빙을 살펴보자.

작가를 초청한 북토크를 진행한다면 작가를 섭외하고, 프로그램 세부 계획을 수립하고, 시간과 장소를 확정하고, 참여자를 모은다. 모객을 위해 포스터를 만들어 가게에서도 안내하고, 인스타나 블로그 등 SNS에 올리게 된다. 행사 일정이 다가오면 초청 작가와 행상 진행에 관해 최종 조율하고, 참여자에게 문자 안내를 한다. 행사 당일에는 프로그램 진행 공간 테이블과 의자를 세팅하고, 북토크에 맞게 필요한 장비를 설치한다. 북토크가 시작하면, 공간 및 프로그램에 관해 설명하고, 북토크 작가를 소개하고 프로그램을 시작한다. 내가 사회로 참여할 수도 있지만, 대체로 음료를 세팅하고, 북토크가 시작되면 행사 진행 사진을 촬영하고, 중간중간 및 끝나기 직전에도 사진을 찍어둔다.

작가와는 여러 번 만나기는 어렵고 행사 당일에만 만나는 것이 일반적이기 때문에 증빙을 위한 서류를 당일에 받아 놓는다. 지원사업에 따라 다르지만, 강의확인서, 강사료지급확인서, 영상/사진촬영동의서 등 서류를 받아 놓아야 한다. 이는 서명(사인)이 필요하기 때문에 가능하면 그 자리에서 받아 놓는 것이 좋지만 어쩔 수 없이 나중에 받아야 한다면 양식을 보내고 직접 서명 후 메일이나, 카카오톡으로 사진파일로 받는 것을 권한다. 사인받는 것을 위해 또다시 약속을 잡고 만나는 것은 과도한 일이기도 하고, 시간을 써야 하는 일이 된다. 이는 결과적으로 나에게는 비용으로 돌아오는 것이기 때문에 일을 하는 데 있어 효율성을 생각해야 한다.

참가자에게 받아야 할 서명-사인에는 참석 확인용이 있고, 초상권 사용(SNS나 주관사 홍보 시)이나 정보이용 동의서 등이 있다. 또한 참가자에게 설문 조사를 해야 하는 경우도 있는데, 참석날 받아야 할 것인지 추후 온라인상에서 받을 것인지를 구분하여 챙겨야 한다.

지원금이 내 통장에서 지급하는 것과 주관사 혹은 용역사 통장에서 지급하는 경우

지원사업 예산을 진행 업체에서 지급하는 경우와 용역사 혹은 주관 업채에서 지급하는 경우 차이가 있다. 이는 예산 지급처가 '나' 혹은 '자기 사업자'인 경우와 '타 사업자'가 지급하는 경우로 나눌 수 있다. 그 차이는 세무상에서 자가 지급과 관련이 있다. 내가 지급자인 경우 강사료 지급 등에서 타인에게 지급하는 경우에는 별 상관이 없다. 원천세 지급 주체는 내가 되고, 원천세 신고 및 지급하면 된다. 그런데 내가 강사로 참여하거나 기획료(인건비)나 대관료를 받는 경우에는 차이가 있다. 이 경우 지급자도 '나'이고, 지급처도 '나'이기 때문에 원천세 신고 대상이 아닌 소득신고 대상이 되기 때문이다. 즉, 내가 나에게 인건비를 지급할 수는 없고, 보조금을 나에게 지급했을 경우에는 강사료로 신고할 수 없고 '종합소득세' 신고 시 소득신고 해야 하기 때문이다. 그래서 지원사업 중 일부 사업에서는 자가 강사 및 대관료를 인정해 주는 대신 소득신고 확약서를 받기도 한다.

사업 진행을 대행하는 업체(대행사)가 있는 경우에는 강사료 등의 지급 주체에 따라 다르다. 대행사에서 사업 운영비를 나에게 지급할 때 세금계산서로 발행 후 지급하는지 아니면 사업소득 제한 원천징수 후 지급하는지에 따라 내가 예산 사용에 따른 증빙 기준 금액이 다르니 이점도 꼭 알아야 한다. 강사료를 비롯한 인건비와 홍보비나 다과비를 비롯한 과세 비용 지급액을 세금계산서 발행 금액 혹은 사업소득으로 지급하는가에 따라 정확한 증빙 금액을 미리 확인 후 정산해야 한다.

하나 더 알아야 할 것은 지원사업 선정 대상이 법인일 경우에는 조금 다르다. 개인이나 단체, 개인사업자(자영업자)가 선정되어 강사료/대관료 등을 지급하는 대상이 동일인 혹은 개인사업자 본인이라면 자가 지급이기 때문에 앞서 말한 바와 같이 원천세 신고를 할 수 없지만, 법인은 다르다. 법인 사업자등록 대표가 강사를 하더라도 법인과 법인 대표는 법적으로 같은 사람이 아니다. 그래서 법인 대표는 마치 외부 강사처럼 강사료를 지급하더라도 아무 문제가 없다. 자주 있는 경우는 아니지만 정확하게 알아두는 것이 필요하다.

※ 세무에서 개인사업자 = 대표자, 법인사업자 ≠ 법인대표이다. 즉 개인사업자는 사업자대표에 원천세가 있는 강사료 지급이 불가하나, 법인사업자는 법인대표에 원천세가 있는 강사료 지급이 가능하다.

정산 보고에 있어 자주 발생하는 문제를 살펴보자

☞ 딱 떨어지지 않는 영수증과 계산서는 어떻게 하는가?
☞ 다과비는 일괄 결제가 가능한가?
☞ 대행업체를 쓴다면?

지원사업을 하는 데 있어 어려운 점 중의 하나는 영수증 증빙이 많아질수록 첨부해야 할 서류가 많아지는 문제이다. 다양한 다과를 비교적 저렴하게 구입하기 위해 여러 곳에서 다과를 구입하면, 그 영수증마다 서류를 첨부해야 하는 경우가 있다. 요즘은 증빙이 간단해지는 경우도 있지만 아직도 영수증 하나에 참석자 명단, 지출 증빙서, 다과비 지급 명단 등의 서류를 첨부하는 예도 있다.

사실 일반 기업에서 증빙하는 것이라면 이를 간소하게 한다. 예산 내 금액으로 사용했다면 결제 날짜와 사용처, 금액만 확인할 수 있으면 별도의 첨부서류 없이 영수증 하나로 간단하게 증빙을 끝내는 예가 많은데, 공공기관에서 진행하는 지원사업의 특성상 비교적 보수적인 증빙 방식을 요구한다. 그렇다고 사업에 선정된 이가 이를 마음대로 할 수 있는 것은 아니다. 그래서 이럴 경우 효율적으로 증빙할 방법을 고민해 봐야 한다. 지원사업의 사용 기준안에서 효율적인 방법을 찾아야 한다.

다과 제공에 있어 다양한 다과 제공의 욕심에 대형 마트에서 구입하다 보면 영수증 결제금액 끝자리는 10원 단위로 계산되어 복잡하기도 하지만 회원 포인트 적립을 문제 삼는 예도 있다. 나는 이런 경우에는 인근 카페에서 다과비를 일괄 구매하는 것을 권한다. 영수증 발행도 편하고, 최종 구매 금액(차수에 따라 여러 번 구매)을 조정하기도 편하고, 복잡하게 다과를 준비할 필요도 없이 한 곳에서 주문하면 편하기 때문이다. 더구나 일괄 영수증(4회분이라도 한번에 결제/발행 가능)을 발행하면 증빙 서류도 간단해지기 때문이다. 이는 영수증 따로 다과 구입 따로 하라는 것은 아니다. 예산 내에서 일괄 결제하되 참가자에 따라 매번 달라지는 수량을 종합하여 한 번에 결제하는 것이 증빙에서 편리하다는 것이다.

지원사업을 하면서 고려해야 할 문제점 중 하나가 진행 사업자의 인건비가 거의 반영되지 않기 때문에 다과비 결제 같은 업무에 많은 시간을 들이면, 이는 진행 업체에 손해를 끼치는 활동이 되기 때문이다. 그래서 진행 업체는 이점을 고려해서 업무량을 조율하는 것이 필요하다.

☞ 자가 결제가 불가한 항목은 어떻게 하는가?

☞ 자가 디자인, 자가 매장 대관료, 자가 매장 다과비, 자가 도서매입…

공간은 필요하면 인근의 다른 공간을 활용해서 진행 사업자의 영업 공간을 사용하지 않을 수도 있고, 홍보물 디자인 등은 외부 디자인 업체에 맡겨 비용을 지불할 수도 있다. 다과도 인근 카페나 베이커리를 통해 사는 것도 방법이다. 이처럼 사업 선정자가 무조건 무상으로 제공하는 것보다, 비용을 지불할 수 있는 협력 업체를 두는 것도 필요하다. 지원사업을 하는 데 있어 진행 업체가 모든 걸 부담하면서 희생하는 것은 사업체의 지속 가능성을 훼손할 수 있다. 지원사업을 통해 좋은 프로그램을 진행하는 것도 좋지만, 사업을 진행하는 데 있어 정당한 비용을 고려하고, 효율적으로 일해야 지속할 수 있는 사업장 유지와 지원사업도 계속할 수 있음을 알아야 한다.

☞ 파일로 남기자 : 스마트폰으로 남기는 증빙 사진 혹은 스캔 파일

☞ 영수증, (세금) 계산서, 이체확인증, 강사 확인서를 파일로 저장하자

정산을 준비하는 데 있어 관련된 서류를 잘 정리하는 것이 무엇보다 중요하다. 강의확인서, 포스터, 진행 사진, 이체확인증, 카드 영수증 등 많은 서류가 만들어지고 정산할 때 제출해야 한다.

지원사업에 따라 다르지만 요즘은 지출 결의서나 확인서 등을 파일로 제출하는 경우가 대부분이다. 사업에 따라 주관기관에 따라 작성하는 서류의 양에 차이가 있다. 지원사업을 주관하는 기관에 연결된 상급 기관이 많은 지원사업에서는 비교적 많은 첨부 서류와 종이 서류를 요구한다. 이는 주관사가 지원사업 진행 후에 받는 감사와도 관련이 있는데, 감사가 많고, 감사에서 지적한 사항이 많을수록 정산 서류에서 요구되는 서류나 증빙 자료가 많아진다. 내가 경험한 지원사업 중 마을공동체 및 구청 산하에서 주관하는 사업의 경우 상대적으로 요구하는 서류가 과도한 경우가 많은데, 이는 구청, 서울시 등 상급 감사 기관이 많은 상황에 해당한다.

어떤 지원사업이든지 정산이란 것은 증빙할 서류를 잘 챙겨야 하는 것임을 앞서도 살폈다. 그러면 서류를 잘 챙긴다는 것은 어떻게 하는 것일까? 강의확인서, 출석확인증, 이체 영수증, 영수증 등을 잘 정리해서 보관하는 것도 한 방법이지만, 이를 파일로 보관하는 것도 좋은 방법이라고 할 수 있다.

강의확인서나 이체확인증, 영수증을 직접 실물로 제출하는 경우는 점점 줄어들고 있다. 종이를 아끼자는 환경에 관한 문제이든, 실제 종이로 제출된 서류는 확인하기 어렵다는 등의 문제도 있지만 주관사에서 서류를 보관할 때 파일로 보관하는 것이 훨씬 편리하기 때문이다. 예산 집행 결과와 지출 결의서 등 지출 증빙을 한글, PDF 파일로 제출하는 것이 일반화되고 있다.

이처럼 파일로 제출한다는 것은 증빙 서류도 파일로 만들기 편리해야 한다는 것이다. 강의 확인서나, 개인정보 동의서에 서명한 서류는 스캔하거나 스마트폰 사진 촬영 후 이미지 파일(JPG 혹은 PDF)로 저장해서 관리하는 것이 편리하다. 이를 해당 지원사업 폴더 한곳에 모아서 관리하면 더 편리할 것이다.

원천세 신고 및 납부한 것도 은행 이체확인서나 납부확인서를 파일로 저장할 수 있다. 은행 홈페이지에서는 이체확인서, 납부확인서 등을 문서파일인 PDF나 이미지 파일인 JPG로 저장할 수 있다. 카드 영수증도 마찬가지다. 책인감에는 복합기(프린트, 복사, 스캔)가 있어서 스캔 기능을 활용해서 종이 문서를 PDF 저장하거나, 영수증을 JPG로 저장할 수 있는데 꼭 복합기가 없더라도 스마트폰 사진기로도 충분히 파일로 저장할 수 있다.

이처럼 프로그램 진행에 관련된 모든 서류는 종이 서류의 경우 별도의 파일철에 모아두고, 이를 문서(PDF), 이미지 파일은 모두 노트북 한쪽 폴더에서 모아서 관리하는 것이 좋다. 서류나 컴퓨터 파일을 나중에 한 번에 관리하려고 하면 문제점이 생기곤 한다. 꼭 누락된 파일이 생기거나 나중에 서류를 보완할 때면 어려움이 생기기도 한다. 서류는 발생하는 그때그때 챙겨서 한곳에 모아두는 습관을 들여야 정산할 때 지치지 않는 비결이 된다.

※ 증빙 파일 양식이 지정된 경우도 있다. 일반적으로 문서파일로 한글이나 PDF, 이미지 파일로 JPG, PNG 등을 쓰는데, 한글의 경우 수정이 가능하니 PDF 문서로 변환해서 제출한다. 이미지 파일의 경우 문서파일에 이미지를 삽입 후 PDF 파일로 저장할 수 있는 것도 알아 두자.

15 정산에서 주관사와 감사

지원사업에 있어서 중요한 것 중 하나가 정산이다. 내가 지원사업 기획서를 잘 써서 사업에 선정되고, 프로그램을 진행하면서 강사 섭외, 모객, 운영 및 뒷정리까지 잘 마쳤다고 해도 결국 결과보고서와 정산까지 마쳐야 지원사업을 잘 마무리했다고 할 수 있다.

그런데 결과보고서 혹은 정산보고서를 작성할 때 꼭 생각해 볼 것이 있다. 바로 주관사의 입장에서 보고서를 작성해야 한다는 것이다. 여기서 결과보고서와 정산보고서를 나누어서 표현하고 있는데, 결과보고서는 사업의 성과물로서 프로그램 진행에 따른 정량적, 정성적 결과 지표에 중점을 둔 보고서라 할 수 있다.

정량적 결과물이란 사업의 성과물을 '수치'로 표기할 수 있는 것을 말한다. 간단하게는 프로그램 횟수, 참여자 수, 진행 시간 등이 있고, 세밀한 '수치'로는 사업 참여자의 만족도 '점수', 언론 노출 '횟수', SNS에 올린 '게시물 수' 등과 관련 계정에 유입(방문)한 '사람 수', '댓글 수' 등이 될 수도 있다. 정량적 수치는 결과보고서에서 가장 중요한 것 중 하나이다. 아무리 사업 결과치가 좋다고 말로 해봐야 구체적인 수치의 뒷받침이 없으면 이를 신뢰하기 어렵기 때문이다. 좋은 결과물에는 좋은 수치가 있어야 이를 뒷받침할 수 있기 때문이다. 아무리 참여한 사람이 많았어도, 몇 명이 참여했는지, 전에 비해 얼마나 늘었는지 알려면 이전 참여자 수에 비해 몇 명이 늘었다, 몇 퍼센트가 늘었다 등의 수치를 뒷받침하는 보고서를 작성하는 습관을 들여야 한다.

정성적 결과물이란 사업의 성과물을 수치가 아닌 다른 것으로 표현하는 것을 말한다. 예를 들면 참여자가 프로그램에 '매우 만족'했다는 것이 될 수 있고, 혹은 강사의 프로그램 진행에 있어 참여자들이 '매우 몰입'했다는 결과물을 내놓을 수도 있다. 이는 실제로 프로그램 현장에 참여한 사람들이 느낄 수 있는 만족도와 몰입감일 것이다. 그런데 정성적 결과보고에는 문제점이 있다. 현장에 함께하지 못한 사람들에게 그 성과물을 전달하는 것은 어렵다는 것이다. 물론 결과보고서에 현장감을 나타낼 수 있는 사진과 보고서 내용이 이를 뒷받침할 수 있지만, 실제로 그렇지 못한 성과물도 결과보고서에서는 비슷하게 작성할 수 있다는 것이다. 즉, 정성적 보고서는 명확한 성과를 표시할 수 없다는 것이다.

지원사업을 진행한 '나'의 입장에서 프로그램 성과를 정성적으로 만족할 수 있지만, 결과보고서에는 꼭 '정량적' 성과물이 나올 수 있도록 작성하는 것이 중요하다. 예를 들면, "○○프로그램을 진행하면서 총 5차례의 프로그램을 진행했고, 매회 5명, 7명, 8명, 7명, 10명이 참석했다. 신청자의 85% 이상이 참여해서 다른 프로그램에 비해 참여율이 높았고, 만족도도 높아서 다음에 이런 프로그램이 또 있다면 다시 참여하겠다는 의견이 많았다."

이렇게 정량적 수치가 중심인 결과보고서는 주로 그 대상이 주관사나 관계자인 경우에 적합한 방식이다. 정성적 결과물이 중심인 결과보고서는 그 대상이 일반인을 대상으로 한 경우에 더 적합하다. 예를 들면 주관사가 지역진흥원 '동네서점 문화사랑방' 지원프로그램이라고 하면, 주관사인 지역진흥원에 제출하는 결과보고서는 '정량적' 수치가 중심이 된 보고서가 적합하고, 각 동네서점의 프로그램 성과를 모아서 발간하는 결과 모음집의 내용은 '정성적' 성과물이 포함된 보고서가 더 적합할 것이다.

정산보고서는 결과보고서와 달리 '정산' 즉 예산을 올바로 계산했는지에 중점을 둔 보고서를 말한다. 어떤 지원사업이든지 '예산=금전=돈'에 관한 관리는 정확해야 한다. 단지 정확해야 할 뿐만 아니라 계획한 비용을 쓴 건지, 지원 기준에 맞게 사용했는지도 확인해야 한다. 지원사업 예산은 국민의 세금으로 지원되기 때문에 예산 사용 결과는 주관사에 보고한 것으로만 끝나지 않고, 주관사도 감사를 통해 예산 사용에 이상이 없는지를 확인받아야 한다. 그래서 예산 사용은 기준에 맞게, 절차에 맞게 사용해야 한다. 이런 점 때문에 지원사업을 어려워하는 사람들이 많다.

정산보고서의 시작은 지원사업 계획서를 작성할 때부터 시작된다. 계획서 양식에는 예산을 계정별로 작성하고, 계정별 사용기준과 예산 사용 불가 항목 기준이 제시되고 있다. 예산에 있어 계정이란 무엇일까? 가정에서 가계부를 작성한다고 생각해 보자. 한 달 수입이 정해져 있다면(월급을 받는다고 생각하면) 수입 안에서 지출해야 할 것이다. 지출에서도 꼭 써야 할 돈이 있는 것처럼 월세나 이자, 식비, 관리비, 생활비, 용돈 등이 있을 것이다. 가정에서는 내 주머닛돈으로 모든 것을 쓰기 때문에 그때그때 필요한 지출을 하면 될 것 같지만, 꼭 나가야 할 돈은 따로 빼놓아야 하는 것처럼 월세나 이자, 관리비는 다른 쓸 돈과 섞어서 쓰면 안 된다. 가정에서 혼자 돈을 관리해도 이렇게 중요한 항목의 돈은 따로 빼놓는데 회사는 더욱 돈을 따로 계정별로 관리해야 한다. 규모가 커질수록 개인 돈을 모두 관리할 수 없기 때문에 연간 혹은 월간 수입금액을 고려한 지출 계획을 계정별로 수립하는 것이다.

지원사업의 예산도 마찬가지로 국민의 세금을 지원사업이란 테두리 안에서 각 예산을 배정하고, 각 계정에 따른 지출 기준을 마련한 것이다. 그러니 그 기준에 맞춰서 예산 계획을 수립하고, 지출하고 난 후에 정산보고서로서 확인받는 절차이다. 잘못 사용된 예산은 지급받지 못하거나 이미 지급된 예산의 경우 돌려줘야 하는 경우도 발생한다. 그래서 처음 예산 계획을 수립할 때 예산 지원 기준, 적용 기준을 꼼꼼히 살핀 후에 예산 계획을 수립해야 한다.

예산 계정 중에는 인건비로 분류되는 강사료, 작가 초청료 등이 있고, 보조 인력 인건비 등이 있다. 강사료의 경우 강사료 지급 기준이 있는 경우도 있고, 별도로 없지만 전체 예산에서 몇 퍼센트 이내 사용 제한이 되기도 한다. 강사료 지급 기준의 경우 주로 관공서에서 제시하는 강사료 지급 기준이 있는데, 기관장, 대학교수, 조교수 등의 기준이 있다. 그러나 작가나 사업체 대표를 강사료 초청하는 경우에 명확한 기준이 없으면 주관처에 문의해서 적용 기준을 확인 후 예산을 수립하는 것이 좋다. 정산할 때 기준에 맞지 않아 강사료를 생각한 것만큼 지급하지 못하면, 운영자인 나는 굉장히 곤란한 상황에 빠질 수 있기 때문이다.

강사료나 작가 초청료는 대체로 지원사업에서 가장 많이 지급하는 항목이기도 한데, 그 외에도 대관료, 재료비, 다과비, 대여비 등의 예산 항목이 있다. 계정에 대해 좀 더 이해하려면 계정의 분류에도 단계가 있음을 알아야 한다.

예산 항목은 표현하기에 따라 다르지만, 목/세목/세세목으로 표현하는 예가 많은데, 대체로 예산은 계획한 항목 내에서 실제로 사용해야 하지만, 항목에 따라 조정이 필요할 경우 전체 예산 내에서 항목별로 자유롭게 조정이 가능하기도 하다(단, 이 경우에도 예산 배정 기준은 맞춰야 한다), 어떤 경우 전체 예산 내에서 각 항목은 10% 이내 조정은 선 사용한 후에 정산보고에 포함하는 경우도 있고, 항목에 따라 다과비와 재료비는 혼용해서 쓰는 경우도 있지만 대체로 인건비와 조정할 때는 사전 승인에 따르기도 한다.

가장 좋은 것은 처음 예산 계획을 수립한 것을 그대로 집행하는 것이지만, 실제 예산을 집행할 때 변하는 경우에는 사전에 주관사에게 문의 후 조정하는 것이 좋다. 대체로 계획서를 수립하다 보면 인건비는 계획한 대로 집행하게 되지만, 재료비나 다과비는 참여 인원에 따라 변동할 수 있기 때문에 변동할 수 있는 예산은 이를 감안해서 작성한다. 나는 재료비나 다과비도 최대한 예산 계획대로 쓰려고 노력한다. 다과비의 경우 사용 누적액을 관리하면서 마지막 프로그램 진행에 맞춰 예산 내 사용하려고 한다.

지원사업 진행자에게 기획료나 활동비가 지원되는 경우는 거의 없다. 활동비가 지원되더라도 최소한의 비용이 지급될 뿐이다. 그러나 프로그램을 기획하고, 진행하고, 정산하는 데 있어 많은 시간과 노력을 투자해야 한다면 현실적인 손실이 발생한다. 자영업자로서 사업을 운영하기 위해서는 수익을 내야하고, 운영자의 인건비는 곧 비용이기도 하다. 개인사업자는 지원사업을 운영하는 데 있어 비용 지원이나 대관료를 받지 못하면서 운영하는 데 시간과 노력을 과도하게 투입해서는 안 된다. 즉, 사업을 운영하는데 있어 필요한 일만 하는 효과적인 관리와 최소한의 노력 혹은 시간을 사용하는 선에서 관리해야만 지속적인 운영이 가능하다.

주관사에서는 진행업체를 선정할 때 정산을 정확하게 해주는 곳을 선호하게 된다. 지원사업을 신청할 때 좋은 프로그램을 많은 사람들이 경험할 수 있는 기획서를 작성하는 것 못지 않게, 예산 계획과 정산계획을 잘 실행할 것이라는 믿음을 줘야 한다. 특히 사업의 규모가 크거나 전국 혹은 광역을 대상으로 하는 사업일수록 예산과 정산 관리를 정확하게 할 수 있도록 노력해 보자.

사업을 운영할 때 세무는 어려운 부문이다. 일단 복잡한 수치가 복잡해 보이고, 회계 용어는 세무를 전문적으로 배운 사람이 아니면 알아보기가 쉽지 않다. 그래서 규모가 큰 회사는 세무를 담당하는 회계 부서를 따로 두기도 하지만, 개인사업자나 비교적 작은 규모의 회사는 세무사에게 위임하여 세무를 관리하기도 한다. 그런데 현대 사회는 더 복잡하고, 정교해지고 있다. 세무신고는 전산화가 강화되면서 매출이 작은 소상공인이라도 세무 오류나 신고 누락은 세무서에서 쉽게 알 수 있다. 그래서 세무 관리는 직접 할 수도 있지만, 세무사에게 위임하거나, 세무 프로그램을 통해 관리하는 것도 개인사업자에게는 필요하다.

4부 : 세무 이야기

16 지원사업에서 알아야 할 세무

대한민국에서 사업을 한다면 사업자는 세무신고를 해야 한다. 개인사업자는 3가지 세무신고를 꼭 해야 한다. 부가세신고, (종합) 소득세 신고, 원천세 신고이다. 법인은 소득세 대신 법인세를 신고하고, 부가가치세 면세 상품인 책만 파는 서점이나 꽃만 파는 가게는 부가가치세 면세사업자는 부가세 신고가 면제된다. 그러나 면세품과 함께 과세 상품 매출이 있다면 부가세 신고를 해야 한다.

여기서는 우선 지원사업에 관해 알아야 할 세무를 먼저 살펴본다.

지원사업도 규모나 방식에 따라 다양한 세무 업무를 해야 한다. 수억 원 이상의 지원사업에서는 세무 업무도 복잡하. 몇십만 원에서 몇백만 원 수준의 문화 프로그램 지원사업은 연관된 세무 업무가 비교적 간단하기는 하나 기본적으로 알아야 할 세무 업무가 있다.

우선 지원사업에서 선정된 단체가 사업자가 어떤 역할을 맡는가에 따라서도 다르다. 지원사업에서 주관 기관/단체나 실행 기관-단체가 아닌 협력 단체로서 역할하고 있다면, 비용을 지급하는 기관-단체가 세무 업무를 하므로 비용을 지급받은 단체-기업으로서 세무 업무는 간단하다. 강사료와 진행료 등을 인건비로 지급하는 경우, 주관사가 강사에게 사업소득 혹은 기타소득의 원천세를 제외한 비용을 지급하면 내가 따로 신고할 필요가 없다. 주관사에세 나에게 대관료를 지급할 때는 내가 주관사에 전자(세금) 계산서를 발행하고, 주관사에서 나에게 이체해준다. 혹은 강사료 등을 나에게 지급할 경우 주관사에서 나에게 원천세를 제외한 후에 송금하고, 주관사에서 신고하게 된다.

이때에 조금 주의해서 알아야 할 사항이 있다. 지원사업에서 자금을 집행하는 방식이 '보조금'으로 지급하는 사업인지 '용역사업'으로 지급하는 것인가에 따라 금액 기준이 다르게 적용된다. 보조금으로 지급되는 경우에는 부가세를 별도로 부과하지 않기 때문에 내게 지급되는 지원사업 예산에서 별도의 부가세를 계산하지 않는다. 즉, 내가 프로그램을 기획하면서 예산 계획을 수립할 때 강사료나 보조 인력 등 인건비에서 부가세를 따로 계산하지 않는다. 다과비나 재료비는 대부분 부가세가 포함되는데 이 또한 지불한 전체 금액으로 계산하고 부가세를 따로 계산하지 않는다.

용역사업은 예산을 계산하는 방식이 다르다. 용역사업에서도 인건비만 지급하는 경우와 서비스나 행사 대행을 하는 경우가 다르다. 인건비만 대행하는 용역에는 부가세가 없지만 서비스나 행사를 대행하는 경우에는 부가세를 적용해야 하기 때문이다. 용역사업으로 진행하는 지원사업은 주관사에서 용역사에 예산을 지급하고, 용역사에서 지원사업에 선정된 나(사업자)에게 지급하는 방식을 말한다. 용역사는 주관사에서 예산을 지급 시 행사 대행에 따른 명목으로 지급하게 되는데 대행료 전체 금액에 대해 부가세를 부과하기 때문에 나에게 지급되는 지원액 전체에도 부가세가 포함된 것이다. 보조금 사업에서 지급하는 인건비에는 부가세가 없지만 용역사업에서 지급하는 인건비에는 서비스로 적용되어 전체 용역 서비스에 대해 부가세가 포함된다. 다과비나 재료비에는 이미 부가세가 포함되어 있으므로 예산 금액이 다르지 않지만, 인건비에는 원천세와 별개로 부가세가 있는 것이다. 이는 용역사에서 주관사에 예산을 지급받을 때 인건비와 상관없이 전체 용역에 대해 서비스 제공에 따른 부가세를 포함해야 하는 것이기 때문이다.

더욱 정확하게 설명하려면, 용역사가 지원사업에 선정된 업체에 부가세를 제외하고 예산을 배정하거나 혹은 인건비를 포함해서 모든 비용에 부가세를 포함해서 예산을 사용해야 한다고 알려야 하지만 보조금 사업과 용역사업을 구분하기 어려운 실행 단체와 기업에서는 이를 정확하게 구분하는 것을 설명하기는 쉽지 않다. 특히 원천세와 부가세는 별개이기 때문에 이중과세는 아니다. 일반적으로 인건비로 지급하는 비용에 원천세를 포함하고 있으면 부가세를 생각하기 어렵다. 그러나 용역사업으로 진행하는 경우에는 인건비를 포함한 전체 예산을 서비스 제공으로 보는 것이고, 서비스 제공의 대가는 부가세를 포함해서 지불하는 것이기 때문이다.

또한 선정된 진행업체가 세금계산서를 발행할 수 있는 일반사업자인 경우와 계산서만 발행할 수 있는 간이사업자나 면세 사업자인 경우 세금계산서 발생 지급 방식이 아닌 사업소득 원천세 제외 후 지급하는 방식으로 정산하고 이에 따라 실제 지급되는 금액이 달라질 수 있다.

2023년 〈서울형책방〉과 〈여행지 길 위의 인문학〉 지원사업이 바로 그런 문제점이 있었다. 용역사업으로 진행된 두 사업은 각각 150만 원과 1천만 원의 지원금을 주는 사업이었는데, 강사료 및 인건비에 부가세를 별도 10% 포함해서 예산 내에 계획을 수립해야 했는데, 충분한 소통이 이루어지지 않아서 지원금에 대해 논란이 있었다. 앞으로는 이런 문제가 반복되지 않도록 좀 더 자세하고, 확실한 설명이 되길 바란다.

사업자가 직접 예산을 집행하는 진행 사업의 경우에는 특히 인건비에 관해서 세무신고를 정확하게 해야 한다. 인건비 지원의 경우 프로그램 강의나 진행 그리고 보조 역할을 맡은 경우에는 별도의 근로계약을 맺지 않고 진행하는 경우가 대부분이다. 그러나 비교적 큰 규모의 지원사업에는 근로계약을 통해 채용한 직원에게 인건비를 지급하는 사업도 있다. 이때는 근로계약을 통해 4대 보험 적용 시 직장보험으로 변경해서 가입해야 하는 점도 알아야 한다.

지원사업에 선정된 기업/단체가 이미 직원을 고용하고 있어서 직장보험에 가입된 경우 지원사업을 통해 고용한 인원을 추가하는 것은 비교적 간단하다. 그러나 1인 사업자의 경우는 다르다. 1인 사업자는 직장보험 요건이 안 되기 때문에 지역 보험으로 가입되어 있다. 1인 사업자는 4대 보험 중 건강보험과 연금보험 2가지만 지역건강보험과 연금보험에 가입되어 있는데, 직원을 고용하면 즉시 직장보험으로 전환되어 건강-연금 외에 고용-산재보험을 포함한 직장보험으로 전환해야 한다.

사업주에게는 직원에게 지급하는 월급 외에도 4대 보험 사업주부담금이

원천세 신고

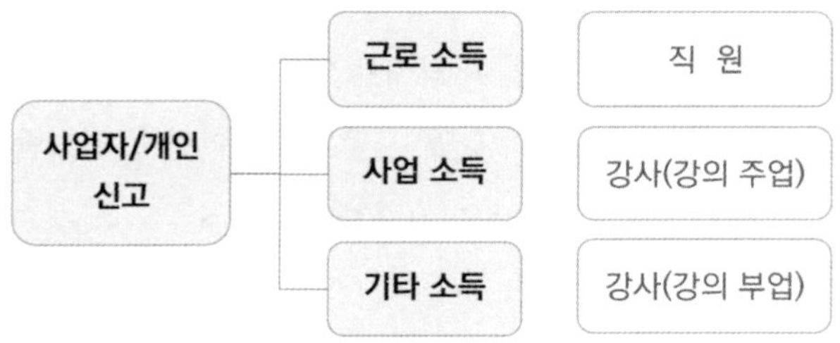

〈사업자/개인의 원천세 소득 신고 종류〉

부과되기 때문에 월급 외에도 추가되지만, 사업주 본인의 고용/산재보험 부담금이 추가되니 이점도 알아야 한다. 또한 건강보험료와 연금보험료도 직장보험으로 전환되면 증가하는 경우가 많으니 유의해야 한다.

4대 보험은 세무신고와는 별개지만, 직원은 4대 보험 개인분담금 외에도 '근로소득' 원천세를 내야 한다. 그런데 원천세와 4대 보험 개인분담금은 직원이 직접 내는 것이 아니라 사업주인 내가 월급을 지급할 때 이를 제외해서 지급하고, 개인분담금에 회사분담금을 포함하여 사업자가 납부해야 하고, 근로소득 원천세도 사업주가 대신 신고 및 납부해야 한다.

근로소득원천세는 직원의 월급과 부양가족 수 등의 조건에 따라 〈간이근로소득세액 계산표(국세청에서 제공)〉에서 산출된 금액에서 80%, 100%, 120% 중 선택하여 원천징수를 해야 한다.

강사료 및 기타 인건비를 지급할 때도 마찬가지이다. 강사나 작가 등 인건비를 받는 사람은 이를 (개인) 소득으로 신고해야 한다. 근로계약을 통해

■ 직원 월급 지급시 4대보험 및 근로소득세 고려사항 (계산식 포함)

구분		지역보험 (240만원 외)	직장보험_적용 월 240만원		직장보험에서	
보험명	세부내역	금액	금액	기타	직원부담	회사부담
1.국민연금		216,000	216,000	연금요율 (9.0%)	108,000	108,000
2.건강보험	국민건강보험/지역보험	127,560	170,160	보수월액 x 보험요율(7.09%) 지역보험은 소득/재산에 따라 차이	85,080	85,080
	장기요양보험료율		22,037	장기요양보험료율 0.9182%)	11,018	11,018
3.고용보험	고용보험율		43,200	고용보험율(1.8%)	21,600	21,600
	기업 추가(150인 이하)		6,000	150인이하 기업 추가(0.25%)		6,000
4.산재보험			20,640	(0.86%)_업종에 따라 차이		20,640
합계(연금포함)		343,560	478,037		225,698	252,338
			134,477	1인사업자에서 직장보험으로 변경시 대표자 추가 부담금		
근로소득 원천세				근로소득원천세 240만원 & 본인1인 공제, 100% 적용	35,610	
				근로자 개인분담금 (4대 보험 + 근로소득원천세)	261,308	
				근로자에게 월 실지급 금액 (월급 240만원)	2,138,692	
				직원고용시 240만원 + 회사부담금 252,338원 추가	2,400,000	2,652,338

<엑셀관리 예제 : 4대 보험례 산출 계산_ 지역보험 vs 직장보험료>

얻는 소득을 '근로소득'이라고 하는데, 강사료나 원고료 등의 비정기적 인건비는 소득으로 신고하는 개인이 이를 주업으로 하면 '사업소득'으로 신고해야 하고, 주업이 아닌 부업이나 일회성 소득인 경우에는 '기타소득'으로 신고해야 한다. 사업주는 이를 기준으로 '사업소득'으로 지급하는 경우에는 지급액에 상관없이 3.3%의 원천세를 제외 후에 지급하고, '기타소득'으로 지급하는 경우에는 월 지급액이 12만 5천 원 이상인 경우에 8.8%의 원천세를 제외 후에 지급해야 한다.

지원사업을 진행하는 사업주 입장에서는 지원사업비로 지급된 인건비 원천세를 국세와 지방세(주민세)로 나누어 신고 및 납부하고, 이를 증빙해야 한다. 직원에게 월급, 강사료 등을 지급할 때 원천세를 제외한 금액을 이체

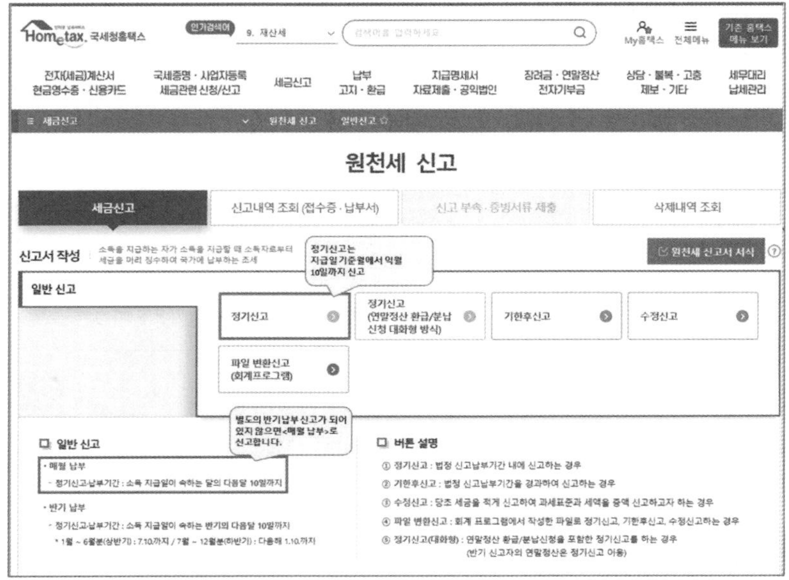

〈원천세 신고 매뉴얼 예제〉

한 것은 은행 이체확인증으로 증빙하고, 원천세 신고 및 납부한 명세는 지급명세서 신고서나 국세, 지방세 납부확인증으로 증빙해야 한다. 여기서 한 가지 덧붙이면, 원천세 납부는 개인별로 구분하여 납부하는 것이 아니다. 근로소득, 사업소득, 기타소득 원천세를 여러 사람에게 지급한 경우에도 사업주는 월에 한 번만 근로, 사업, 기타 소득별 합계 인원과 금액을 신고 및 납부해야 한다(반기 신고 대상 사업장도 있으나 대체로 매월 신고 대상이다). 그래서 여러 지원사업 원천세를 납부하거나, 기존 직원을 포함하여 납부하는 경우 해당 지원사업 통장에서 바로 납부하지 말고, 별도의 통장에 해당 금액을 이체 후 한 번에 신고 납부하여 증빙해야 한다. 원천세 중 국세는 국세청 홈택스를 통해 신고해야 하고, 지방세(주민세)는 위택스 혹은 서울e택스 등 지방자치단체 세무서에 별개로 신고해야 한다. 신고는 세무서에 방문하여 직접 신고하거나 위임한 세무사를 통해서도 신고할 수 있다. 납부는 홈택스나 위택스-서울e택스 등에서도 신고 후 바로 납부할 수도 있고, 국세와 지방세는 신고하면 은행 홈페이지에서 바로 확인 후납부할 수 있다.

원천세는 신고, 납부하는 것으로 끝나지 않는데, 원천세 신고는 근로, 사업, 기타 소득별 인원과 총금액만 신고하는 것이고, 누구에게 지급한 것인지 신고한 것은 아니기 때문이다. 실제로 소득을 얻은 사람, 즉 지급세부명세를 제출해야 하는데 이를 '지급명세서 신고'라 한다. 근로/사업/기타소득 지급명세서를 각각 작성해서 국세청 홈택스를 통해 신고해야 한다. 이 때 필요한 것이 '언제, 누구에게 얼마를 언제 지급했는가'이다. 이름과 지급 유형(저술가, 연극 등)과 주민등록번호를 입력해야 하니 지급할 때 꼭 내용을 받아야 한다. 근로소득 원천세 지급명세서는 연 2회(1월, 7월) 신고하며, 사업소득 지급명세서는 연 1회에서 2022년 8월부터 매월 신고로 변경되었고, 기타소득 지급명세서도 연 1회에서 2024년 1월부터 매월 신고로 변경되었으니, 이점도 알아 두어야 한다.

지원사업 중에는 'e나라도움'이나 '보탬e'란 프로그램을 사용이 필수인 때도 있다. 'e나라도움'은 기획재정부에서 만든 지원사업 관련 시스템으로 지원사업 진행에 따른 예산의 집행 및 정산을 투명하게 관리하기 위해 은행 가상계좌 및 카드 사용이나 세금계산서 사용이 연계되어 증빙과 예산 사용이 연계된다.

e나라도움은 지원사업 신청부터 집행, 정산, 결과 보고까지 시스템을 통해 진행하고, 국내의 모든 지원사업에 적용하기 위한 시스템으로 전체 프로그램은 매우 복잡하다. 그래서 지원사업을 신청하는 단체나 기업에서 가장 어려워하는 일로 'e나라도움' 시스템 사용을 꼽기도 한다. 시스템을 사용하는 데 익숙하지 않은 점도 있지만, e나라도움은 정부에서 시행하는 다양한 규모와 종류의 지원사업을 종합한 시스템이라 전체적으로 복잡할 수밖에 없다. 그러나 내가 선정된 하나 사업만 보면, 사업자가 e나라도움에서 사용하는 메뉴는 그리 복잡하지 않다. 그러나 대부분 사업에서 제공하는 e나라도움 매뉴얼은 내게 필요한 매뉴얼만 있는 것이 아니라서 시스템 사용 시 더 복잡하게 느껴지는 면도 있다. 담당자는 내게 필요한 기능만 요약해서 제공하는 경우가 거의 없다. 수백 페이지 짜리 전체 매뉴얼을 보내주니 내가 필요한 매뉴얼을 익히기가 어려운 것이다.

e나라도움을 사용하는 지원사업은 대체로 지원금 규모가 큰 경우가 많은데, 지원금 1천만 원 이상 이상인 경우 회계검증(감사)를 의무로 받아야 한다.

e나라도움
아이디
인증서
로그인
☎ 고객센터 : 1670-9595, 02-6676-5100
공지사항
1670-9595
02-6676-5100

〈e나라도움〉

17 세무신고하기

지원사업뿐만 아니라 사업자에게 세무 업무는 필수적이다. 세무신고는 부가세 신고, 소득세 신고, 원천세 신고뿐 아니라 업종별 규모에 따라 관리해야 할 것도 있고, 기장이나 노무 업무도 포함해야 하는 경우도 있다. 이런 세무 업무를 위해 세무사를 쓸 것인가, 홈택스(손택스)에서 직접 할 것인가를 정해야 한다.

- 세무신고 위임(대행)
- 기장(장부작성), 부가세신고, 종합소득세신고, 세무조정
- 부가세 신고, 소득세 신고, 원천세 신고 그리고 지급명세서
- 서울e택스, 위택스

개인사업자, 자영업자에게 어려운 숙제 중 하나가 회계와 세무가 아닐까 한다. 서점을 운영하든, 카페를 운영하든, 내 가게를 운영한다면 가게 운영에 따른 돈의 흐름, 즉 수입과 지출을 관리해야 하고, 사업 운영에 따른 세금을 신고하고, 납부하는 것을 해야 한다.

규모가 큰 기업이라면 자산의 수입과 지출, 거래 내용을 관리하는 회계 부서가 있고, 자금은 흐름(지급과 입금)을 관리하는 자금 부서가 따로 있기

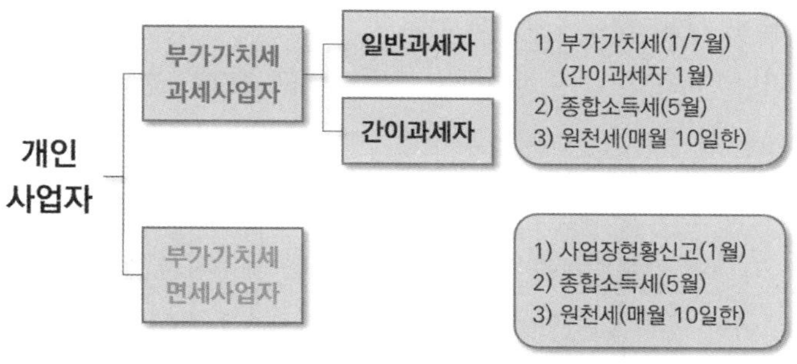

<개인사업자의 세무 신고>

도 하지만, 1인 혹은 소규모 자영업자는 대표자가 사업 운영에 따른 수입과 지출 및 사업 자산의 변동을 관리하는 것을 회계라 할 수 있다. 개인이라면 가계부를 작성하는 것처럼 사업자인 자영업자는 재료를 사고, 월급과 아르바이트 비용을 지급하거나, 매출에 따라 입금되는 현금 및 자산의 변동(재고 변동이나 장비 구입과 감가상각 등)을 하루, 일주일, 한 달, 일 년 단위로 관리하는 것을 회계라 할 수 있다.

세무란 사업을 운영함에 따라 발생하는 세금을 신고하고 납부하는 것을 말한다. 자영업자에게 세무신고란 사업을 운영하면서 매출과 매입에 따라 발생하는 부가세를 비롯한 일 년간 벌어들인 수익에 대해 부과하는 종합소득세 그리고 직원을 고용하거나, 용역을 제공하는 강사 등에게 지급하는 인건비를 지급할 때면 소득자 대신 사업자가 신고 및 납부하는 원천세 등을 신고하는 것을 세무신고라 한다.

소상공인, 자영업자라 해도 회계 관리, 세무 관리를 전문으로 하는 직원을 따로 둘 수도 있지만 대체로 규모가 작은 자영업자라면 회계 관리는 직접 하거나 배우자와 같이 관리하는 경우가 많고, 개인사업자의 경우 사업 회계와 개인 회계가 혼재되는 경우가 많기 때문에 따로 관리하지 않는 예가 많다. 물론 규모가 큰 개인사업자(일반사업자 중 도소매업은 연 매출 3억 원 이상. 2023년 기준)는 '복식부기 작성 대상'은 세무사를 통한 기장 업무는 선택이 아닌 의무가 된다(간편장부 대상자도 기장을 하면 세무 감면 자격이 되지만, 기장 유무에 따라 부과되는 소득세 차이가 크게 날 수 있다). 기장이란 사업 활동에 발생하는 거래 명세를 규정된 장부에 기록하는 것을 말하는데, 매출과 매입을 비롯한 재고 변동, 자산 변동 등 금전적 변동 사항을 기준에 따라 작성해야 한다. 반면 일반사업자 중 매출이 적은 '간편장부 작성 대상'은 기장 의무는 없지만 자산의 흐름(즉 내가 얼마나 벌어들이고, 자산이 늘거나 줄어드는지)은 알아야 함을 명심해야 한다.

특히 개인사업자의 경우 사업 운영에 따른 수입과 지출을 개인의 수입과 지출과 혼재하다 보니 사업에 따른 수익이 얼마인지 정확히 모르는 경우도 있고, 앞에서는 수익이 났다고 생각하지만, 장비나 인테리어 투자비에 대한 감가상각비(한 해 한 해 장비를 쓰면 그 가치는 떨어지고, 새롭게 장비를 구입해야 한다)를 계산하지 않거나, 부가세와 소득세를 제대로 계산하지 않고 신고 누락한 경우, 나중에 한꺼번에 납부함에 따른 큰 손실이 발생하기도 한다. 혹은 대표자의 인건비를 계산하지 않고, 수익이 난다고 하지만 대표자의 인건비는 수익이 아닌 비용으로 계산하는 것도 올바른 사업 회계 관리의 방법이다.

회계와 세무에 대해 이해했으니, 세무신고 방법을 이야기하고자 한다.

앞서도 말한 것처럼 세무신고란 부가세, 종합소득세, 원천세 신고를 말한다. 세무신고는 국가 기관인 국세청에 사업자 혹은 개인이나 법인으로서 사업 운영에 따른 세금을 신고하고 납부하는 것이다. 세무신고는 국세청에서 운영하는 오프라인 '세무서'에서 신고하거나 온라인상에서 인터넷 홈페이지 '홈택스'나 스마트폰 앱 '손택스'에서 신고할 수 있다. 이때 사업자 대표인 개인이 직접 신고할 수도 있고, '세무사'를 통해 위임해서 신고할 수도 있다. 결국 세무사도 세무서나 홈택스에서 위임받은 권한으로 신고하는 것이다. 즉 사업자는 직접 세무신고할 수도 있고, 세무사에게 위임해서 신고할 수 있다.

세무신고를 직접 혹은 세무사에게 위임하는 것은 선택의 몫이다. 어느 하나가 좋다고 할 수는 없지만 세무신고에서 고려할 사항이 있다.

사업자(대표)는 세무신고를 직접 하든, 위임하든 회계와 세무에 대해 어느 정도 알려는 마음이 있어야 한다. 개인사업자는 지속 가능한 운영을 위해 일정한 수익이 있어야 하고, 수익을 알려면 사업 운영에 따른 돈의 흐름을 알아야 한다. 돈의 흐름은 매출과 매입과 같은 거래에 따른 것도 있지만 세금의 흐름도 중요한 요인이다. 만약 사업자가 세무신고를 직원이나 세무사에게만 의존한다면, 자금 흐름을 몰라서, 절세를 몰라서, 잘못된 지출을 몰라서 큰 손해를 입을 수도 있기 때문이다. 세무사가 아무리 사업자의 세금을 절세하려고 해도, 사업자가 제출하는 세무 자료에 근거해서 하므로 사업자는 사용한 영수증을 꼭 챙기거나(혹은 사업자용 카드로 등록한 것으로 사용하고), 청첩장을 챙기는 등의 원인을 제공하지 않으면 세무사는 절세를 도와줄 수 없기 때문이다. 또한 사업 운영에 따른 손익(손익계산서)과 자산 변동

(대차대조표)은 대표자가 꼭 챙겨야 한다.

세무신고 중 부가세 신고와 원천세 신고는 명확한 사항으로 세무신고 시 누락되지 않고 정확하게 신고하는 것이 중요하다. 부가세는 매출 부가세에서 매입 부가세를 제외한 차액을 신고하고, 이를 납부하는 것이다.

특히 주의해야 할 것은 사업에 관련된 부가세 신고 시 부가세 매출과 관련된 매입 부가세만 공제할 수 있고, 그 외에는 공제하지 않아야 한다. 법인은 일 년에 네 번(분기별), 개인사업자는 일 년에 두 번(반기별), 간이사업자는 일 년에 한 번 신고 납부한다. 도서를 판매하는 서점이나, 꽃을 판매하는 꽃가게처럼 부가세가 면제되는 품목만 판매하는 사업자를 '부가가치세 면세사업자'라고 하는데, 면세사업자는 부가세 신고가 제외되고, 연초에 사업장 현황신고에서 면세사업자임을 신고해야 한다.

특히 문화예술 사업을 하는 서점이나 출판사의 경우 면세품인 책을 판매하면서 과세품인 문구나 액세서리를 팔거나 카페 등을 겸업으로 운영하는 경우가 있다. 이 경우 특히 주의해야 할 사항으로 부가세 공제에 대해 정확한 이해가 필요하다. 면세 매출과 과세 매출이 혼재한 경우 매입 부가세는 과세 매출에 기여한 매입 부가세만 공제해야 한다. 문구 매입은 과세이니 전액 매입공제 대상이다. 그러나 월세와 전기세의 경우에는 과세 매출의 비율만큼 매입공제하고, 나머지 부가세는 비용으로 처리해야 한다. 이를 '안분'이라고 하는데 신고 시 공제받지 못할 매입 부가세로 입력해야 한다,

원천세 신고도 정확하게 신고하는 것이 필요하다. 일반적인 자영업자라

면 원천세 신고는 4대 보험을 납부하는 직원이 있는 예에 해당한다. 주 15시간 이상 근무하는 아르바이트를 포함하여 근로계약을 맺은 직원이 있다면 월급을 지급할 때 4대 보험(건강/연금/고용/산재)을 감안해서 제외하는 금액 외에도 근로소득 원천세를 함께 제외해서 지급해야 한다. 4대 보험과 별개로 근로소득 원천세란 월급을 받는 직원이 근로소득에 대한 세금을 국가에 내야 한다. 소득을 얻는 직원이 세금을 직접 납부해야 하지만 세금 징수의 편의성을 위해 근로소득을 지급하는 사업자가 이를 대신 징수해서 납부하는 것을 원천세(원천징수세금)라 하고, 사업자는 징수한 원천세를 신고하고 납부해야 한다. 이때 원천세에는 국세와 지방세(주민세)가 있고, 국세는 국세청(홈택스)에 신고하고, 지방세는 지방자치단체에 신고해서 납부해야 한다. 지방세는 국세의 10%에 해당한다.

최종 소득세는 개인의 연간 종합소득에 따라 소득세율이 달라지는데, 원천세는 지급할 때 먼저 세율을 정해서 납부하게 된다. 근로소득원천세는 간이근로소득원천세율을 국세청에서 제공하는데, 소득구간 및 부양가족에 따라 세율이 달라진다. 이때 계산된 간이근로소득원천세율에 따라 80%, 100%, 120% 중에 선택해서 징수할 수 있는데, 별다른 이유가 없다면 100%로 적용하는 것이 무난하다. (이는 조삼모사처럼 먼저 징수한 원천세가 많으면 종합소득세 신고 시 돌려받을 세금이 늘어난다. 단지 선후의 차이만 있을 뿐 총 세금은 같다)

원천세에는 사업소득과 기타소득 원천세도 있는데, 이는 근로계약을 맺지 않은 인건비 등에 적용된다. 작가, 전문가를 초빙해서 강연회나 토론을 하는 등이 이에 해당한다. 강사 초빙에 따른 강사료를 지급할 때는 강사료에 대해 사업소득을 적용하거나 기타소득으로 적용하는데 이는 초빙된 강사가 강의를 주 사업으로 하는 경우에는 사업소득으로 신고하고, 본인의 주업이 따로 있고 강연은 부업으로 한다면 기타소득으로 적용해야 한다. 2024년 원천세율 기준으로 사업소득은 3.3%(국세 3%, 지방세 0.3%), 기타소득은 8.8%(국세 8%, 지방세 0.8%)의 원천세율을 정하고 있다. 프리랜서와 같이 강연이나 원고 작업을 주로 하는 개인은 사업소득 원천세를 적용하고, 근로계약을 맺고 있거나 사업자가 아닌 개인은 기타소득 원천세를 적용하면 무난하다. 최종 소득을 신고하는 종합소득세 신고 시 강사료로 지급된 소득에 대해 확정신고를 하니, 잘 모르겠으면 기타소득(8.8%)으로 신고하면 된다.

원천세 신고는 홈택스나 손택스를 통해 비교적 간단하게 신고할 수 있다. 월 기장료를 지급하고 있는 세무사가 있으면, 근로/사업/기타소득 원천세 신고도 맡기면 되지만 거래하는 세무사가 없다면 원천세 신고는 홈택스에서 직접 하도록 하자.

원천세 신고는 세무신고 시 합계 인원과 총금액을 근로/사업/기타 소득별로 한다. 그래서 지급명세서 신고를 따로 해야 하는데, 이는 개인별로 이름, 분야, 주민등록번호, 지급 월, 지급액 등을 신고한다. 근로소득 지급명세는 반기별로 신고하고, 사업소득 지급명세는 연 1회 신고에서 2022년 8월부터 매월 신고, 기타소득 지급명세는 연 1회 신고에서 2024년 1월부터 매월 신고로 바뀌었다.

원천세 신고를 마치면 납부도 해야 한다. 국세를 신고한 홈택스, 지방세를 신고한 e택스(서울e택스, 위택스 등)에서 바로 납부할 수도 있고, 거래 은행의 국세, 지방세 납부 메뉴에서도 할 수 있다. 나는 주로 은행 홈페이지에서 납부하는데 이는 조회 및 증빙하는 것이 비교적 간편하기 때문이다.

이처럼 부가세 신고와 원천세 신고는 비교적 세무신고가 간편하다. 하지만 사람에 따라서 세무를 어려워하는 정도가 다르니 꼭 직접 신고할 필요는 없다. 직접 신고할 수 있다면 비용도 절약할 수 있지만 매출 규모가 크거나 복잡성에 따라 직접 부가세를 신고하는 것보다 세무사에게 맡기는 것이 비용과 효율성에서 나을 수 있다. 원천세 신고는 매월 기장을 맡기는 세무사가 없다면 이것만 신고를 대행하는 것은 고민해야 한다. 직원이 있는 경우 기장 업무뿐 아니라 계약 관리를 위해서도 세무사를 쓰는 것이 필요하고, 원천세 신고는 함께 세무사에게 의뢰하면 된다. 그러나 1인 사업자의 경우 가끔 발생하는 초청 강사료같이 단발성 원천세를 세무사에게 맡기는 것은 어렵다. 이때는 사업, 기타 소득 원천세 신고 업무는 직접 할 것을 권한다.

(종합) 소득세 신고는 부가세와 달리 절세와 연관이 있기 때문에 이에 대한 고려가 필요하다. 부가세와 원천세는 신고할 내용이 명확하기 때문에 신고하는 것이 중요하지만, (종합) 소득세 신고는 연간 수입과 지출에 대해 경비 지출을 세무 계정별로 잘 신고해야 절세를 할 수 있다.

매출이 많지 않은 개인사업자는 납부할 세금도 많지 않고, 절세할 금액도 많지 않을 것이다. 이에 비해 매출 규모가 늘어날수록 절세할 수 있는 여지도 늘어나게 된다. 특히 개인사업자는 소득이 늘어날수록 소득세율이 매우 높아지기 때문에 고소득 개인사업자에게 절세는 매우 중요하다.

개인의 경우 직장을 다니면 연말정산할 때, 가족 간에 소득을 따져가며 부양가족을 누구에게 올리는 것이 유리할지 판단하고, 의료비, 교육비, 기부금 등 공제할 수 있는 금액을 따져가며 신고를 조정한다.

마찬가지로 사업자의 경우에 (종합) 소득세 신고는 사업소득, 근로소득, 기타소득, 임대소득 등 개인의 총수입에서 필요 경비를 제외한 소득금액에서 공제받을 금액을 제외하고 과세표준액을 산출 후 납부할 세액을 정하게 된다. 절세를 위해선 필요 경비와 공제받을 금액을 늘려서 과세표준액을 낮춰야 한다. 이를 위해 세무에서 허용하는 기준에 따라 경비의 세부 신고 계정을 조정하고, 경비로 적용할 자료를 확보해야 한다. 이를 세무조정이라고 하는데, 세무사는 세무조정을 통해 사업자의 소득세를 절세해주고 세무조정료를 받는 것이다.

매출 규모와 사업 복잡성에 따라 다르지만, 작은 규모 개인사업자의 소득세 신고 대행료는 몇십만 원 내외이다. 매출 규모가 어느 정도 있고, 세무조정에 따른 절세액 규모에 따라 세무조정료는 몇십만 원에서 몇백만 원이 될 수도 있다. 물론 규모가 커지면 세무조정료도 몇천만 원, 몇억 원이 될 수도 있다.

종합소득세 신고는 세무를 어느 정도 알고, 매출 규모가 작은 1인 사업자라면 직접 신고하는 것도 괜찮다. 코로나19가 발생하기 전에는 세무서마다 세무신고 지원서비스가 있어서 아르바이트생들이 소득세 신고를 도와주기도 했었다. 이때는 절세를 기대할 수는 없고, 신고만 도와주는 것이니 소득세가 거의 없는 소상공인이 주로 이용했다. 코로나19 이후에는 세무신고 지원서비스는 장애인과 노약자 사업자만 이용할 수 있고, 2022년부터 간편신고서비스가 제공되기 시작했다. 전산화로 종합소득세 신고 시 매출 규모가 적은 개인사업자에게는 국세청에서 자동 계산된 소득세율이 통보되고, 소득세액에 동의하면 ARS 응대로 간편하게 소득세 신고가 확정되는 서비스다. 이미 부가세 신고와 평소 원천세 신고를 정확하게 하고 있다면 별다른 조정 사항이 없으니 동의해서 신고하면 된다.

그러나 절세할 내용이 더 있다고 판단되면, 홈택스를 통해 직접 세무신고를 조정하거나 세무사 위임을 통해 신고할 수도 있다. 이 또한 선택 사항이다. 어느 것이든 나에게 편리하거나 유리한 것을 선택하면 된다. 세무신고는 절세를 고려하되 간편성과 세무 추가 비용을 고려해서 국세청 간편 소득세 통보에 바로 동의할지, 내가 직접 신고할지, 세무사에게 위임할지 정하면 된다.

18 세무교육과 상담은 어디에서 받을 수 있을까

사업자에게 필요한 교육, 세무

사람은 무엇을 하든 배워야 한다. 새로운 일을 할 때도 배워야 하고, 기존에 하던 일도 개선할 방법을 배워야 한다. 학생들은 대한민국 국민으로 살아가기 위해 의무교육을 배우고, 대학에서는 자신이 선택한 전공을 배우고, 회사에서는 업무를 배우게 된다. 작은 가게를 운영할 때 어려운 것 중 하나가 사업 운영에 관해 배우는 것이다. 내가 프랜차이즈 사업 가맹점을 선택한다면 프랜차이즈 본사가 제공하는 교육과 운영지원 프로그램을 통해 체계적인 교육을 받을 수 있지만, 개인사업자는 누군가 자세하게 알려주는 것이 아니다. 사업자 스스로 배움을 찾아가야 한다.

(개인) 사업자는 어디서 배워야 할까? 음식점을 하기 위해서 조리사 교육을 받아야 하고, 공방을 운영하려면 나무공예나 금속공예 등 해당 분야에서 가르치는 과정을 배워야 한다. 꼭 학원에서 강좌를 수강하는 것이 아니라도, TV 방송이나 유튜브(YouTube) 등을 통해서도 배울 수 있고, 같은 업종에 종사하는 전문가나 사업자를 찾아다니며 매울 수도 있고, 혹은 직원으로 근무하면서 배울 수도 있다.

그런데 초등학교가 기초적인 교육을 담당하듯, 사업자를 위한 기본 교육을 국가(국세청)에서도 제공하고 있다. 아울러 소상공인을 위한 교육에는 K-biz(중소기업중앙회)의 지역별 단체에서 제공하는 교육이 있다. 여기서는 사업자가 배울 수 있는 기본적인 사업자 교육에 대해 알아보자.

1) 국세청에서 진행하는 〈납세자세법교실〉

서울에서는 '신규 사업자를 위한 〈세금안심교실〉이라는 오프라인 교육이 있었다. 서울지방국세청 주관으로 세무서 관할구 단위로 1년에 두 번 오프라인 교육을 운영해 왔다. 책인감을 오픈하고 노원/도봉세무서에 교육 신청했는데 당시 교육 기수가 마감되어 세무서 안내로 성동구 세무서에서 교육받을 수 있었다.

최근에 다시 검색해보니 〈세금안심교육〉은 찾을 수 없었고, 〈납세자세법교실〉이란 다른 이름의 과정을 온라인으로 들을 수 있었다. 〈납세자세법교실〉은 '국세공무원교육원' 홈페이지에서 신청할 수 있는데 대상은 '신규사업자를 비롯하여 세법 강좌 수강을 희망하는 모든 납세자'이다.

세법교실 교육을 주관하는 국세공무원교육원은 국세청 직원을 대상으로 교육하는 사이트인데 〈납세자세법교실〉은 일반 납세자를 대상으로 진행하는 과정이다. 코로나19가 발생하기 전에도 세법 교육을 진행하고 있었으나, 지역별 오프라인으로 운영하던 과정이 2020년 7월부터 세무 교육 활성화를 위해 온라인 교육 과정을 개설하여 일반 사업자를 대상으로 운영하고

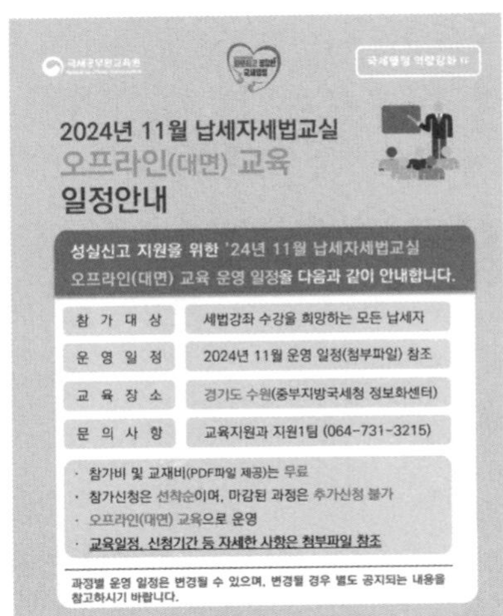

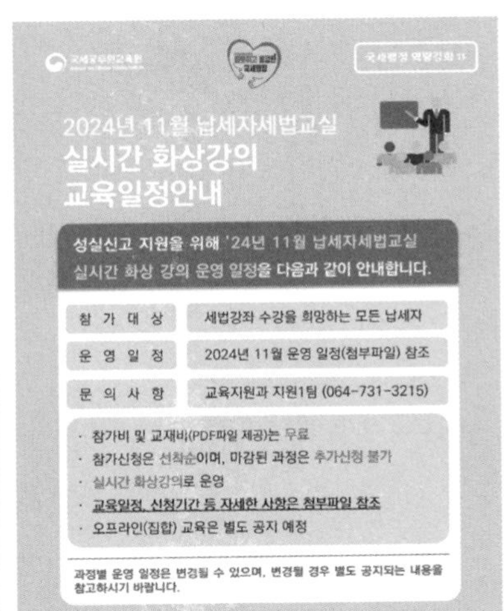

<국세공무원교육원에서 진행하는 오프라인, 온라인 교육 일정 안내>

있다. 실시간 온라인 과정으로도 진행하며 선착순으로 신청할 수 있다. 국세공무원교육원 홈페이지에서 있 납세자세법교실 메뉴를 살펴보면 세법교실 교육뿐 아니라 동영상 교육자료를 비롯한 세무, 세법 관련 강의 자료를 무료로 시청할 수 있다. 사업자에게 필요한 부가세 자료를 비롯하여 소득세, 양도세 등 세무에 관한 다양한 자료가 올라가 있다. 그런데 아직도 무료 세무 교육을 알지 못하는 사업자가 많고, 세무에 대해 무관심한 사람도 많다. 사업자에게 세무신고는 필수이니 홈택스를 통해 직접 하던지, 세무사를 통해 대행하더라도 세무의 기본은 알아야 한다. 세무의 세세한 절차는 몰라도 되지만, 사업자는 돈을 비롯한 자산의 흐름과 수익, 세금에 대해 알려는 의지도 없다면 사업을 제대로 할 의지가 없다는 것이기도 하다.

개인사업자는 실제 업태와 종목에 따라 다르지만, 소득세, 부가가치세,

소득별 원천징수에 관해서는 배울 것을 권한다. 비영리법인에 관한 세무 교육도 있으니, 문화예술분야에서 비영리법인을 알아보고 있는 사람은 이점도 참고하기 바란다.

♣ 2018년 5월 서울지방국세청 '신규 사업자를 위한 〈세금 안심교실〉' '강의 목차는 다음과 같다.

① 기초 세금 및 유익한 세무 정보
② 홈택스 가입/이용 방법
③ 일자리 안정 자금 지원사업 안내
④ 소통 데스크 운영 : 현장 세무 상담

♣ 2024년 납세자세무교육 일정 및 교육 내용(발췌)

번호	지역	과정명	교육내용	교육일수	교육 시작일	우선수강권 신청기간	신청기간
11	실시간 화상강의	양도소득세 비과세 감면 등 규정(심화)	1세대 1주택 비과세, 1세대 1주택 비과세 특례 등	1일	2024-10-14	2024-09-29 ~ 2024-10-03	2024-09-30 ~ 2024-10-03
12	대면강의 수원	증여세 신고실무	증여세 과세개요, 증여재산가액별 증여세 부담세액, 절세방안 등	1일	2024-10-11	2024-09-29 ~ 2024-10-03	2024-09-30 ~ 2024-10-03
13	대면강의 인천	법인세(인천)	익금산입과 익금불산입, 손금산입과 손금불산입, 조특법상 인천지역에서 적용 가능한 법인세 세액공제와 감면(지역특화)	1일	2024-09-30	2024-09-05 ~ 2024-09-12	2024-09-06 ~ 2024-09-12
14	대면강의 인천	세무조사의 이해(인천)	세무조사 제도 안내 및 진행절차, 조사사례 등	1일	2024-09-27	2024-09-05 ~ 2024-09-12	2024-09-06 ~ 2024-09-12
15	대면강의 수원	부가가치세 신고실무	부가가치세의 특징, 납세의무 성립요건, 재화의 공급, 사업자 등록, 세금계산서, 과세표준 계산, 매입세액	1일	2024-09-23	2024-09-05 ~ 2024-09-11	2024-09-06 ~ 2024-09-11
18	대면강의 수원	법인세 신고실무	업무용승용차 손금불산입 특례, 부당행위계산 부인 세무조정, 중소기업 세액공제 및 감면	1일	2024-09-06	2024-08-22 ~ 2024-08-28	2024-08-23 ~ 2024-08-28
17	대면강의 대구	법인세(대구)	업무용승용차 손금불산입 특례, 부당행위계산 부인 관련 세무조정, 조특법상 대구지역에서 적용 가능한 중소기업 세액공제와 감면(지역특화)	1일	2024-09-09	2024-08-22 ~ 2024-08-28	2024-08-23 ~ 2024-08-28
20	대면강의 대전	부가가치세(대전)	사업자 세금 및 부가가치세 기본, 실무사례 등	1일	2024-09-02	2024-08-22 ~ 2024-08-28	2024-08-23 ~ 2024-08-28
19	대면강의 대전	양도소득세(대전)	1세대 1주택 및 일시적 2주택 비과세, 공동상속주택 및 인구감소지역 개정사항(지역특화), 양도소득세 계산흐름 등	1일	2024-09-03	2024-08-22 ~ 2024-08-28	2024-08-23 ~ 2024-08-28
16	대면강의 대구	증여세(대구)	상속세 및 증여세 계산구조와 절세원리, 상속증여재산 평가 등	1일	2024-09-10	2024-08-22 ~ 2024-08-28	2024-08-23 ~ 2024-08-28

2) 소상공인들을 위한 K-BIZ 소기업소상공인회 리더스 아카데미

(사)서울특별시영등포구소기업소상공인회

리더스 아카데미 수강생 모집

상생교육을 통한 소기업 소상공인 경영능력 향상교육

수강생모집 개요

- **교육 일정** : 2021. 10. 07(목) ~ 11. 25(목) 매주 목요일 오후 4~6시 (8주 16시간)
- **교육 방법** : 비대면 ZOOM 화상강의 (핸드폰, 노트북, PC)
- **교육 대상** : 영등포구 관내 소기업, 소상공인 및 예비 창업자
- **모집 인원** : 60명
- **모집 일정** : 2021. 9. 6(월) ~ 9. 30(금)

수료자 혜택

- (사)서울특별시소기업소상공인회 회원 가입
- 경영교육, 개선교육 수료증 또는 이수 확인서 발급
- 각종 정책자금 융자 정보 우선 제공
- 무료 법률, 세무, 노무 등 고충상담 무료
- 상호 정보 교류를 통한 상생협력 증대
- 병원, 예식장, 장례식장 등 이용시 특별 혜택 제공
- 리더스 아카데미 기수별 회원 자격 부여
- 동호회 활동(골프, 등산, 봉사)

소규모 자영업을 운영하거나 창업하는 데 필요한 교육으로 지역별 소기업소상공인회가 운영하는 〈리더스 아카데미〉가 있다. K-BIZ(중소기업중앙회)는 중소기업의 이익을 대변하기 위하여 설립된 경제단체이다. 자치구별로 협동조합 형태로 〈소기업소상공인회〉가 있으며, 이 단체에서 지역 내 기존 사업자와 신규 사업 예정자를 대상으로 사업에 도움이 되는 교육을 받을 수 있다. 상가법을 비롯해 노무, 세무, 마케팅, 서비스 교육 등 대체로 2시간 8회 과정으로 진행하는 교육에는 사업을 운영하는 데 필요한 실질적인 내용을 다루고 있다.

노원구에도 〈K-BIZ 노원구소기업소상공인회〉라는 이름으로 단체가 운영되고 있다. 책인감을 오픈하고 주변의 카페와 음식점 운영자들과 교류하

면서 〈리더스 아카데미〉란 교육을 알게 됐고, 기존에 참여했던 사업자의 추천을 받아서 나도 교육과정을 신청했다. 교육은 지역별 단체에 따라 조금씩 다르지만 대체로 연 2회 진행한다. 1회 2시간, 일주일에 한 번, 8주간 교육과정이다. 대부분 다른 지역은 평일 오후에 진행하기 때문에 혼자 책방을 운영하는 나는 참여하기 힘들었을 것이다. 그런데 운 좋게도 노원구는 사업자들의 영업시간을 배려해서 금요일 오전 8시~10시에 진행됐다. 덕분에 나는 8주 과정을 결석 없이 모두 들을 수 있었다. (내 가게는 오후 1시 오픈)

노원구소기업소상공인회에서 2018년 5월~6월 실시한 〈리더스 아카데미 9기〉 교육 내용은 다음과 같았다.

1) 개정 상가법을 통해 보는 임차 상인의 권리
2) 소상공인이 알아야 할 노무 지식
3) 유머 경영과 이미지 메이킹
4) 소상공인을 위한 마케팅 전략 및 금융기관 활용법
5) 사업경영자가 알아야 할 절세와 세무 위험(Tax Risk) 관리
6) 소상공인의 판로개척, 온라인 오픈마켓 유통 창업
7) 온라인 SNS 홍보마케팅
8) 고객접 점 고객 대응 및 스트레스 관리
9) 나를 찾아 떠나는 미래 여행 강좌 및 수료식 및 특강

이처럼 사업자에게 실질적으로 필요한 교육을 하면서도 교육비는 무료였으니 좋은 배움의 기회였다. 교육 수료 후에는 '노원구소기업소상공인회

(이하 노소회)' 가입을 권유받았다, 회원 가입 시 연회비가 있으나 부담되는 수준은 아니었다(당시 노원구 노소회 가입 연회비 20만 원이었으며, 코로나로 인해 연회비는 일부 할인했었다). 노소회 가입이 필수사항은 아니다 선택사항이지만 교육을 수료한 사업자 중에는 대다수가 가입하고 있다.

사업하면서 동료를 얻는다는 것은 매우 중요하다. 책방이나 카페 혹은 공방 등 다양한 사업을 하면서 동일한 사업을 진행하는 사람들과 교류할 수도 있고, 지역 소상공인회에서 다양한 사람들과 교류할 수도 있을 것이다. 이는 선택의 문제이니 개인이 정하면 된다. 노소회에서 '리더스 아카데미 9기' 교육을 신청한 사업자 혹은 예비 사업자는 65명이었고, 그중 50여 명이 교육을 수료하고, 노소회에 정회원으로 가입한 회원은 40여 명 정도였다. 이후에도 사업을 접거나, 이전하는 등의 사유로 탈퇴한 사람들이 있지만 2022년 초 기준으로 20여 명의 회원이 활동하고 있으며 나는 그즈음애 탈퇴했다. 노소회에서 진행하는 프로그램이나 모임은 좋았지만, 1인 가게로서 주로 저녁에 있는 모임에 참여할 수가 없었다. 참여할 수 없으니, 회비를 계속 납부하기 어려웠고, 아카데미 교육 동기 모임에서는 탈퇴하고, 노소회 전체 밴드를 통해서 지역 상권 내 소식을 접하고 있다.

노소회 전체로는 수백 명의 회원이 활동하고 있으며, 소규모로 친목 동아리(산악회 등)를 운영하거나 교육과정(마케팅, SNS 등)을 통해서 회원들의 지속적인 교육도 진행하고 있다. 특히 다양한 분야의 사업자들이 있기 때문에 사업운영에 필요한 정보를 얻을 수 있는 장점이 있다. 혹은 친목을 위해 참여하는 사업자도 많다. 나는 1인 책방 & 카페로 운영하고 있기 때문에 시간상 노소회에 적극적인 활동이나 참여는 쉽지 않다. 그러나 다양한 사업자와 교류할 수 있고, 교육을 중요하게 생각하고 있어서 모임에 참여했었다. 대신 영업시간을 고려해서 모임은 선택하여 참여했다.

지역별 소기업소상공인회에서는 지속적으로 〈리더스 아카데미〉 참여자를 모집 및 교육하고 있다. 코로나19가 한창 기승을 부리던 2020년~2021년에는 온라인으로 교육 진행하다가, 이후에는 대부분 오프라인 교육이 복원되어 1년에 2회씩 각 자치구 단위로 교육을 진행하고 있다. 리더스 아카데미는 사업자에게 실질적 도움을 주는 강의로 구성되어 있으니, 내 지역에서 언제 교육하는지 알아보고 교육을 받을지 결정하는 것이 좋다.

〈이미지 : 소상공인 커뮤니티 아프니까 사장이다_네이버 카페〉

3) 소상공인, 자영업자를 위한 카페이자 커뮤니티 〈아프니까 사장이다〉

2017년 말, 책인감 창업을 준비하면서 사업자로서 어떤 것을 해야 할지 고민이 많았다. 회사에서 기획서를 쓰듯이 창업과 운영에 필요한 사항을 정리하면서 여기저기서 정보를 찾았다. 그러다 우연히 〈아프니까 사장이다〉라는 카페를 알게 되어 올려진 글에서 내게 필요한 정보가 있는지 찾아보았다. 그중 눈에 띄었던 것은 '지도 앱에 내 가게 정보를 올리는 방법'을 정리한 글이었다. 그 글에는 T-맵을 비롯한 네이버, 다음카카오, 구글, 현대/기아 내비게이션, 아이나비 등에 내 가게 등록하는 법을 PDF 파일로 잘 정리한 글이었다. 내게 필요한 것이라 PDF 파일을 다운로드하고, 사업자등록을 하면서 각 지도 앱에 내 가게를 등록했다. 특히, 네이버는 마이 비즈니스(현재 스마트 플레이스)에 사업자로 등록해서 올려야 내가 원하는 정보(소개, 사진, 영업시간 등)를 정확하게 올릴 수 있을 뿐 아니라 네이버 검색 시 상단에 노출되는 것이다. 네이버 검색 결과에서는 비즈니스 정보가 먼저 나오고, 그다음에 블로그(리뷰) 정보가 나오기 때문에 꼭 필요한 부분이었다. 구글 지도에서도 마찬가지여서 마이 비즈니스에 사업자로서 신청하면, 몇 주 후에 실물 우편이 사업장으로 왔는데, 우편물에 적힌 승인번호를 사이트에 입력해야 등록이 완료된다.

이처럼 사업자에게 알토란 같은 정보가 있는 〈아프니까 사장이다〉 카페는 2017년에는 20~30만 명 회원에서 2024년 11월 기준 160만 명 넘게 가입한 대한민국 대표 소상공인, 자영업자 커뮤니티이다. 많은 소상공인이 참여하는 커뮤니티이다 보니 사업자 유형도 많고, 정보도 넘쳐난다. 그래서 카페에는 다양한 업종과 상황에 맞는 메뉴들이 있고, 메일 서비스를 통해 내게 소식을 알려주고 있다.

카페에 올려진 정보 중에는 내게 필요한 정보는 대체로 있는 경우도 많고, 잘 설명해 주는 소상공인들이 넘쳐난다. 재난지원금 받는 방법을 잘 알려주는 사람도 있고, 아르바이트 채용에 관해 필요한 세무나 노무를 자영업자의 관점에서 잘 알려주는 사람도 있고, 영업 노하우를 알려주는 사람 등 소상공인에게 꼭 필요한 정보를 올리는 사람이 많다. 너무 많은 정보로 인해 어느 곳에 필요한 정보가 있는지 찾기 어려울 때도 있지만 여러 번 이용하다 보면 요령도 생기게 되니 이용해 보도록 하자.

일을 잘하기 위해선 어떻게 해야 할까? 늘 배우려는 마음과 경청하는 태도를 보이는 것도 필요하다. 회사에 다니면 여러 팀을 옮길 수도 있고, 사업을 할 때면, 특히 작은 회사를 운영한다면 내가 모든 것을 해야 하고, 알아야 할 일도 많을 것이다.

지원사업을 하변서도 마찬가지이다. 일을 하며 만나게 되는 다양한 문제들을 알아갈 때면, 어떻게 하는 것이 좋을까? 이때 필요한 것으로 매뉴얼과 체크리스트를 만들어 보는 것은 어떨까? 나는 '적자생존'이란 말을 좋아한다. 대학 은사님이 들려준 이 말엔 '적는 자만이 살아남는다'라는 메모의 중요성이 담겨있다. 단지 메모로 끝나지 않고, 업무를 배울 때면 메모와 함께 업무 매뉴얼을 만들곤 했다. 중요한 일은 체크리스트를 통해 관리하기도 했다. 매뉴얼과 체크리스트는 일을 잘하기 위한 나만의 노하우가 된다.

5부 : 사업자에게 필요한 TIP

19 나만의 매뉴얼 만들기

- 왜 매뉴얼과 체크리스트를 만들어야 하는가
- 프로세스(절차) 관리 : 순서대로 관리하기(시간 순서로 일별/주간별/월별, 프로세스 진행 순서로)

나는 회사 다닐 때나, 자영업을 할 때 혹은 내가 좋아하는 일을 할 때나 '나만의 매뉴얼'을 만들려고 한다.

우리는 학생 때 예습과 복습의 중요성에 대해 듣곤 한다. 내가 매뉴얼을 강조하는 것은 매뉴얼이 복습에 해당한다고 생각하기 때문이다. 학생 때는 공부의 방향이 정해져 있고, 수업 시간에 공부할 분량이 대부분 정해져 있기 때문에 예습이 강조되기도 하지만, 사회에서는 미래의 일을 특정하거나 정해놓은 대로 흘러가진 않는다. 물론 사업계획을 세우고, 연간 실행 계획을 세워서 일하기도 하지만 세부적인 내용이 계획대로 흘러가진 않는다. 그래서 복습을 잘하기 위해선 '정리 노트'를 만들기도 하는 것처럼 회사나 사업을 운영하는 데 혹은 지원사업을 하는데 있어서도 내가 배운 것들을 내 것으로 만드는 방법이 필요하다.

나는 업무를 배우면서 꼭 하는 '행동'이 있다. 엑셀로 업무 매뉴얼을 만드는 것이다. 나는 중고교 시절이나 대학 때도 메모를 잘하지 않았다. 배운 것을 요약하거나 정리 노트를 잘 만들지도 않았다. 고등학교 때는 그냥 단순히 필기하고, 반복해서 연습장에 써보는 식으로 공부하면서 열심히는 했지만, 요약과 정리를 잘하진 못했다. 대학 시절에는 노느라 배운 것을 정리하는 습관은 거의 없었다.

회사에 취직 후 18년 간의 회사 생활을 돌아보면, 일머리는 나쁘지 않아서 일을 빨리 배우는 편이었고, 내 일을 남들보다는 잘 해보려는 열정이 있었고, 어느 정도 인정을 받고 있었다. 그렇지만 뛰어난 인재라 할 수는 없었고, 대기업에서 영업 관리, 유통 관리 업무를 하는 평범한 직장인이었다. 회사 일을 하면서 전국에 있는 주력 대리점을 프랜차이즈처럼 육성하고, 교육하고, 투자하는 일을 하면서 비교적 다양한 일과 행사를 경험하면서 업무를 배울 수 있었다. 특히 팀을 옮길 때면 인수인계 과정에서 많은 생각을 했다.

직원이 적은 중소기업이라면 한 담당자가 오랫동안 업무를 하므로 퇴사나 휴직이라는 이슈가 발생하지 않으면 업무 인수인계가 잘 일어나지 않지만, 대기업은 대체로 순환 업무를 하므로 인사이동 시기에는 담당자 변경에 따른 업무 인수인계가 자주 발생한다.

회사에서 업무 인수인계 시 가장 많이 발생하는 불만은 제대로 인수인계가 일어나지 않는다는 것이다. 물론 잘 해주는 사람도 있지만, 며칠이라는 짧은 시간 안에 몇 년 동안 해왔던 일을 100% 인수인계해 준다는 것은 물리적으로 가능한 일은 아니다. 생산직이나 기술직처럼 업무가 명확한 경우라면 인수인계도 명확한 편이다. 영업직이나 관리직은 비정기적으로 발생하는 일이 많으므로 이를 정리해서 알려주기도 힘들뿐더러 알려주더라도 다음에는 상황이 달라서 알려준 것이 소용없을 때가 많다. 그래서 관리나 영업 부문에서 인수인계는 그동안 업무에 사용한 '파일'을 넘기는 것과 간단한 메모로 하는 경우가 많다. 물론 영업직이나 자금을 관리하는 곳에서는 전산상에 채권 현황과 현금 시제(인수인계 시점에서 회계상 자금과 실제 자금액을 일치하는)를 맞추는 것은 문제가 없지만, 해왔던 일들의 맥락을 파악하는 건 쉽지 않다. 인계한 사람은 모든 것이 '파일'에 있다고 하는데, 인수한 사람은 아무리 '파일'을 찾아봐도 찾을 수 없거나 알 수 없다고 말한다.

업무 인수인계에서 문제점을 이야기했지만, 결국 나뿐 아니라 후임으로 올 사람을 위해서도 나만의 매뉴얼을 만들어야 한다는 생각이 들기 시작한 이유도 여기에 있다. 회사에서 일하던 시절에 인상 깊었던 것은 중요한 행사를 할 때였다. 일 년에 한 번 있던 〈정책설명회〉와 〈포상식〉은 전국에 있는 천여 곳의 대리점 중에 주력대리점 백여 개소를 초대해 진행하는 행사였다. 회사 대표인 사장과 임원들을 모시고, 백여 개소의 우수대리점 대표를 초대해서 일 년 동안 회사가 나아가야 할 방향과 대리점을 육성하기 위한 프로그램을 소개하고, 판매실적이 우수한 대리점에 다양한 포상을 하는 것은 회사 매출을 증가시키기 위한 중요한 행사였다. 몇 달 전부터 준비하는데, 대리점 매출, 채권 분석을 통해 실적 평가를 하고, 현장 평가도 다니고, 한 해 동안 정책을 펼치기 위해 예산 사용계획을 수립하고, 특히 행사장 좌석 배치부터 운영진과 대리점 사장이 움직이는 동선, 사회자 멘트까지 준비 사항 하나하나를 체크리스트로 만들고, 진행 시나리오를 만들어서 치밀한 준비를 해야만 했다.

지급명세서 신고 _ 기타소득

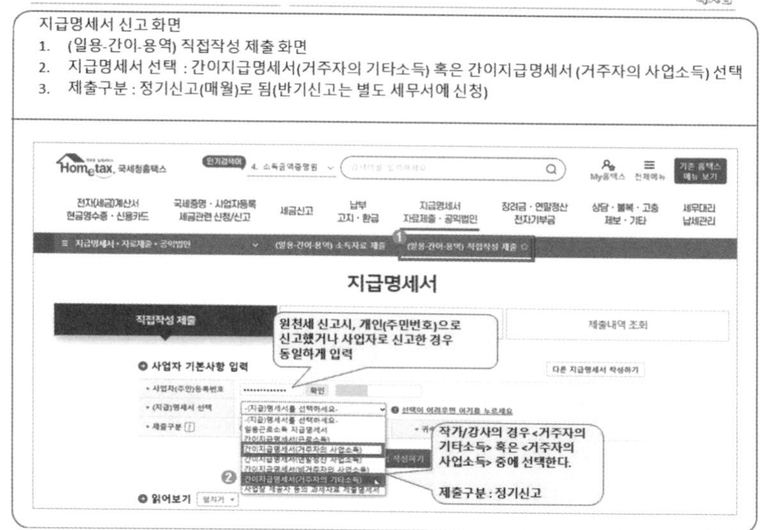

〈나의 매뉴얼 : 지급명세서 신고〉

이때 경험한 시나리오 작성과 체크리스트 관리는 나에게 평생을 함께하는 방식이 되었다. 선배들로부터 정책을 만드는 과정과 실적 분석하는 방법도 배울 수 있었지만, 특히 인상적이었던 것은 진행 시나리오를 만들어 시뮬레이션하면서 사회자 멘트와 소요 시간, 사소한 동선까지 어느 하나 허투루 넘어가는 것이 없었다. 체크리스트도 단지 나열하는 것뿐이 아니라 하나하나 진행하는 과정을 계산하고, 담당자를 명확히 해서 행사 당일에 문제가 없도록 항목별로 일정을 관리하는 것을 경험해 보니 그 중요성을 알게 된 것이다. 그 이후부터 나는 내 업무를 항상 체크리스트를 만들고, 업무에 있어 그 과정을 시나리오 작성하듯 진행 매뉴얼을 만드는 습관이 생기기 시작했다.

NO	항목	계정		지급처	지급기준	첨부서류	예산기준	
		코드	세목명				예산	산출기준
1	작은서점 대관료	210-07	임차료	작은서점1	대관료 및 프로그램 진행비 회당 350,000원. ※ 원천세 징수 없음	전자계산서 먼저 발행, 견적서	4,900,000	350,000원/회
2	작은서점 대관료	210-07	임차료	작은서점2		전자계산서 먼저 발행, 견적서	4,900,000	350,000원/회
3	상주문학작가 급여	110-02	기타직보수	상주작가	급여비급시 4대보험 개인부담금과 근로소득원천세를 제외하고 지급	급여대장/주민증사본/통장사본/근로계약서	12,572,210	
4	상주문학작가 개인부담금	110-02	기타직보수	→사업대표에게 입금	4대보험 개인(근로자)부담금 + 근로소득원천세를 실제 지급하는 거점서점 담당에게 지급	4대보험 납부 영수증 + 근로소득원천세(21,470)	1,427,790	
5	상주문학작가 회사부담금	210-12	복리후생비	→사업대표에게 입금	4대보험 회사(고용주) 부담하는 거점서점 담당에게 지급	4대보험 납부 영수증	1,447,320	
6	파견문학작가 사례비	210-01	일반수용비	파견작가1	사례금 지급시 원천세 제외 후 지급 작가가 소득신고시 사업소득으로 하면 3.3% 제외, 기타소득으로 하면 8.8%('18.7월 이후 적용율) 제외	수당 등 수수료 내역서(서명필수)/사업소득지급대장	3,830,400	300,000원/회
7	파견문학작가 사례비	210-01	일반수용비	파견작가2		수당 등 수수료 내역서(서명필수)/사업소득지급대장	3,830,400	300,000원/회
8	초청문학작가 사례비	210-01	일반수용비	초청작가		수당 등 수수료 내역서(서명필수)/사업소득지급대장	820,800	300,000원/회
9	파견/초청 문학작가 원천세	210-01	일반수용비	→사업대표에게 입금	원천세 지급이 여러 곳인 경우 거점서점 대표에게 송금하고, 대표자가 원천세를 전체를 한번에 납부해야함(국세청 & 홈택스)	원천세 납부영수증 (4~5건: 파견/초청작가 각각)	818,400	

<예제 : 작은서점 지원사업 예산 집행 테이블>

내가 업무 매뉴얼과 파일을 정리하는 데 있어 두 가지 측면을 중요하게 생각한다. 하나는 내가 하고 있는 업무를 요약 정리하는 것과 다른 하나는 그 업무를 실제로 진행하는 데 필요한 시나리오 즉, 실행 매뉴얼이다.

1) 내 업무를 요약 정리하는 것

회사는 '직무전결규정'과 '업무분장규정'이 있다. 직무전결규정은 해당 업무를 하는 데 있어 결재권자가 누구인지를 정하는 것이다. 업무 중요도에 따라 사장이 결재하거나 임원 혹은 팀장이 결재해서 진행하는 일이 있다. 이는 누가 결재권자인지 정하고, 팀에서 어떤 일을 하는 지도 정하게 되는 것이다. 이것이 업무분장규정인데 회사에서는 업무분장규정에 없는 일이라도 담당자가 해야 할 일을 좀 더 세부적으로 작성하기도 한다.

개인사업자나 소상공인의 경우에는 이렇게 규정으로 만들지는 않아도 그때그때 필요한 일을 해야 한다. 그런데 이를 좀 더 체계적으로 하기 위해서는 개인사업자라도 내가 하는 업무, 사업에 필요한 업무를 정리하는 것이 필요하다.

내 업무를 정리하는 데도 두 가지 측면에서 고려해야 한다. 하나는 반복해서 발생하는 일이다. 매일 발생하는 일부터 주간, 월간, 분기, 반기, 년간 단위로 반복하는 일들이 있다. 회사라면 매출 실적은 매일, 매주, 매월 산출해서 분석하고, 회계 부서는 자금 흐름을, 구매부서는 원재료 입고와 가격 변동 등을 살펴야 할 것이다. 자영업자라도 매일 아침 청소부터 일 매출 분석, 매입 주문, 판매 관리, 재료 관리, 회원 관리 등의 일 뿐 아니라 매월 혹은 반기(분기), 년 단위로 세무신고 해야 한다. 이처럼 반복적으로 발생하는 일들에 관한 것이다. 특히 자영업자에게 세무신고는 주기적으로 발생하면서도 자기가 잘 모르는 분야라고 제대로 관리하지 않는 경우가 많다. 세무신고를 세무사에게 맡기거나 직접 하는 경우에도 내가 해야 할 일들을 정리할 필요가 있다. 세무신고 과정을 정리해 놓으면 매번 반복하는 일에 머릿속이 리셋되어 할 때마다 처음 보는 것처럼 힘들어하지 않을 것이다. 직접 세무신고를 한다면 신고 과정을 매뉴얼로 정리하면 될 것이고, 세무사를 통해서 한다면 세무사에게 제공할 것들을 정리해 놓으면 된다. 세무사가 있더라도 세무사가 모든 것을 해주지는 않는다. 세무사가 제대로 신고할 수 있도록 내가 제공해야 할 자료도 있으니 이를 정리하는 것도 필요하다.

다른 하나는 비일상적으로 발생하는 일들이다. 즉 반복되지는 않지만, 업무 혹은 내 사업에서 발생하는 일들이다. 예를 들어 회사에서는 회계감사를 받는 경우도 있고, 자영업에서는 가구를 사거나 조명 기구를 바꾸는 것도 해당할 수 있다. 이처럼 정기적으로 발생하지는 않지만, 이런 일들이 발생했을 때 처리하는 것으로만 끝나지 않도록 정리하는 것이 필요하다. 회계감사라면 요구받은 사항과 처리 내용을 정리해 놓으면 유사한 일이 발생했을 때 (회사는 회계 감사, 세무 감사, 자체 감사, ISO 심사 등을 대비해야 한다) 참고할 수 있다. 자영업에서도 마찬가지이다. 가게에서 쇼케이스 및 조명을 바꾸는 것을 한다고 했을 때 단지 마트에서 쇼케이스와 조명 하나를 사 오는 것으로 끝내는 것은 좋은 습관이 아니다. 디저트 등을 전시할 쇼케이스를 고를 때면 필요한 사항을 체크하고, 다양한 쇼케이스를 비교할 때 실물, 인터넷 등에서 검색하는 과정과 규격 점검 등을 통해 실제 설치할 공간에서 시뮬레이션해 보고, 조명도 천장에 레일로 달지, 스탠드형이나 쇼케이스 안에 내장형으로 할 지 등을 체크하는 과정을 기록해 놓는 것이, 다음에 책장이나, 의자 테이블 등을 교체할 때도 참고할 수 있는 것이 된다. 늘 내게 더 어울리는 것을 찾으려는 노력이 필요한데, 이를 위해 즉흥적인 구매보다는 머릿속으로라도 시뮬레이션하고, 체크리스트를 통해 비교해보는 습관을 들였으면 한다.

2) 실행 매뉴얼(시나리오) 만들기

회사에서 일을 하든, 자영업을 하든 지원사업을 하든 실제로 업무를 하는 데 필요한 매뉴얼이란 무엇일까? 사람들은 전자제품을 살 때도 사용 매뉴얼이 있고, 이케아에서 조립 가구를 살 때도 조립 매뉴얼이 딸려 나온다. 사실 완제품으로 나오는 전자제품의 경우 우리는 매뉴얼을 잘 살펴보지는 않는다. 이는 완성품으로 받는 경우 직관적으로 알 수 있는 버튼 혹은 터치스크린을 통해 기본적인 사용에 어려움이 없기 때문이다. 일부 고급 기능이나 특수 기능을 직관적으로 알 수 없을 때가 되어서야 매뉴얼을 살펴보기도 한다. 그런데 조립 가구를 샀을 때는 조립하기 전 상태로 배송되기 때문에 내가 직접 조립해야 한다. 이때는 매뉴얼을 보면서 어느 부속을 어디에 연결할지를 보면서 순차적으로 조립해야만 완성품으로 만들 수 있다.

업무에서도 마찬가지이다. 조립 가구의 설명서처럼 그 업무를 처음 보는 사람도 따라하면 업무를 실행할 수 있는 매뉴얼을 만드는 것이 필요하다. 업무 매뉴얼을 만드는 것은 다음에 이 일을 할 사람만을 위한 것만은 아니다. 내게도 도움이 되고, 특히 일을 체계적으로 하는 데 있어 필요한 것이기도 하다.

업무 매뉴얼을 만드는 것은 우선 첫 번째로 업무를 익히는 데 있어 빠른 습득을 할 수 있게 한다. 요즘은 다양한 전산 시스템을 사용하는 경우가 많다. 회사에서는 사내 업무 시스템을 사용하기도 하고, 개인 사업자의 경우에도 업무를 하는 데 있어 인터넷 사이트를 이용하거나 홈택스와 위택스처럼 공용 시스템을 사용하기도 한다. 회사에서 사내 시스템을 통해 실적을 산출하고, 거래처 채권을 검색하는 것도 시스템 사용법을 알아야 한다. 물론 회사는 시스템 매뉴얼을 제공하기도 하지만 전체를 위한 매뉴얼은 내용이 너무 많아서 내 업무에 필요한 것은 찾는 데 어려움을 겪기도 한다. 그래서 내가 자주 쓰는 업무에 관하여서는 따로 매뉴얼에서 발췌하거나, 더 세밀한 사용법을 정리해 놓는 것이 필요하다.

내가 앞서 말한 행사 진행 시나리오처럼 내가 사용하는 시스템을 비롯한 인터넷에서 사용하는 시스템의 업무는 순차적 매뉴얼로 만들곤 한다. 특히 화면을 통해 진행하는 것은 대부분 화면 캡처를 통해 이미지를 저장하고, 내가 작성해야 할 태그나 버튼에 별도의 표시를 하면서 매뉴얼을 만든다.

책인감을 운영하면서는 특히 지원사업을 할 때 '작가와 함께하는 작은서점 지원사업'을 진행하는 데 필요한 'e나라도움' 사용 매뉴얼을 만들어 공유하기도 하고, 세무신고에 있어 부가세 신고와 소득세 신고 매뉴얼을 만들고, 원천세 신고 시 '홈택스'와 '서울e택스'에서 원천세 신고하는 방법을 화면 캡처와 함께 엑셀로 매뉴얼을 만들었다. (다른 책방지기가 도움을 요청할 때면 PDF 파일로 보내주기도 했다)

이처럼 내가 하고 있는 업무를 화면과 함께 매뉴얼을 만드는 것은 처음에는 남들보다 3~5배 이상 시간이 오래 걸리고, 귀찮고 힘들기도 하다. 그러나 한번 만들어 놓은 매뉴얼은 이후에 조금씩 수정하기도 하지만 다음에 실행할 때면 남들과 비교하면 10~30%의 시간밖에 걸리지 않을뿐더러, 특히 정확도가 비할 데 없이 올라간다. 사람들은 자신이 주 업무가 아닌 일에서 반복하는 일을 할 때 어려움을 겪는 것은 처음 할 때도 익숙하지 않아서 어려움을 겪지만, 다음에 다시 할 때도 머릿속이 리셋되어 새로 하는 것과 같이 어려움을 겪기도 하고, 아는 것 같아서 별 생각 없이 했다가 잘못되어 다시 수정해야 하는 경우가 많다는 것이다. 세무신고를 비롯한 시스템을 사용하는 때에 차라리 조심하다가 실수를 안 하면 괜찮지만, 실수할 경우 오류를 바로잡는 것은 서너 배 노력과 시간이 걸리기도 한다.

실행 매뉴얼을 만드는 것은 내가 하는 업무를 정확하게 하기 위함이다.

또 하나 생각해야 할 것은 업무 과정을 정리해서 실행 매뉴얼을 만드는 것은 비교적 단순하다. 다만 부지런하면 되는 일이다. 그러나 해야 할 일들을 요약하고, 분석해서 체크리스트로 만드는 것은 일머리를 써야 한다. 단순히 리스트만 나열하는 것이 아니라 중요성에 따라 요약 및 순서를 배치하고, 꼭 해야 할 일과 하면 좋고 안 해도 되는 일, 하지 말아야 할 일 등에 따라 정리하고, 분석을 통해 효과적, 효율적인 일을 하는 습관을 들여 보도록 하자.

20 체크리스트로 관리하기

나는 책방과 카페, 출판사를 1인기업으로 운영하면서 다양한 문화프로그램을 기획하고 진행하는 사람이다. 앞 장에서는 그런 일들을 하는 데 있어 실제적인 업무에 필요한 나만의 매뉴얼을 만들어서 관리하는 것을 설명했다면, 이 장에서는 일을 하는 데 필요한 체크리스트를 설명하고자 한다.

나는 책방을 운영하기 전에는 대기업에서 영업, 유통 관리 업무를 오랫동안 해왔다. 첫 회사는 세아제강에서 약 10개월 정도 다녔고, 두 번째 회사인 금호타이어에서 17년 넘게 다니다 그만뒀다. 대기업에 근무한다는 것은 비교적 체계적인 방식의 업무에 익숙해진다는 것이고, 전통적 제조업체였던 회사라 오래된 조직 체계와 업무 수행 방식이 존재하고 있었다. 아주 정밀한 업무 매뉴얼이 있었다고 할 수는 없지만, 직무전결규정, 업무분장규정 같은 체계도 갖고 있었고, 영업관리시스템, 생산과 연계된 생산-판매관리 시스템, 회사용 메일 및 결재시스템 등이 구축되어 있었다. ERP를 도입하는 시기에는 그와 관련되어 ERP를 먼저 테스트하고 매뉴얼을 만들어보기도 했다. 또한 각종 감사를 받으면서는 보고체계와 증빙체계를 이해할 수 있었다.

1인 기업으로 운영하는 책인감은 사업자로서의 책방 운영, 카페 운영 그리고 다양한 문화 프로그램을 기획하고 진행하는 과정에서 단순히 주어진 업무를 처리하는 데만 급급하지 않고, 비록 1인 기업이지만 체계적인 운영을 하고 싶었다. 그래서 어떻게 하면 체계적으로 할 수 있을까를 늘 고민해 왔다.

우선 일을 하는 데 필요한 사항을 항상 메모하고, 정리하는 습관을 들였다. 회사 시절에 내가 했던 방식이다. 우선 생각나는 것들을 모두 나열해 적어보고, 이를 다시 중요하거나 필요한 것들로 정리하는 것이다. 사업을 시작하기로 했다면 '내가 동네책방 사업을 운영하는 데 필요한 것들'을 모두 나열해 보는 것이다.

- 영업시간 : 주중-주말 운영 시간, 휴무일은 언제로?
- 취급 품목 : 어떤 책을 판매할 것인가? 내가 좋아하는 인문학, 공부에 관한 책, 소설이나 독립서적 등을 판매하고, 중고 책을 판매할 것인가? 음료는 어떤 걸 판매할 것인가 등에 관한 것. 책 판매뿐 아니라 책 만들기에 관한 것과 책과 관련된 어떤 상품을 팔 것인가?
- 부가 활동 : 강연(나 or 외부 강사), 독서 모임, 공연, 전시, 대관 등
- 책 관련 콘텐츠 : 무인 서점에 관한 의견, 좋은 글 추천, 신간 예약, 블라인드 북, 책 추천 꼬리표, 베스트셀러, 스테디셀러 등 어떻게 콘텐츠를 만들 것인가?
- 책방 입지에 관한 고려 사항 : 상권, 위치, 층, 계단 위치, 통행 인구 등
- 책방 이름에는 어떤 것들이 있을까

이런 점검 사항을 시작으로 '책방 영향력 강화', '책방 입지', '개업 절차',

'운영 소득 시뮬레이션' 등의 제목으로 엑셀 시트에 필요한 것을 체크리스트 혹은 점검 현황 등으로 작성하기 시작했다. 이처럼 하나의 시트에 하나씩 채워갔던 〈나의 책방 운영 체크리스트〉이란 엑셀 파일은 80여 개의 체크시트가 늘어갔다.

이렇게 〈나의 책방 운영 체크리스트〉는 초기 생각들을 담았다. 엑셀로 작성하면서 때로는 생각나는 아이디어를 단어나 문장으로 기록하기도 하고, 표나 테이블로 만들기도 하고, 화면 캡처 이미지를 붙여 넣기도 했다. 이렇게 정리한 내용을 그대로 두기도 하지만, 중요한 사항은 별도의 파일로 매뉴얼을 만들기도 한다. 이처럼 책방과 카페를 운영하면서 알아야 할 것들을 일차적으로는 '체크리스트'에 담고, 이차적으로는 상세한 내용과 덧붙여 매뉴얼을 만드는 과정으로 이어지게 된다.

내가 관리하는 또 다른 체크리스트에는 〈지원사업 신청 현황〉이 있다. 처음으로 지원사업에 신청했던 것은 2018년 5월 '책의해 조직위원회'에서 주관한 〈심야책방〉이라는 프로그램이었다. 사실 잘 모르는 상태에서 신청했기 때문에 운영이나 지원 내용에서는 많은 아쉬움이 있었지만, 어쨌든 한 번의 경험치를 쌓을 수 있었다. 그해 9월에 첫 모집이 시작된 '한국작가회의'에서 주관한 〈작가와 함께하는 작은서점 지원사업〉에는 신청했지만 탈락했다. 책방을 시작한 2018년 첫해에 두 번의 지원사업을 시작으로 내가 신청한 모든 지원사업을 엑셀로 정리해서 한눈에 들여다볼 수 있도록 했다.

지원사업은 각각의 사업마다 다양한 기준으로 관리되고 있다. 주관처도 다르고, 대상에 있어서도 꼭 '서점'만을 대상으로 하는 것도 아니고, 공공기관을 주 대상으로 하지만 개인사업자인 서점이나 공방이 들어가기도 하고, 대상이 단체인데 개인사업자가 대상으로 들어가기도 한다. 이처럼 다양한 각각의 지원사업을 그때마다 공모 내용을 참고해서 보는 것에는 어려움이 있다. 물론 해당 지원사업에 신청하기 위해서는 해당 공모 내용을 꼼꼼히 살펴봐야 하고, 목적이나 취지, 운영 기준도 살펴봐야 하지만, 다른 한편으로 내가 참여할 수 있는 지원사업의 경우 전체적으로 볼 수 있는 현황판이 있었으면 했다.

다른 사람들과 지원사업에 관해 이야기를 나누다 보면 공통으로 하는 얘기가 지원사업을 어느 한 곳에서 볼 수는 없냐는 질문이다. 그러면 나는 그런 걸 정리해주는 곳은 없다고 한다. 그러나 나는 내가 아는 혹은 내가 신청 가능한 지원사업을 한눈에 볼 수 있도록 나만의 체크리스트를 관리하고 있다고 말한다. 지원사업을 주관하는 기관은 다양하다. 문체부 산하에는 '한국출판문화산업진흥원', '지역문화진흥원', '한국문화예술위원회', '한국예술인복지재단', 광역-기초단체 '문화재단' 등의 기관과 지원사업을 대행하는 '한국작가회의', '한국출판인회의' 등등 다양한 기관과 단체에서 지원사업을 운영하고 있다. 어느 한 기관이나 단체가 지원사업을 종합하는 것은 불가능하다. 타 기관과 단체의 지원사업을 직접 언급하는 것은 어렵기 때문이다. 또한 각 지원사업에서 수행하는 대상도 다르기 때문에 이를 종합하는 것도 어렵다. 어떤 지원사업은 도서관이나 문화재단 등의 기관만 대상으로 하는 경우도 있고, 지역서점만 대상으로 하는 경우도 있고, 주민 단체(3인 이상)나 공간을 소유한 곳을 대상으로 하는 경우도 있다. 이처럼 세부 지원 대상으로

연도	주최/주관	사업명	대상	주요 내용
2023년	한국작가회의	**작가와 함께하는 작은 서점 지원 사업**	동네서점	문학거점서점 + 작은서점 + 문학작가 매칭 상주 문학작가 급여지원과 파견 문학작가 활동비 지원. 거점 문학서점과 작은서점에 대관료 및 프로그램 운영비 지원
	한국예술인 복지재단	**예술인파견지원-예술로 기획사업**	기업 (1인기업 포함)	리더 예술인 1명과 참여 예술인 3~5명이 월 30시간 x 6개월간 활동하며 기업과 예술협업 진행
	출판문화산업진흥원 /한국서점조합연합회	**지역서점 문화활동 지원사업 _ 오늘의 서점**	지역서점	총 58개 서점에 문화활동 지원비 500만원, 서점주 활동비 60만원 지원
	노원문화재단	**생활문화 활동 지원사업 _ 활동제안**	노원구를 기반으로 활동하는 생활문화인/동아리/단체 등이 3개 이상으로 구성된 단체	3개팀. 팀당 최대 500만원을 지원하며 프로그램 기획은 자율 주제는 '지역 내 생활문화의 사회적 가치를 확산할 수 있는 목적의 활동'
	출판문화산업진흥원	**우수출판콘텐츠 제작지원**	출판사/저자	총 140편 (5개 분야로 인문교양, 사회과학, 과학, 문학, 아동을 나누어 선정). 저작 지원금 및 출판사에 출판 지원금
	한국서점조합 연합회	**심야책방 상반기**	동네서점	책방 내 문화 프로그램 지원 회당 40만원 x 4회 지원 (상반기 50곳)

〈체크리스트 : 검토/신청한 지원사업 현황〉

서 내가 운영하는 공간, 즉 서점, 공방, 카페 등이 지원사업 대상에 가능한지는 직접 확인해 봐야 한다.

내가 지원사업에 대상으로서 가능한지 파악하고, 필요시 인증을 받아서 신청할 수 있는 지원사업이 무엇인지를 알아야 한다.

나의 지원사업 현황에는 각 지원사업을 파악하는 데 필요한 주요 내용을 요약해서 관리하고 있다. 관리 항목에는 연도, 주관/주최 기관명, 지원사업 명칭, 대상, 공모 기간, 사업 시행 기간, 나의 신청-선정 현황, 지원 요건, 지원 내용, 지원 금액, 실제 내게 지원되는 금액, 특징, 기타 사항 등을 입력해서 관리하고 있다.

이렇게 관리하면 주관처에 따라 다음 공모 일정을 빠르게 파악하기도 하고, 특히 매년 이어지는 지원사업의 경우 올해 혹은 다음 해 지원사업의 실행 여부를 놓치지 않고 파악할 수 있기 때문이다. 그래서 공모 일정을 꼭 파악하고, 다음 공모 일정도 파악하려고 노력하고 있다. 또 하나 지원사업에서 사업비도 중요하지만, 개인사업자인 내게 지원사업에서 수익을 가져갈 수 있는지를 빠르게 파악해야 한다. 아니 수익이 아닌 내 공간, 내 노력에 대한 비용을 얼마나 지급하는지를 파악하는 것이다. 좋은 프로그램을 기획해서 시행하는 것도 좋지만, 내가 제공한 것에 대해 정확한 보상금액을 파악하는 것도 필수적이다. 꼭 금액에 따라서만 지원사업을 신청하는 것은 아니지만 이를 파악하는 것은 꼭 필요하다.

지원사업뿐 아니라 코로나19로 인한 지원금(재난지원금)을 포함해서 내가 진행한 외부 강의도 현황을 엑셀로 관리하고 있다. 어느 도서관이나, 단체에서 내가 어떤 내용의 강의를 했는지 정리하고 있다. 사실 외부 강의 리스트는 실제 내가 강의를 더 진행하는 데 도움이 되는 것은 아니지만, 내가 한 것을 정리해서 돌아보는 기회가 된다.

또 다른 나의 체크리스트에는 지원사업과 관련하여 해당 지원사업에 선정된 대상점 리스트를 매년 업데이트해서 관리하고 있다는 것이다. '예술인 파견지원-예술로' 사업을 비롯한 '작가와 함께하는 작은서점 지원사업', '심야책방', '서울형책방', '지역서점 지원사업', '동네책방 문화사랑방' 등 파악이 가능한 선에서 선정 리스트를 관리하고, 어떤 곳이 계속 선정되는지를 파악하곤 한다. 실제 프로그램 내용까지 있으면 좋겠지만 보통은 대상점 현황만 있는데, 이 정도만 알아도 어떤 책방이나, 단체가 지원사업을 잘 기획해서 선정됐는지를 파악할 수 있고, 나는 어떻게 하면 잘할 수 있을까를 생각해 본다. 즉, 선정 리스트를 관리해서 보는 것은 결국 내가 잘하기 위한 피드백을 하기 위함이다. 어떤 책방에 해당 지원사업 프로그램을 하는 것을 인스타나 블로그를 통해서 알 수 있고, 이를 통해 내가 기획하는 프로그램에도 참고할 수 있기 때문이다.

나만의 체크리스트는 결국 내가 어떤 일을 하든지, 그 분야에 필요한 다양한 점검 사항을 정리하고, 이를 통해 더 잘할 수 있는 방법을 찾기 위함이다. 특히 다양한 기관에서 주관하는 여러 지원사업을 하나하나씩 파악하기보다는 한눈에 볼 수 있도록 정리해서 살펴보는 것이 필요하다. 주요한 항목을 체크해서 내게 필요한 것이 무엇인지 파악하하고, 그 방법으로 나만의 체크리스트를 만들기를 추천한다.

21 정리하는 습관

- 메모 관리하기
- 일정 관리하기
- 엑셀로 리스트 관리하기

메모 관리하기

'적자생존'이란 말이 있다. 대학 은사님이 들려주던 말인데, 원래의 뜻은 '환경에 적응하는 생물만이 살아남고, 그렇지 못한 것은 도태되어 명멸한다'라는 뜻으로 사용하지만, 교수님이 들려주신 '적자생존'은 '적는 자만이 살아남는다'라는 뜻이었다. 여기서 적는 자는 메모하는 사람을 뜻한다. 메모하는 습관의 중요성을 강조한 것이다.

인간의 두뇌는 기억이 완벽하지 않다. 잊어버리기 쉽고, 기억하는 것도 왜곡하고, 편향되기 쉽다. 이처럼 단지 기억에 의존하는 것은 실수가 있기 마련이다. 나는 비교적 어릴 때부터 기억하는 것은 잘하는 편이었다. 약속하면 머릿속으로 여러 번 되새기고 나면 그리 어렵지 않게 약속을 기억했다. 그러나 나이가 들고, 학생 때와 달리 사회에서는 복잡성이 증가하면서 뇌로 기억하는 것에는 점점 실수가 많아졌다. 직장 생활을 시작하니 회사에서는 날짜별로 표시된 다이어리를 나눠줬는데, 회의 시간이나 거래처를 만날 때면 열심히 다이어리에 적지만, 이를 잘 챙겨보지는 않았다. 회사 선배 중 한 명이 전자수첩을 사용하면서 자주 들여다보는 모습을 보니, 이거다 하면서 나도 전자수첩을 사서 사용해 봤지만 역시나 잠깐뿐이었고, 제대로 메모 관리, 일정 관리를 하지 못했다. 그렇게 회사 생활이 흘러가며 조금씩 메모하는 습관이 나아지기는 했지만, 일정을 꼼꼼하게 관리하는 편은 아니었다.

그러던 내가 메모 관리, 일정 관리, 리스트 관리를 잘하기 시작한 것에는 몇 가지 요인이 있다. 우선 메모하는 습관이 향상되기 시작한 것은 클라우드 메모의 발달에 있다. 내게는 특히 네이버 클라우드 메모가 도움이 많이 됐다. 수첩, 다이어리, 포스트잇 등으로 메모하기를 하지만 이를 잘 보관하고, 다시 들여보는 것은 하지 않았다. 그런데 네이버 메모는 나를 획기적으로 변화시켜 줬다. 특히 난 오랫동안 노트북을 쓰던 습관으로 인해 대부분의 관리를 노트북으로 하는데, 네이버에 접속해서 네이버 메모장에 적어 놓으면, 분류하기도 쉽고, 스마트폰으로도 확인할 수 있어서 언제 어디서나 메모하고, 확인할 수 있었기 때문이다. 특히 잠자리에서도 생각나는 아이디어가 있으면 스마트폰으로 메모에 적어 놓으면 잊어버릴 염려가 없었다. 아울러 카카오톡도 네이버 메모와 유사한 기능을 제공했다. 카카오톡 나에게 쓰기를 통해 메모를 남길 수도 있고, 특히 URL을 저장하고, 바로 그 URL을 연결해서 볼 수 있었기 때문에 노트북에서 기사를 보다가도 스크랩 없이 링크만 카카오톡에 복사해서 붙여넣기 하면 됐다. 스마트폰에서 보던 기사나 블로그도 바로바로 카카오톡에 연결하기 쉬웠다. 네이버 메모도 링크 기능이 있지만, 카카오톡이 훨씬 빠르게 저장할 수 있는 장점이 있다.

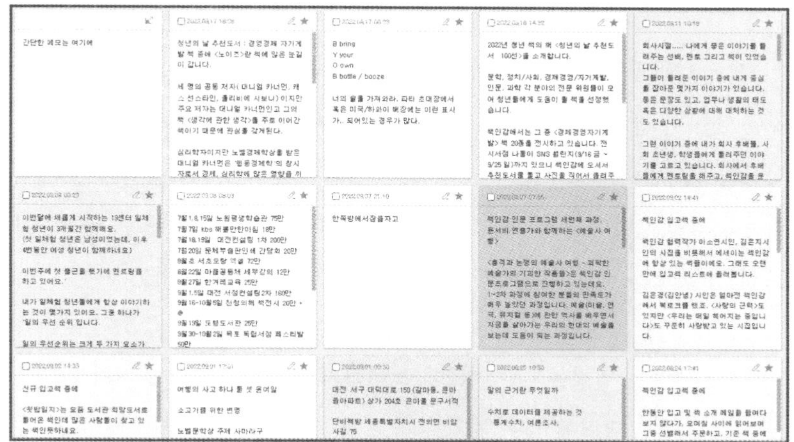

〈메모관리 : 네이버 메모 사용〉

메모의 유용성은 이렇게 메모한 것들을 정리해서 분류하는 것에 있다. 단지 메모만 하고 끝나면 기억을 보조하는 것에 그치지만, 순간순간 생각을 적어놓은 날 것의 메모를 분류하고, 정리하고 나면 마치 단기기억이 해마를 거쳐 장기기억으로 전환되는 것처럼 체계적인 분류를 통해 관리할 수 있기 때문이다.

지금의 내가 예전보다 훨씬 메모를 잘 관리하는 사람이 된 것은 이런 방법들을 통해 기억을 보완했기 때문이다.

일정 관리하기

메모 습관과 더불어 내게 일정 관리를 더욱 체계적으로 관리하기 시작한 것은 네이버 클라우드 달력을 사용하기 시작하면서였다. 회사에 다닐 때는 회사에서 다이어리를 나누어 줬다. 회사 로고가 선명하게 찍은 회색 다이어리는 회의할 때마다 들고 다니면서 무엇인가를 적지만, 사실 나는 메모를 보고, 일정을 보는 건 그때뿐이라 다이어리를 잘 쓰는 편은 아니었다.

어느 날에는 일정을 다이어리에 적어놓기도 하고, 어떤 때는 책상 위에 있던 주간 메모 달력에 적어 놓기도 하고, 전자수첩도 일부 사용해 보고, 네이버 달력에 입력하기도 했지만, 일정 관리를 통일성 있게 하지도 않고, 지속적으로 하지도 않았다.

사실. 네이버 달력도 잘 쓰지 않던 이유는 네이버는 기사나 블로그를 주로 읽었지, 메일을 잘 사용하지 않았었다. 그때 주로 사용하는 메일은 라이코스와 드림위즈 메일이었다. 그런데 둘다 없어지면서 할 수 없이 새로 시작하는 마음으로 네이버 메일로 통합하여 쓰기 시작했다. 네이버 메모는 곧잘 쓰고 있었고, 네이버 메일을 쓰기 시작하면서 네이버 달력도 점점 많이 쓰기 시작했다. 더구나 스마트폰을 쓰면서는 언제 어디서나 네이버 달력으로 일정 관리하는 것이 쉬워지고, 또 알람 기능을 통해 약속을 놓치지 않게 관리할 수 있었던 것이 좋았다. 모든 일정을 네이버 달력에 등록해서 관리하기 시작하면서 약속을 잘 놓치지 않는 사람이 되어 갔다.

지금도 책인감의 모든 프로그램을 포함하여, 개인 일정도 네이버 달력에 등록해서 관리하고 있다. 대부분 일정은 1시간 전 알람이 기본으로 되어 있고, 자주 일정을 들여다보면서, 일주일, 한 달 일정을 미리 살펴보면서 관리하고 있다. 책방에서 진행하는 프로그램 일정을 참고하여, 하루 전에는 참여자들에게 문자를 발송해서 모임 참여를 상기시키고 있다. 프로그램 참석자의 노쇼를 방지하는 방법으로 하나는 참가비를 받는 것도 있지만, 문자 알림을 통해 일정을 까먹지 않도록 알리는 것도 방법이다.

엑셀로 관리하기 _ 스프레드시트를 활용한 데이터 관리

내가 회사 생활을 하면서 관리 역량이 좋아진 이유 중 하나는 엑셀로 관리하면서 부터다. 업무에 있어 엑셀로 관리한다는 것은 무엇일까? 내가 있던 팀에서는 일 년에 몇 번 큰 행사를 주관하곤 했다. 회사의 주력 대리점 대표들과 회사 관계자들이 모이는 행사인데, 행사 진행을 준비하는 데 있어 체크리스트를 엑셀로 만들어 관리하고, 행사 진행 시나리오를 작성해서 식순이나 사회자의 멘트, 동선 등을 하나하나 관리했던 경험이 있었다. 이를 통해 행사뿐 아니라 중요한 보고서 작성이나 프로젝트에서 체크리스트를 작성하고, 시나리오 혹은 시뮬레이션 작성의 필요성을 인식하게 됐다. 그래서 이후에도 내가 하는 대부분의 일을 엘셀로 정리하고, 리스트를 관리하는 습관이 생겼다. 엑셀은 스프레드시트로서 데이터를 관리하는 수단이기도 하지만, 리스트를 정리하고, 다이어리 기능도 엑셀로 관리하는 편리했다. 사실 무엇으로 하던 상관 없다. 도구가 중요한 것이 아니라 그 성과가 중요한 것이니까.

▷ ㅇㅇㅇ 시인 <질문의 시작법>
- 일정 : '24.11/19, 26, 12/3, 10
- 참가비 00만원

NO	이름	H.P	신청	일정				비고	입금액	강사	운영자
				11/19	11/26	12/03	12/10			0만/회	0만/회
1	참가자1	010-1111-1111	○	○	X	○	X		00,000원	00,000원	00,000원
2	참가자2	010-2222-2222	○	○	○	○	○		00,000원	00,000원	00,000원
3	참가자3	010-3333-3333	○	○	○	○	○		00,000원	00,000원	00,000원
4	참가자4	010-4444-4444	○	X	○	○	○		00,000원	00,000원	00,000원
5	참가자5	010-5555-5555	○	○	○	○	○		00,000원	00,000원	00,000원
6	참가자6	010-6666-6666	○	○	○	X	취소		00,000원	00,000원	00,000원
7	참가자7	010-7777-7777	○	○	○	○	○		00,000원	00,000원	00,000원
8	참가자8	010-8888-8888	○	○	○	X	○		00,000원	00,000원	00,000원
	참석								00,000원	00,000원	00,000원

〈엑셀 활용 : 프로그램 신청자 현황 관리〉

서점을 운영하면서 내가 엑셀로 관리하는 것에는 1) 책방 운영에 주요 점검 사항, 2) 연도별 지원사업 현황 및 요약 내용 정리, 3) 매출, 재고, 회원 관리, 4) e나라도움, 원천세 신고 등의 실행 매뉴얼, 5) 모임 참석자 관리 등을 엑셀로 관리하고 있다. 사실 메모하는 방식이나 선호하는 것은 사람마다 다를 것이다. 내게는 네이버 메모와 카카오톡 내게 쓰기 방식을 좋아하고, 노트북에서 엑셀로 관리하는 방식을 좋아한다. 회사 생활을 하면서 익숙해져 있는 것이기도 하지만, 엑셀은 스프레드시트로서 데이터를 관리하기에 좋을뿐더러, 엑셀의 셀이 테이블이자 표로서 관리하기에 너무 편리하기 때문이다. 즉, 데이터 관리로도 사용하고, 표로서 관리하기에 좋기 때문이다.

사업자라면 기본적으로 관리해야 하는 것은 매출, 재고, 회원 관리 등일 것이다. 포스기를 잘 사용하는 사업자라면 포스기를 통해 이를 관리한다. 일 매출부터, 주간 매출, 월 매출 등의 매출관리뿐 아니라, 어떤 품목이 많이 나가고, 시간별 매출까지 세세하게 관리해 줄 것이다. 재고 관리도 입고 수량을 정확하게 입력하고, 판매도 누락 없이 입력하면 재고 수량도 정확하게 관리할 수 있다. 마찬가지로 회원 등록도 손님들이 전화번호를 입력하면 자동으로 매출과 연계되어 포인트 적립과 사용이 편리하게 이루어질 것이다. 단, 이렇게 사용하려면 모든 매출과 입고를 정확하게 입력하는 것이 전제되어야 한다.

나는 포스기 대신 엑셀로 동일한 관리를 하고 있다. 이는 엑셀의 데이터 관리 기능을 활용하여, 매출과 재고 입고, 출고, 회원등록 등의 기능을 쓰는 것이다. 이처럼 데이터를 관리하는 것이 엑셀의 주요 기능이다.

폴더 관리하기 _ 자료를 관리하는 기본

지원사업을 비롯한 어떤 일을 하든 자료를 관리하는데 있어 '파일'을 관리하는 방법에 관해 생각해 봐야 한다. 공모 사업에서는 공모안내서를 비롯한 지원신청서, 교부신청서, 각종 양식 등을 관리해야 한다. 사업을 진행하면서는 작성한 서류(강사이력서, 출석확인서, 카드영수증 등)를 저장하고, 사진도 정리해야 한다. 컴퓨터 파일뿐 아니라 종이 문서도 보관관리해야 한다.

컴퓨터에서 파일을 관리할 때도 저장위치에 폴더를 만들거나 이름을 정할 때도 관리가 필요하다. 폴더를 연도와 날짜에 따라 만들거나, 프로젝트

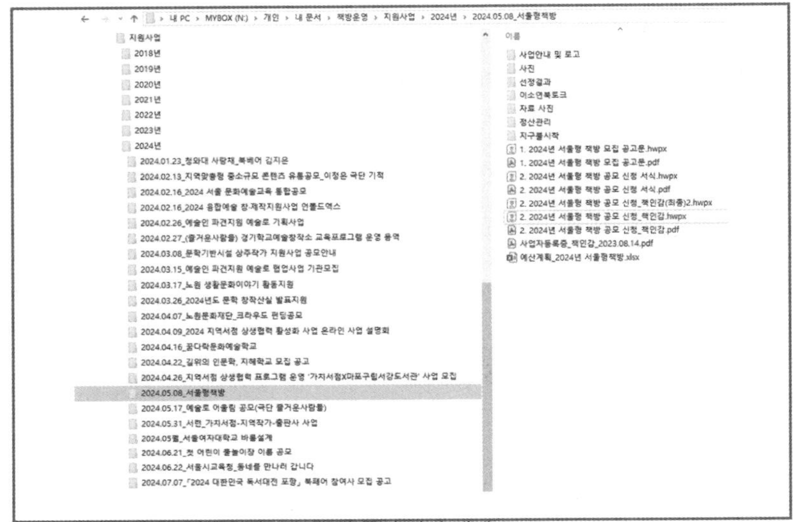

〈파일 폴더 관리 예제〉

이름으로 만들수도 있다. 중요한 건 내가 원하는 자료를 쉽게 찾을 수 있어야 한다.

우선 폴더 이름과 파일 이름을 짓는 기준을 정해야 한다. 공고일을 기준으로 폴더 이름을 만들지, 키워드 중심으로 만들지 정해야 한다. 내가 쓰는 방식은 먼저 지원사업 폴더에 연도별 폴더를 만들고, 하위 폴더에서 신청 마감을 기준으로 날짜를 먼저 입력 후 지원사업 명을 적는 방식으로 한다

예: [2024.03.08_문학기반시설 상주작가 지원사업 공모안내]

우선 날짜별 순차를 우선하고 폴더나 파일 이름에도 검색하기 쉽게 제목을 키워드로 입력한다. 파일이름에 꼭 들어가야 할 것은

1) 키워드 : '00 기획서', '000 목적을 위한 00 운영 방안' 등의 제목에 중요 키워드가 들어가 있어야 검색할 때 검색이 쉽다.

2) 날짜 : 폴더/파일 이름에 들어간 날짜는 검색 시 사용하는 것보다는 탐색기에서 파일을 열지 않아도 날짜를 통해 기본 정보를 아는 것이 좋다.

3) 폴더 순서 정하기 : 탐색기에서 보통 폰더 순서를 이름의 오름차순으로 보여주기 때문에 이를 참고해서 이름을 정한다. 필요에 따라 이름 앞에 숫자나 영문 혹은 특수기호 넣어서 자주 쓰는 폴더가 위부터 나오게 할 수 있다.

책을 마치며

동네책방 책인감을 중심으로 복합문화공간을 꿈꾸고 있습니다.
책을 판매하고, 카페도 하고, 납품도 하고, 지원사업도 하고, 강의도 하고 있습니다.
책방 운영 실무를 비롯한 책방 세무 강좌와 컨설팅 활동을 하고 있습니다.

직접 시도하는 다양한 일들. 상표권 등록, 세무신고, 출판사 등록, 책을 기획해서 쓰고, 출판하고, 크라우드 펀딩도 하고 있어요.

여기까지 오는 데 주위에 도움을 주신 분도 많아요. 저도 제가 경험한 것들을 나누기 위해 책을 썼습니다. 문화예술 분야에서 필요한 지원사업에 관한 사례와 노하우를 함께 나누었으면 합니다.

이 책은 오롯이 혼자 기획하고, 편집하고, 디자인하고, 펀딩하며 제작하다 보니 미숙한 점이 많습니다. 그럼에도 제 머릿속에 있던 작은 지식을 모두 쏟아내어 만든 책입니다. 부디 작은 실수는 눈감아 주시고, 책 속에 담긴 지식을 가져가시길 바랍니다.

책을 읽다가 궁금한 점이 생기면 언제든 책인감으로 문의주세요.
최대한 도움이 되도록 노력하겠습니다.

2024년 12월 말 노원 책인감에서...

지원사업에서 알아야 할 모든 지식

초판 1쇄 발행 | 2025년 1월 10일

표지디자인	이철재
글쓴 이	이철재
펴낸 이	이철재
펴낸 곳	책인감
주소	서울특별시 노원구 동일로182길 63-1, 2층
출판등록	제 25100 - 2018 - 000076호
이메일	lcj2020@naver.com

이 책의 폰트는 KoPubWord 바탕체, 돋움체, 나눔 글꼴을 사용했습니다.

SBN 979-11-990773-0-0 [13320]